CON
BOOK.

DIE WELLENBRECHER

CHRISTOPHER DAVID

ABENTEUER EINER STUDENTEN-CREW AUF WELTREISE

Für Miri, natürlich.

MIX
Papier aus verantwortungsvollen Quellen
FSC
www.fsc.org
FSC® C014496

1. Auflage

www.conbook-verlag.de

Textredaktion: Kanut Kirches, Köln
Einbandgestaltung: Weiß-Freiburg GmbH – Graphik & Buchgestaltung unter Verwendung der Motive von shutterstock.com/James Steidl, istockphoto.com/MicrovOne und istockphoto.com/saemilee
Illustrationen: Darja Eder, Klagenfurt
Satz: Röser MEDIA, Karlsruhe
Druck und Verarbeitung: GGP Media GmbH, Pößneck

Printed in Germany

ISBN 978-3-95889-207-1

PIRÄUS

Wer bin ich?

Im Halbdunkel besah ich meine Schemen im Hotelspiegel. Von draußen strömten die Geräusche und Lichter Athens durch die weit offenen Fenster. Auf meiner Haut ein Schweißfilm. Ich fletschte die Zähne. Sie leuchteten im Spiegel. Vor lauter Schatten konnte ich kaum meine Augen ausmachen. Ich fuhr mir mit den Fingern über die Konturen meines schmalen Gesichts. Eine widerspenstige Strähne hing mir in die Stirn. Ich strich sie zurück. Wer bin ich? Ich achtete auf das Surren des Deckenventilators. Er tat vergeblich seinen Dienst gegen die stehende Sommernachtsluft. Das Leinenlaken lag zusammengeknüllt auf dem Bett. Es musste mindestens zwei Uhr früh sein. In ein paar Stunden würde ich meine Sachen zurück in den Koffer packen und aufbrechen.

Ich ging zum Fenster und versuchte, Piräus, den Hafen von Athen, auszumachen. Irgendwo da, inmitten der fernen Flutlichter, lag das Schiff. Ein Schatten flatterte durch das Zimmer. Es konnte nicht lange dauern, bis ich auffliegen musste. Mein nackter Oberkörper schimmerte feucht im Spiegel. Licht und Schatten zeichneten die Bauchmuskeln heraus und ließen meine Arme definierter erscheinen, als sie waren.

Rund dreißig Grad – und das mitten in der Nacht. Meine Zunge lag trocken im Kiefer. Ich nahm den Zahnputzbecher, spülte ihn aus und ließ das Wasser weiterlaufen, in der Hoffnung, es werde kühler. Ob man in Griechenland Wasser aus dem Hahn trinken konnte?

Ich hätte mir einfach eine Flasche mit aufs Zimmer nehmen sollen. Wenn ich mir jetzt Legionellen einfing, wäre die Reise beendet, bevor sie überhaupt richtig begann. Für einen Moment schien mir das ein ganz annehmbares Szenario zu sein. Ich könnte es drauf ankommen lassen. Poseidon sollte über das Leitungswasser mein Schicksal lenken.

Ich füllte den Becher zur Hälfte und neigte ihn so, dass Licht einfiel. Waren da Krümel im Wasser? Vielleicht nur Kalk. Ich stellte den Schierlingsbecher auf den Nachttisch und legte mich rücklings aufs Bett. Es war ein Riesenfehler, in meinem Essay so zu übertreiben.

Die Schatten der Ventilatorblätter drehten sich so unaufhörlich wie mein Gedankenkarussell. Irgendetwas war doch faul an der Sache. Wenn sie weltweit Studenten aufnahmen, mussten gehörige Koryphäen dabei sein. Ich dagegen war ein überambitionierter Durchlavierer bei dem Versuch, mehr aus sich zu machen, als seine Kapazitäten hergaben.

Schließlich kreiselte mich der Ventilator in einen hauchdünnen Schlaf.

ARCHE NOAH

Das Taxi fuhr auf das Hafengelände ein. Ein Areal so groß wie eine deutsche Kleinstadt bestehend aus Maersk-Containern, Lastenkränen und geschäftigen Arbeitern in gelben Sicherheitswesten. Am Ziel-Dock angekommen, sah ich zum ersten Mal das Schiff leibhaftig vor mir. Ich kurbelte das Seitenfenster runter und atmete die frühmorgendliche Seeluft ein. Der Kahn verströmte den Charme eines alternden Jetsetters. Den gigantischen Containerfrachtern und Kreuzfahrtriesen ging unser Ozeanliner gerade einmal bis zur Brust. Eine einzige blitzblaue Linie führte den schnittigen, weißen Korpus entlang. Der Schriftzug »The Student Ship« wurde gerade erst auf den Bug gepinselt. Dieser Blick auf die Maler, die auf

Holzbrettern sitzend von der Reling hingen und in Seelenruhe ihrer Arbeit nachgingen, während griechische Folklore aus einem Kofferradio klimperte, entspannte mich ein wenig. Ich konnte es schaffen. Die kochten doch auch nur mit Wasser.

In Grüppchen verteilt standen dutzende Studenten in der offenen Hafenhalle. Die meisten schienen kaum mehr als einen Trekkingrucksack dabei zu haben. Derweil türmte der Taxifahrer nach und nach mein Gepäck neben dem Wagen auf. Ein Überseekoffer, zwei Trolleys, ein Trekkingrucksack, eine Bauchtasche. Warum hatte ich mir bloß so viel Zeug aufschwatzen lassen? Ein geschniegelter Typ, der stolz aus einer Traube Mädchen herausragte, lachte bei meinem Anblick laut auf. Ich raffte meine Sachen umständlich zusammen und schleppte den ganzen Ballast zum Check-in. An einer Reihe von Tischen standen bullige Hafenarbeiter in Blaumann und Arbeitsstiefeln neben zierlichen Damen in Marinemontur bereit, um Gepäck und Personalien aufzunehmen. Ich versah jedes einzelne Stück mit Namen und Kabinennummer und überließ es den Packtrupps. Hoffentlich schmeißen sie gleich alles ins Wasser. Oder sie bringen es zur falschen Kabine. Da würde aber einer staunen.

Ich reichte der Administrationsdame meine ausgefüllten Papiere.

Datum: 5. September 2007

Name: Mark Herfurt

Geburtsdatum: 12.6.1984

Staatsbürgerschaft: deutsch

PLZ, Wohnort, Land: 50939 Köln, Deutschland

Studiengang: International Business

Level: Postgraduate

Familienstand: ledig

Gefahrengüter: nein

Bargeld von umgerechnet mehr als 10.000 USD dabei: nein

Und so weiter und so fort.

Sie bewegte lautlos die Lippen, während sie alle Informationen sorgfältig prüfte. Zufrieden mit den Angaben senkte sie die Papiere und schenkte mir ein Lächeln. Auf ihrem linken Schneidezahn prangte ein roter Fleck ihres Lippenstifts.

»Sehr gut. Sie müssen sich noch etwas gedulden, Sir. Wir sind in etwa einer Stunde bereit zum Boarding.« Mit einer Geste bedeutete sie mir, mich zu den anderen Wartenden zu gesellen.

Ich schob die Hände in die Hosentaschen meiner Jeans und sah mich um. Die Luft war geladen mit Erwartungen. Ein Projekt wie dieses hatte es noch nie gegeben.

Eine Gruppe Chinesen gluckte eng beieinander und sah immer wieder bang über die Schulter zu den westlichen Mitreisenden. Von denen plusterten sich einige auf und posaunten ihre Begeisterung lauter als nötig heraus. Andere dagegen drückten sich schüchtern in den Schatten.

Eine dunkelhaarige Schönheit schwebte in einigen Metern Entfernung vorbei. Ich starrte etwas zu lang zu ihr rüber, während ihr Parfum in meiner Nase spielte. Sie blitzte mich aus schwarzen Augen an. Gab es so etwas? Schwarze Augen? Vermutlich war ich noch nicht ganz wach. Nach der aufgewühlten Nacht fühlte ich mich nun am großen Tag der Abfahrt wie gerädert.

»Ich kann's kaum erwarten«, verkündete eine freundliche Stimme mit spanischem Akzent. Ich wirbelte herum. Ein Kerl mit Dreitagebart und Sonnenbrille in den lockig zerzausten Haaren strahlte mir unternehmungslustig entgegen. »Ich wünschte, ich hätte gestern nicht mehr so lang gefeiert. War's bei dir auch lang?«

Ich grunzte. »Wie man's nimmt.«

»Emilio, direkt aus Nicaragua«, stellte er sich vor.

»Mark«, entgegnete ich und ehe ich mich versah, umarmte er mich zur Begrüßung wie einen alten Freund. Wir plauderten eine Weile über unsere Anreise.

»Ich glaube, es geht los.« Emilio deutete zur Administrationsdame, die nickend in ihr Walkie-Talkie sprach.

Dann knackte es in der Lautsprecheranlage, und ihre Stimme rief blechern zum Boarding. Hinter einer Reihe von Metalldetektoren öffneten Matrosen eine rote Kordel und gaben damit die Gangway frei. Die glitzernde Metallplanke führte steil hinauf in unsere neue Heimat. Emilio hüpfte neben mir aufgeregt auf und ab. Jetzt kribbelte es mir doch in den Fingern. Die Meute griff ihre Habseligkeiten und reihte sich erwartungsvoll vor den Detektoren auf. Hier und da wurden Kameras gezückt und es wurde für Gruppenbilder posiert.

Am Ende der Gangway begrüßten ein bärtiger Kapitän und seine Crew jeden Neuankömmling mit festem Händedruck. Auch sie waren sichtlich erfreut, dass es losging. Die Herde schob sich gleich weiter hinauf an Deck. Ich ließ mich mitziehen und beobachtete über die Reling gebeugt, wer noch so alles an Bord ging. Südamerikaner, Chinesen, Inder, Afrikaner, Europäer. Es war wie die Arche Noah.

Auf den Kabinenfluren wuselten die Neuankömmlinge suchend umher. Aus einzelnen Zimmern wummerte Hip-Hop. Da war ich. Kabine C35. Mein künftiger Mitbewohner öffnete mir die Tür. »Casey«, stellte er sich vor. Er kam aus Wisconsin, USA. »Gerade die Highschool abgeschlossen und schon auf Weltreise. Kein schlechter Start ins Leben, oder?«, grinste er.

Unter seiner weit zurückgeschobenen Basecap lugte eine blonde Tolle hervor. Seine Zähne strahlten bleaching-weiß. Die gleichmäßig dichten Augenbrauen verstärkten den gepflegten Eindruck. Sein Fred-Perry-Polo-Shirt verströmte einen intensiven Waschmittelgeruch. Casey ging mir gerade mal bis zum Hals. Er ertappte mich dabei, wie ich ihn musterte. »Alles in Ordnung, Buddy? Ist ja nur für vier Monate.« Ich nickte bestätigend. Ich hatte kein Verlangen, es mir schon vor Abfahrt mit meinem Zimmergenossen zu verderben.

Wir begannen uns auf unseren 16 Quadratmetern einzurichten. Obwohl draußen helllichter Tag war, mussten wir die Deckenbeleuchtung anschalten. Das kleine Bullauge ließ gerade so viel Licht einfallen, dass die Enden unserer Feldbetten erhellt wurden.

Schon nach den ersten verstauten T-Shirts ging uns der Platz im Kleiderschrank aus. Wir beschlossen, wohl oder übel die nächsten Monate aus dem Koffer zu leben. Ich hegte sogar den Gedanken, einfach den größten meiner Koffer bis zum Ende der Reise gar nicht zu öffnen.

Als das Nötigste ausgeräumt war, ließ ich mich auf meiner Matratze nieder. Casey tigerte derweil rastlos in der Kabine umher. Ich beobachtete ihn neugierig bei seinem Streifzug. Er schaute hinter den Schrank, prüfte das Sitzkissen des einzigen Sessels im Raum. Er ging ins Bad, öffnete den Spiegelschrank, starrte unschlüssig in die Badewanne und tastete schließlich auf Zehenspitzen balancierend die Decke ab. Nach eingehender Untersuchung wurde er fündig. Er warf mir einen verschwörerischen Blick zu. Meine Neugier schien ihm närrische Freude zu bereiten. »Dacht ich's mir doch!«, triumphierte er schließlich. Er hob eine der Deckenplatten an.

»Siehst du? Kann man einfach so rauslösen.«

Er steckte seine Hand in die Öffnung. Dann ging er rüber zu seinem Koffer. Langsam ahnte ich, was er vorhatte. Er holte ein Paket gemahlenen Kaffee hervor. Aus dem Pulver brachte er wiederum einen dicken, in Frischhaltefolie gewickelten Klumpen zum Vorschein.

»Tadaa! Das hab ich in Athen aufgetrieben. Bestes Piece.«

Er nahm den braunen Klumpen, ging mit geschwellter Brust ins Badezimmer und verstaute ihn in dem Hohlraum, den er soeben hinter der Deckenplatte ausfindig gemacht hatte.

»Das heben wir uns für besondere Gelegenheiten auf«, versprach er feierlich.

Dann ertönte eine Durchsage, die uns für die Sicherheitsübungen an Deck beorderte.

LIEBLINGSTHEMA

Während wir mit Schwimmwesten und Rettungsbooten vertraut gemacht wurden, beförderten uns die Schiffsmotoren schäumend und gurgelnd aus der Anlegestelle auf die offene See. Der frisch gestrichene Schiffsschlot paffte dicke Wolken in den Himmel.

Rund um das Oberdeck drängten sich die Bewohner unserer exklusiven Gemeinschaft. Die gemischten Erwartungen waren deutlich von den Gesichtern abzulesen. Vor wenigen Wochen hatte ich noch ungläubig den Brief in den Händen gehalten, der erklärte, dass mir ein Vollstipendium für das Student-Ship-Programm bewilligt worden war. Ich konnte es kaum glauben. Das Stipendium deckte die kompletten Studiengebühren von 20.000 USD ab! Einfach so geschenkt. An meinen Noten konnte es nicht liegen. Die waren eher durchschnittlich. Der Grund musste mein flamboyantes Essay sein, in dem ich erklärt hatte, warum ich die ideale Besetzung für das Projekt sei. Von Neugier und Wissensdurst hatte ich darin geredet. Von weltoffener Persönlichkeit und prägenden Erlebnissen. Das Ganze hatte ich mit Zitaten großer Denker gespickt und so lange geschliffen, bis ich mich selbst überzeugt hatte, von unschätzbarem Wert für das neuartige Programm zu sein. Mit dem Stipendium kamen die Zweifel. Ich hatte mich lange mit meinem Kumpel Achim, beratschlagt, ob ich das Zeug dazu hatte, bei so etwas dabei zu sein. Und auch, ob ich damit alle Aussichten auf eine seriöse Laufbahn in den Wind schlug. Was sollten die Personaler später einmal sagen, wenn sie von einem Studium auf See lasen?

Achim hatte schließlich meine Zweifel zerstreut und mich überzeugt, es zu wagen. »So eine Chance kommt nie wieder«, waren wir uns einig.

Neben mir stand Ben an der Reling, ein Holländer, der auf wettbewerbsverzerrende Weise gut aussah. Eine sonnengebleichte Surfermatte traf auf einen lässigen blonden Bart und vollkommen symmetrische Gesichtszüge, aus denen abenteuerlustige Augen in die Welt spähten. »Das wird soo geil! Hast du mal die Frauen hier gesehen? Un-fucking-glaublich.«

Da tauchte Emilio neben mir auf.

»Es ist das Paradies, Mann. Wir sind schon tot.«

Ich lachte, dankbar für das einladende Thema. Die Frauen waren mir nicht entgangen. Wenn man genauer hinsah, zwängte sich sogar der Eindruck auf, dass die Männer in der Unterzahl waren.

»In der Unterzahl?«, freute sich der Bursche aus Nicaragua mit ungläubigem Blick. »Was meinst du? 40 : 60?«

Wir schätzten die Quote sachkundig ab und überboten uns mit den Hochrechnungen. Am Ende schüttelte Emilio nur noch den Kopf. »Tut mir leid Jungs, ich werfe euch jetzt einfach über Bord und dann verbringe ich den Rest der Reise damit, jede Frau auf diesem Schiff persönlich zu befriedigen.«

Er warf uns zwar nicht über Bord. Aber die Mission, jede Frau zu befriedigen, schien ihm die nächsten Wochen ernsthaft am Herzen zu liegen.

DIE ELITE

Als Athen langsam am Horizont verschwand und zu einem leuchtend weißen Kiesel in der Mittelmeersonne zusammenschrumpfte, begaben sich alle für die Einführungszeremonie zum Vorführsaal im Bauch des Schiffs.

Der Saal glühte angesichts der bevorstehenden Premiere. Wir nahmen auf den Kinositzen Platz, während sich die Dozenten auf der Bühne vor einem Theatervorhang aufbauten. Sie schnatterten genauso aufgeregt durcheinander wie wir.

An einem Stehpult bog ein weißbärtiger Professor den Mikrofonhalter für seine kleine Statur zurecht. Es klopfte und rauschte in den Lautsprechern. Das Stimmengewirr ebbte ab, als der Professor sich räusperte. In australischem Englisch hob er mit schnarrender Stimme an.

»Willkommen an Bord des Student Ships!«

Johlen und Applaus aus dem Publikum.

»Die nächsten vier Monate eures Lebens – die letzten Monate des Jahres 2007 – ist dies euer neues Zuhause. Keiner von euch ist zufällig hier. Jeder hat sich seinen Platz verdient. Was uns zusammenbringt, ist der Wunsch nach Wissen. Der Wunsch nach Abenteuer. Der Wunsch, zu verstehen.«

Schweigen in der Menge. Erhobene Brauen in den Gesichtern der Dozenten.

»Mein Name ist Theodore East. Ich bin seit vielen Jahren im Führungskreis der Ned Kelly University in Sydney, die Impulsgeber für das Student Ship war und in führenden Universitäten aus den USA, Südamerika, Afrika, China, Europa und dem Mittleren Osten erstklassige Verbündete für dieses Projekt gefunden hat. Ned Kelly ist eine Institution mit über 30.000 Studenten sowie 1.500 Dozenten und Wissenschaftlern, unter denen sich einige der führenden Denker unserer Zeit befinden. Unsere Institution hat sich von Beginn an kühner Innovation und Pionierarbeit in den Wissenschaften verschrieben. Da die Ned Kelly erst vor knapp 50 Jahren gegründet wurde, schleppen wir keine Altlasten oder hemmende Tradition mit uns herum. Die einzige Tradition, die wir kennen, ist der Entdeckergeist.«

Er machte eine dramatische Pause und nahm hörbar einen Schluck Wasser aus dem Glas auf seinem Pult.

»Mit diesem Entdeckergeist blicken wir mutig in die Zukunft. Und die Zukunft sitzt hier und heute vor mir. Ich sehe in junge, intelligente Gesichter, die sich getraut haben, den sicheren Boden eines Festland-Campus' zu verlassen, um die Herausforderungen unserer Zeit hautnah zu erleben. Um sich persönlich ein Bild davon zu machen, wie eine globalisierte Welt aus der Nähe aussieht und funktioniert. Ihr seid die künftigen Führungskräfte eurer Disziplinen. Ihr seid die Lenker, Denker und Mitgestalter der Globalisierung.«

Tosender Applaus und begeistertes Pfeifen aus den Reihen der soeben beschworenen Führungskräfte.

»Auf unserer Reise zu vier Kontinenten – Europa, Amerika, Ozeanien und Asien – werden wir uns ein Bild vom Leben in Industrienationen, in Schwellenländern und der Dritten Welt verschaffen. Wir werden die Alte Welt Europa entdecken, die aufstrebenden Kräfte in Mittel- und Südamerika kennenlernen, Tahiti und Neuseeland erkunden, bevor wir meine Heimat in Down Under besuchen und das unaufhaltsam aufwärts drängende China erleben.«

Eine feine Gänsehaut breitete sich auf meinen Armen aus.

Ich rutschte unruhig in meinem Sessel umher.

»Jeder von uns wird dabei die Brille seiner jeweiligen akademischen Disziplin tragen. Die Studierenden der Bereiche Conflict Studies und International Relations werden selbstverständlich mit einem anderen Blick an Land gehen als die des Studiengangs International Business. Doch genau da liegt die Krux. Silodenken hilft in einer Welt der Verschmelzung und erhöhter Komplexität nicht weiter. Darum haben wir euch aus aller Herren Länder hierher berufen und in den Kabinen mit Kommilitonen aus anderen Kulturen und Studienrichtungen zusammengeführt. In vier Monaten auf diesem engen Raum werdet ihr euch austauschen und arrangieren müssen. Ihr werdet voneinander lernen, Konflikte lösen und euch gegenseitig inspirieren. Ihr werdet zusammen Erfolge feiern und euch bei Niederlagen stützen.«

Casey tätschelte mir ironisch das Knie. »Bist du bereit, Zimmergenosse?«

»Lass mich deine stützende Schulter sein«, bot ich ihm feixend an.

»An Bord erwartet euch ein straffes Lernprogramm. Ihr könnt mit 100 Seiten Lektüre pro Tag rechnen. Doch das werdet ihr schaffen. Denn an Bord gibt es nichts, was euch ablenken könnte. Es ist ein Ort der Konzentration, an dem ihr euch voll und ganz dem Studium widmen könnt. Ich möchte euch herzlich zu dem Abenteuer einladen, eure geistigen Grenzen auszuloten und zu überschreiten.«

Mir wurde langsam mulmig zumute. Verschwunden waren die Logo-pinselnden Griechen aus Piräus. Ich würde mich an diesem Vorhaben völlig überheben. Mein vollmundiges Essay forderte seinen Tribut.

Ich fragte mich, wie es den anderen um mich herum in diesem Moment ging. Wahrscheinlich lauter Überflieger, denen das hier alles viel zu leicht war.

»Ein paar Worte zu Ablauf und Organisation unserer Reise: Sechs Tage die Woche finden je zwei Vorlesungen statt. Eine am Vormittag und eine am Nachmittag. Mit dem siebten Tag halten wir es wie in der Bibel: Dann wird geruht.

Während der Landaufenthalte pausieren die Vorlesungen. Hier habt ihr jeweils eine ganze Woche, um euch mit den lokalen Gegebenheiten vertraut zu machen. Manche von euch werden die

Zeit im Zielhafen verbringen wollen. Städte wie Lissabon, Panama City, Sydney oder Shanghai bieten Anreiz genug, dort zu verweilen. Andere werden wiederum kaum widerstehen können, sich einen Zug oder Inlandsflug zu nehmen, um so viel wie möglich vom Zielland zu erkunden. Tiefe oder Breite – ihr entscheidet. Beides ist im Interesse eures Studiums und im Gedanken des Programms so vorgesehen.

Es gibt allerdings eine Besonderheit zu beachten: die akademischen Feldprogramme, oder kurz AFPs. Wie ihr sicher in euren vorbereitenden Unterlagen gelesen habt, muss jeder Student auf seiner Reise mindestens drei dieser AFPs absolvieren.

Das heißt, in dreien der neun Länder, die wir ansteuern, ist die freie Zeiteinteilung auf zwei Tage vor Ort begrenzt. Den überwiegenden Teil der Zeit an Land werdet ihr akademischen Exkursionen widmen. Diese sehen selbstverständlich je nach Studiengang anders aus.

Für International-Business-Studenten liegt der Fokus auf wirtschaftlichen Themen. Sie treffen sich vor Ort mit Unternehmern und Managern, besichtigen Produktionsstätten und lernen die ökonomischen Gegebenheiten des Gastgeberlandes kennen. Die International Relations Studenten wiederum treffen sich vor allem mit Diplomaten und Politikern. Diejenigen unter euch, die sich für Conflict Studies entschieden haben, treffen sich mit spirituellen Führern, untersuchen die Kriegsgeschichte des Landes oder helfen bei kleineren humanitären Einsätzen.«

Ein Raunen ging durch den Saal.

Ich hatte mich bereits für Portugal, Australien und Ecuador entschieden. Portugal könnte ich am ehesten wieder von zu Hause aus bereisen. Und da das AFP nur tagsüber an fünf Tagen stattfand, hätte ich zumindest zwei freie Tage und an den Abenden Gelegenheit, Lissabon zu erleben.

Wenn ich die nötigen Noten erreichte, war Australien für mich die nächste Station nach dem Schiff. Hier würde ich noch genug Zeit verbringen, um meinen Master an der Ned Kelly abzuschließen. Natürlich nur sofern mein Notenschnitt an Bord ausreichte und mein Stipendium für den Rest des Studiums verlängert wurde. Alleine konnte ich mir die Uni in Sydney niemals leisten.

Mit der Vergabe meines dritten AFPs tat ich mich schwer. Da ich mir Ecuador ähnlich wie Panama vorstellte, wäre es nicht so dramatisch, dort im akademischen Teil gefangen zu sein. Immerhin hätte ich in einem der beiden Länder Zeit, frei zu reisen. Trotz all des Ehrgeizes, den ich mit mir rumschleppte, meldeten sich immer wieder alt gehegte Träume vom wilden Backpacker-Leben zu Wort, die aus Abenteuern und Freiheit gewebt waren. Die akademischen Feldprogramme entsprachen nicht gerade den haarsträubenden Reisevorstellungen, die ich insgeheim kultiviert hatte. Doch dann musste ich sie eben in Panama verwirklichen und die Zeit in Ecuador dem akademischen Teil opfern.

Professor East war noch nicht am Ende angelangt.

»Zu guter Letzt lasst mich euch eine kleine Geschichte erzählen. Es ist die Geschichte, wie ich als Dekan an Bord dieses Schiffes gelandet bin«, fuhr er fort.

»Meine Nichte, Lydia, hat vor vielen Jahren einmal an einem nicht ganz unähnlichen Programm teilgenommen. Sie war damals noch an der Highschool. Eines Tages hat sie sich für einen mehrwöchigen Törn auf einem Schulsegelschiff eingetragen. Sie segelte zu fernen Häfen und erhielt Unterricht an Bord. Als sie wiederkam, merkte ich, welch positive Veränderung die Reise bei ihr bewirkt hatte und ich beschloss, Initiativen dieser Art nach Leibeskräften zu unterstützen, wenn ich eines Tages die Gelegenheit dazu bekommen sollte. Nicht nur kam Lydia mit einer neuen, offeneren Weltsicht zurück, sondern sie brachte Erinnerungen an einmalige Erlebnisse mit, die ihr ein Leben lang erhalten bleiben würden. Genau wie die Freundschaften, die sie damals an Bord geknüpft hat. Heute, viele Jahre später, haben diese noch immer Bestand. Nicht wenige Kontakte haben sogar zu beruflichen Chancen geführt, die sie ohne dieses enge Netzwerk nie bekommen hätte. Diese Kontakte und Freundschaften waren das wertvollste, was sie von der Reise mitgebracht hatte. Ganz nebenbei sei erwähnt, dass sie sich damals auch furchtbar unglücklich verliebt hat, eine Erfahrung, die ihr zu der Zeit wehtat, die ihr aber Weisheit und Resilienz für ihre heutige, glückliche Ehe, beschert hat.

In diesem Sinne möchte ich jeden Einzelnen von euch, die ihr mich hier mit neugierigen Augen anseht, dazu ermutigen: Nutzt jeden Tag! Tauscht euch aus, findet neue Freunde, lasst euch das Herz brechen und haltet Arme und Geist weit offen für neue Erfahrungen und neues Wissen! Und jetzt wünsche ich uns allen viel Spaß und eine aufregende Zeit!«

Anscheinend von den eigenen Worten gerührt, strahlte Professor East über das ganze Gesicht.

Wir sprangen klatschend und pfeifend aus unseren Sitzen auf. Was für eine Motivationsrede!

Meine Selbstzweifel wurden von einer Woge der Begeisterung fortgerissen und ich verspürte den aufkeimenden Glauben an eine strahlende Zukunft, die hier und jetzt begann – wenn ich es nur schaffte, mitzuhalten.

ERSTE SCHRITTE

Nachdem sich die Versammlung aufgelöst hatte, begab ich mich auf Erkundungstour. Ich streunte, noch frisch inspiriert von der Rede, durch die Gänge Richtung Bug. »Ich ein Denker und Lenker der Globalisierung – wer hätte das gedacht?« Sollten wir soeben mit heißer Luft vollgepumpt worden sein, fühlte es sich zumindest ungemein erhebend an.

Vor jedem Fenster, das ich unterwegs passierte, bot sich das gleiche Bild: Meer soweit das Auge reichte. Im vorderen Teil des Schiffs wurde gerade ein Schwung Kisten in einen grell beleuchteten Raum getragen. An den Wänden hatte man IKEA-Regale aufgestellt. Die Fächer waren nur spärlich mit Büchern befüllt. Am Eingang befand sich ein Schreibtisch. Darauf das Schildchen »Library«. Die Bibliothekarin kramte gerade in einem Pappkarton mit folierten Büchern. Als sie mich bemerkte, richtete sie sich auf und strahlte.

»Willkommen in der Student-Ship-Bibliothek.« Sie machte eine auslandende Geste, um die ganze Dimension ihres kleinen Reiches zu demonstrieren.

»Sie ist noch etwas schwach auf der Brust, wie du siehst. Aber sie wird wachsen. Ich darf in jedem Hafen neue Bücher aus dem jeweiligen Land an Bord holen. Wer bekommt schon die Chance, eine Bibliothek komplett neu aufzubauen?«

Sie war sicher zehn Jahre älter als ich, trug ihr weizenblondes Haar auf Kinnlänge und polierte alle Naselang ihre pattfarbene Hornbrille mit einem Mikrofasertuch.

»Toll!«, attestierte ich ihr. »Wie baut man eine Bibliothek auf?«

Sie hielt einen Moment inne. »Also zunächst einmal benötigen wir natürlich die Titel, die auf dem Lehrplan stehen. Lass mal sehen, das sind die Bücher für International Relations, Conflict Studies, Meereswissenschaften ... – wusstest du, dass sie an Bord ein Labor geschaffen haben, das unterwegs Wasserproben nimmt und untersucht?«

»Nein, ich hatte keine Ahnung.«

»Was studierst du denn?«

Ich zögerte kurz. »International Business« war natürlich die Antwort auf die Frage der spitzgesichtigen Bibliothekarin. Ich bemühte mich, es mit der festen Stimme der Überzeugung hervorzubringen und nahm innerlich Haltung an.

»Oh, da hast du ja reichlich Kommilitonen. Das ist der größte Studiengang.«

»Schätze, die meisten wissen einfach nicht, was sie studieren sollen. Business klingt irgendwie logisch. Es will ja jeder am Ende in irgendeiner Form arbeiten.«

»Och, ich finde, das ist ein sehr nützliches Fach. Dazu haben wir auch ein paar tolle Bücher. Schau mal hier drüben.« Sie steuerte zielstrebig auf ein Regal zu. Auf dem Weg blieb ich an einer anderen Schrankwand hängen. Ich griff den Titel *The Art of Dramatic Writing* von Lajos Egri heraus.

»Ich seh schon, du bist fündig geworden. Das Buch hat an sich nichts mit dem Studium zu tun. Aber in amerikanischen Einrichtungen gehört Creative Writing einfach zur Grundausbildung. Die Techniken helfen ja letztlich auch bei Präsentationen oder Essays.« Ich blätterte durch die Seiten.

»Weil die Bibliothek so klein ist, können wir leider noch keine Bücher ausleihen. Aber du kannst dich jederzeit an einen der Lesetische hier setzen und alles lesen, was du willst.«

Von den fünf kleinen Rundtischen war nur einer besetzt. Daran saßen zwei kindlich wirkende Chinesinnen über dicke Wälzer gebeugt. Ich grüßte sie. Sie giggelten und winkten mir zu.

»Danke, ich komme bestimmt noch öfters her. Lassen Sie mich wissen, wie es mit dem Aufbau vorangeht.«

Samantha, die inzwischen ihr Namensschild angesteckt hatte, freute sich, dass ich mich freute, und machte sich wieder an das Auspacken der Kisten.

Um die Ecke gelegen entdeckte ich eine lederbezogene Tür. Als ich sie öffnen wollte, stoppte mich jemand.

»Halt, junger Mann. Das ist die Zigarren-Lounge.«

»Na, die schau ich mir doch gerne mal an.«

»Die Zone ist tabu für euch. Die Zigarren-Lounge wird jetzt als Lehrerzimmer genutzt.«

Ich gluckste. »Echt?«

»Ja, echt. Ich darf mich vorstellen: Ed Sullivan. Meeresbiologe.«

Er war ein hochgeschossener, glatzköpfiger Mann Mitte fünfzig mit strengen Zügen. Sein baumwollfarbenes Button-Down-Hemd trug er sorgfältig in die dunkle Jeans gesteckt. Ein weinroter Ledergürtel zog eine klare Linie zwischen intellektuellem Oberbau und den Niederungen des menschlichen Körpers.

»Mark. Freut mich.«

»Bist du auch Meeresbiologe?«

»Nein. International Business. Habe eben erst erfahren, dass man hier auch Meeresbiologie studieren kann.«

»Kann man nicht. Wir werden nur eine kleine Forschungsgruppe sein, die während der ganzen Fahrt immer wieder Wasserproben nimmt und diese untersucht.«

»Aha. Spannend. Tja, dann will ich mal.«

»Bitte.«

»Danke.«

Ich durchquerte das Student Ship einmal in seiner ganzen Länge von rund 200 Metern. Bei Vollauslastung bot es Platz für 600 Passagiere. Wir waren dagegen gerade einmal mit 200 Passagieren in See gestochen. Obwohl sich das Student Ship im Vergleich zu modernen Kreuzfahrtschiffen mit Platz für über 6.000 Gäste wie eine Fähre ausnahm, verlief ich mich am Anfang ständig. Es gab immerhin sieben Passagierdecks. Ganz oben lag das halb offene Tiber-Deck mit der Caribe Bar im Heck und der Starlight Bar mit Ausblick in Fahrtrichtung. In der Mitte befand sich das Atrium, eine offene Freifläche mit einem Meerwasser-Pool im Bierdeckelformat, einem überdeckten Buffet und dutzenden Plastiktischen und Stühlen. Hier wurde jeden Morgen das Frühstücksbuffet aufgebaut. Der Bereich entwickelte sich schnell zum zentralen Sammelpunkt zum Rauchen, Lernen und überhaupt jeder Art von menschlichem Austausch. Stieg man vom Tiber-Deck hinab, gelangte man in absteigender Reihenfolge zum Rio-Deck, dem Fidji-Deck, dem Brava-Deck – hier befand sich meine Kabine –, dem Kona-Deck, dem Orca-Deck und dem Azuro-Deck. Bei den ganzen blumigen Namen kamen mir immer wieder verstörende Bilder der staatlichen Fernsehserie *Das Traumschiff* und Rentnergruppen in Karibikhäfen in den Sinn.

Das Orca-Deck galt gleichzeitig als das Getto, da es tief im Schiffsbauch lag. In früheren Zeiten beherbergten die untersten Decks auf Ozeanlinern arme Großfamilien, Tagelöhner die sich ein Ticket ergattert hatten, Flüchtlinge und all jene, die man gemeinhin zum Pöbel zählte. Die Kommilitonen, die im Orca-Deck untergebracht waren, hatten gleich am ersten Tag mit Klebeband die Formen verunglückter Körper an Wände und Boden geklebt. Ein Pappschild warnte die Besucher mit einem »Welcome to the Ghetto«.

Als Nächstes besah ich mir die Starlight Bar. In dem Moment, da ich die Flügeltür aufstoßen wollte, kamen mir wieder die dunklen Augen aus der Hafenhalle in Piräus entgegen. Ihre Besitzerin starrte mich damit überrascht an, als hätte ich sie bei etwas ertappt. Ich fühlte ein angenehmes Kribbeln auf der Kopfhaut, während sich die Kleine verlegen an mir vorbei schob.

In der Starlight Bar fühlte ich mich wie in einem alten Bond-Film. Teppichboden mit psychedelischen Discomustern, eine babyblaue Theke, dazu Lehnenhocker mit weißen Kunstlederbezügen und Chrombeinen. Irgendwann einmal musste es den Zeitgeist getroffen haben. Das Schiff war schließlich seit 1966 im Betrieb.

Auf einem Plateau kauerten schwere Chesterfield-Garnituren. Ich nahm die drei Stufen hinauf und schaute durch die breiten Frontscheiben hinaus. Der Horizont bildete eine schnurgerade Linie zwischen Mittelmeer und Himmel. In der Bar war es völlig still. Nur ein Steinway-Flügel ließ erahnen, wie viel Musik hier über fast ein halbes Jahrhundert gespielt worden sein musste.

RODRIGO

Die ersten Tage an Bord waren ein ständiges Erfragen und Vergessen neuer Namen. Ich lernte einen quirligen Typ aus Hongkong kennen, der stets mehr zu tänzeln schien als zu laufen. Ich machte Bekanntschaft mit Aaron aus Ghana, der mit seiner Nickelbrille und den farbenfrohen Gewändern wie ein afrikanischer Intellektueller wirkte. Ich lernte Araberinnen kennen, so hübsch, dass auch die lautesten Kerle in ihrer Nähe andächtig wurden wie Messdiener. Ich trank ein Dutzend Bier mit Ian, einem vierschrötigen Schotten, dessen bellende Lache jeden im Umkreis von fünfzig Metern zusammenzucken ließ. Ich sprach stundenlang in immer neuen Grüppchen, die sich beim Frühstück und Dinner noch völlig wechselhaft zusammenfanden.

Alles in allem waren wir ein Haufen Grünschnäbel um die zwanzig, die unterschiedlicher nicht hätten sein können. Es gab Optimisten und Skeptiker, überzeugte Muslime und unbekümmerte Agnostiker. Es gab Leute so vermögend, dass die Champagnervorräte aufgestockt werden mussten, und andere, die trotz Vollstipendium ständig bangten, ob ihre Reisekasse bis zum nächsten Hafen reichen würde. Jeden Tag erweiterte sich mein Mosaik durch neue Gesichter, Gesprächsfetzen, Kleidungsstile und Weltansichten.

Und dann war da noch Rodrigo. Rodrigo stand auf einmal mitten in meiner kleinen Kabine und schaute sich in aller Ruhe um. Als sein Blick schließlich an mir hängen blieb, sah er mich mit schiefem Grinsen an und sagte nur: »Wow, das ist aber verdammt viel Gepäck.«

Wir verstanden uns auf Anhieb.

Er überragte mich um einen ganzen Kopf. Mit einer Brust wie ein Wandschrank, grau meliertem Dreitagebart und einer scharf geschnittenen Nase war er für mich der männlichste Mann, dem ich in meinem Leben je begegnet war. Der Eindruck wurde durch sein Run-DMC-T-Shirt und die abgetragenen High-Top-Adidas verstärkt. Er drückte mir zur Begrüßung mit seiner mächtigen Pranke die Schulter. »Rodrigo. Encantado. Freut mich, dich kennenzulernen.«

Als wir über Coltranes Musik, die gerade bei mir auf dem Laptop spielte, ins Gespräch kamen, stellte sich heraus, dass Rodrigo Pink Floyd und harte Gitarrenmusik liebte. »Aber Coltrane war auch ein Rockstar. Guter Geschmack«, lobte er meine Auswahl.

Ich musterte ihn aus dem Augenwinkel. Er musste einige Jahre älter sein als die meisten von uns.

»Bist du Dozent?«, fragte ich hoffnungsfroh.

Ich erntete schallendes Lachen.

»Du meinst, weil ich so ein alter Sack bin? Nein, nein. Ich bin nur spät berufen.«

Er schob einen Haufen Kleider auf dem Sessel zusammen und ließ sich nieder.

»Weißt du, ich habe schon einige Jahre gearbeitet. Und dann …«, er zögerte. Seine Augen wanderten durch den Raum. »Na ja, dann habe ich in Berkeley entdeckt, dass man Conflict Studies studieren kann und hab mir gedacht, ich mach auch gleich das Schiff mit, als an der Uni das Gerücht davon rumging. Was für eine geile Geschichte. Hab's erst für ein Campus-Märchen gehalten. Und dann gibt es das wirklich. Und jetzt stehen wir hier und unterhalten uns mitten auf dem Meer. Hombre, das Leben ist schon was.«

SOCIAL LUBRICANT

Banana Pancakes, gekochtes Ei, Bacon, Cornflakes, Joghurt, Industrie-Orangensaft, Obst – zum Frühstück gab es jeden Morgen das Gleiche. Zu Anfang schaufelten sich noch alle ihre Teller voll, wie man es im Urlaub tut. Man isst mehr als sonst, lebt ungesünder. Der Ahornsirup war längst von meinen Pancakes auf Obst und Ei übergelaufen, da ich alles aufgeladen hatte, was mir zwischen die Finger kam. Ich fand einen freien Platz bei einer Amerikanerin am Tisch. Sie stellte sich als Angie vor und gehörte offensichtlich zu der Sorte Fitnessjünger, die ihren Körper nach eigenem Willen modellieren. Etwas verlegen schaute ich auf die Schnitzer grünen Apfels mit Erdnussbutter auf ihrem Teller und das Häufchen Eiweiß, das sie fabrizierte, indem sie aus drei gekochten Eiern das harte Eigelb herauspulte. Sie bemerkte meinen Blick und musste lachen. »Niemals die Proteine vergessen«, rechtfertigte sie sich fröhlich. Diese unkomplizierte Art faszinierte mich. Der stereotype amerikanische Charakterzug, immer einen Spruch auf den Lippen zu haben und in allem eine Gelegenheit zum Smalltalk zu sehen, bewahrheitete sich bei nahezu jeder Begegnung.

Angie plapperte munter über ihr Athletic-Core-Programm und fragte, was ich von dem Fitnessraum hielt, anscheinend jedoch, ohne eine Antwort zu erwarten. Sie jedenfalls war der Meinung, dass er gerade so ausreiche. Wie alles auf dem Schiff, sei es eben eine Miniaturausgabe der Versionen an Land. Und auf diesem speziellen Schiff trugen grundsätzlich viele Dinge eine improvisierte Handschrift. Da es keine richtigen Hörsäle gab, fanden einige Kurse an der Bar statt. Für andere waren die Clubsessel aus den Salons geschleppt und durch Plastikstühle mit ausklappbarem Schreibtablett ersetzt worden. Dazu ein Flipchart und ein Beamer – fertig war der Hörsaal.

Die erste Vorlesung des Tages rückte näher und Angie verabschiedete sich. Noch im Davongehen sprach sie hier jemanden auf sein Frühstück an und verteilte dort ein paar Worte zum Wetter. Gerade in den ersten Wochen waren die US-Amerikaner für mich der soziale Schmierstoff auf dem Student Ship. Ihre lockere Art machte es allen leichter. Gleichzeitig waren viele von ihnen so laut und präsent, dass Kommilitonen anderer Kulturen unbemerkt untergingen. Eine kurze Begrüßung, und sie versanken sogleich eingeschüchtert in Schweigen.

Ich brachte mein Frühstückstablett weg und begab mich zur International-Trade-Vorlesung. Unser Dozent hieß Tim Kent. Er war ein groß gewachsener Kanadier mit einem wilden Schopf weißer Haare. Zum Unterricht erschien er in Karosakko, wallenden Leinenhosen und Ledersandalen. Es hatte sich schon in der ersten Vorlesung mit ihm herausgestellt, dass er ein begnadeter Entertainer war. Er brachte die haarsträubendsten Vergleiche, machte Zentralnotenbanker mit einem Seitenhieb auf ihre unvorsichtige Zinspolitik zu Schießbudenfiguren und nicht selten liefen seinem dankbaren Publikum vor Lachen die Tränen herunter.

SWIMMING POOL

Bald stellte sich das Gefühl einer gewohnten Umgebung ein. Wir hatten unsere Routine. Frühstück am Morgen auf dem Tiber-Deck.

Vorlesung am Vormittag und eine lange Mittagspause bis zur nächsten Vorlesung am Nachmittag. Der große Speisesaal im Unterdeck öffnete jeden Tag punktgenau um 18.15 Uhr die Türen und hielt bis 21.00 Uhr warme Küche bereit. Der Abend stand zur freien Verfügung und wurde meist in den Kabinen oder an der Caribe Bar verbracht. Jede Tageszeit hatte ihre Reize, doch am liebsten war mir die lange Pause am Mittag. Das war die einzige Zeit, in der die Grüppchen aufgehoben waren und sich alle, die Platz hatten, im Pool drängten und die umliegenden Liegestühle in Beschlag nahmen. Dann fühlte ich mich als Teil einer besonderen Gemeinschaft. Eines ungewöhnlichen Campus auf hoher See. Emilio lag neben mir und beobachtete hoch konzentriert jede Bewegung der Frauen in unserer Nähe. Er wippte ungeduldig mit seinen Füßen. Hin und wieder ließ er einen sehnsüchtigen Seufzer erklingen, der einer Disney-Prinzessin alle Ehre gemacht hätte und murmelte etwas vom Paradies.

Einige Meter entfernt lag die Kleine mit den dunklen Augen. Sie lehnte auf ihre Unterarme gestützt auf der Liege und schaute sich verschlafen um. Ihr Bikini war marineblau und cremeweiß gestreift. Von ihren nassen Haaren rannen Wassertropfen zwischen ihren Schulterblättern den glatten Rücken herab und sammelten sich in dem Tal, das ihr nach oben geneigter Oberkörper und der Po ergaben. Es fiel mir schwer, nicht ständig hinzusehen. Sobald ich den Kopf zur Seite drehte, war sie genau in meinem Blickfeld. Ich musste daran denken, wie lange ich nicht verliebt gewesen war. Nachdem meine erste große Liebe, Nina, mich zum Ende der Schulzeit für einen älteren Typen verlassen hatte, der mit seinen 28 Jahren bereits Karriere als Unternehmensberater machte, war ein Teil meiner früheren Leichtigkeit von mir abgefallen. Ich dachte viel nach, wurde ernster und vergrub mich in Romane, von denen ich mir Antworten erhoffte.

Seit dem Aus mit Nina hatte ich ein paar Techtelmechtel gehabt. Eine Studentin aus einem höheren Semester, die meine Verkopftheit als Reife auslegte. Ein paar feuchte Küsse nach Mitternacht mit zufälligen Begegnungen auf der Tanzfläche. Eine Pandabärin, die mich auf einer schwülen Karnevalsparty aufforderte, ihre bedrohte Art in meinem Bett zu beschützen.

Kleine Episoden eben. Ab und an sehnte ich mich zurück in die alte Beziehung. Nicht so sehr wegen Nina selbst. Mehr wegen der Wärme und Vertrautheit des festen Zusammenseins.

Sie stand auf und ging davon. Meine Gedankenblase zerplatzte. Ich musste auch los zur nächsten Vorlesung. Erst jetzt nahm ich die Bewegung wieder wahr. Mir war, als hätte das Schiff den Mittag über stillgestanden und gerade erst die Motoren angeworfen. Liegestühle wurden klappernd zusammengeschoben, T-Shirts übergestreift und nass gespritzte Lehrbücher zusammengerafft. Die Gruppe löste sich schnatternd auf und das Student Ship zog weiter gemächlich seine Bahn durch das Mittelmeer, vorbei an Tunesien, Sardinien und den Balearen.

So waren die Tage warm und unbeschwert. Doch nachts wälzte ich mich stundenlang auf meiner Pritsche. Eingepackt in das fortwährende Brummen der Dieselmotoren zuckten die Zukunftsängste durch meinen Kopf. Wirre Szenarien, in denen ich zwischen Gedanken hin und her flackerte wie ein Sprung auf einer CD. Ängste, dass ich mich immer wieder falsch entschied. Vom Himmel rieselten verkohlte Geldscheine. Wände schoben sich zusammen und drohten mich zu zermalmen. Ein dunkles Gefühl nagte an mir, dass ich abstürzen würde wie mein Bruder. Immer wieder kam ich zu dem gleichen Schluss: Ich musste mich zusammenreißen, mich auf das Studium konzentrieren und das Beste aus mir machen. Das Ziel war die einzige Erdung, die ich vorzuweisen hatte. Es war wie ein Paar wohlmeinender Hände, die mich gegen die Schwerelosigkeit zu Boden drückten. Ohne sie wäre ich bei der nächsten ruckartigen Bewegung abgehoben und in das hohle Universum abgetrieben.

ERWISCHT!

Am letzten Abend vor unserer Ankunft in Portugal – ein paar Stunden nachdem wir die Straße von Gibraltar passiert hatten – saß ich mit Rodrigo an der Bar, um Mädchen auszuchecken. Es waren so viele schöne Frauen an Bord, dass man nicht anders konnte, als ständig zu schauen.

»Die find ich auch super«, meinte ich mit einem Seitenblick auf eine kolumbianische Kommilitonin.

»Schon vergeben.«

»Wirklich?«

»Die hat was mit einem der Dänen.«

»Ein Jammer.«

Eine Latina mit wilden Locken durchquerte in grün-gelben Hotpants und eng anliegendem Top den Raum.

»Was ist mit der?«

»Nicht mein Typ«, verkündete Rodrigo zum wiederholten Male an diesem Abend.

Sie streifte uns im Vorbeigehen mit einem Lächeln, als wüsste sie genau, was hier gespielt wurde.

»Vielleicht sind wir etwas zu offensichtlich«, raunte ich.

»Okay. Versuchen wir's mal subtiler.«

Ich deutete ganz dezent mit dem Kopf in die andere Richtung, in der sich eine Traube kalifornischer Studentinnen laut unterhielt und herzhaft lachte.

»Nee, Mann. Nicht mein Typ.«

In dem Moment kam Emilio vorbei.

»Jungs, es ist kaum mit anzusehen, wie ihr die Frauen wegstarrt. In Nicaragua kriegst du gleich einen über die Rübe, wenn dich jemand dabei erwischt, wie du sein Mädchen so krass angaffst.«

Verdammt. Wir mussten lachen.

»Wie sieht denn dein Typ aus, Emilio? Rodrigo scheint keinen zu haben.«

»Puh, ich glaube, ich habe auch keinen bestimmten Typ. Ich liebe einfach Frauen. Kann mir nicht helfen. Frauen sind das Beste am Leben. Ich mag die Kleinen und die Großen. Ich mag die Schlanken und die Lebensfreudigen, die sich nicht ständig um ihre Figur sorgen. Was soll ich sagen? Schau dich nur um. Ich könnte mich hier in fast jede verlieben.«

Ich schaute mich um und sah einige Frauen, die mir optisch auf Anhieb gefielen. Genauso sah ich aber auch viele, die mich überhaupt nicht ansprachen.

»Also ich weiß nicht ...«

»Du guckst nicht richtig. Du musst danach schauen, ob sie von innen leuchten.«

»Von innen leuchten?«

»Ja Mann.« Er zog die Unterlippe zwischen die Zähne und sog die Luft ein. Und wie er so da stand und die Frauen im Raum mit dem geschulten Blick eines Kunstexperten bedachte, ahnte ich, dass er es ernst meinte.

»So, und jetzt weise ich euch erst mal in die Grundübung des gehobenen Flirtens ein. Wenn sie mitbekommt, dass du sie ansiehst, hast du nicht mehr viel Zeit zu reagieren. Das ist ein strategischer Nachteil. Wenn du zu lange wartest und dann immer noch schaust, wirst du ganz schnell als Creep abgestempelt. Du willst sie nur einen Moment streichen. Sie sollen spüren, dass du sie goutierst. Wie den ersten Schluck eines guten Weins. Aber noch bevor sie sich versichern kann, ob du sie wirklich angesehen hast, siehst du wieder weg. Sie soll nur noch den Verdacht spüren, dass du diesen Bruchteil einer Sekunde mit ihr hattest.«

Doch es war schon zu spät für seine Tipps. Ehe wir es bemerkten, bewegten sich die Kalifornierinnen gesammelt auf uns zu.

Emilio verdrehte die Augen. »Ich hab's euch gesagt. Mit so grober Technik kommt keiner davon.«

»Hey Jungs, wir haben uns gefragt, ob wir uns zu euch gesellen dürfen«, eröffnete eine kleine Blondine mit prächtigen Brüsten das Gespräch.

»Okay, elephant in the room«, sagte sie. »Wer hat denn jetzt das Rennen gemacht? Wir haben schon die ganze Zeit darauf gewartet, dass ihr Nummern vergebt.«

Solch eine entwaffnende Offenheit konnte einen überrollen. Andere befreite sie von falscher Beklommenheit. Wir gehörten offensichtlich zu letzterer Kategorie, denn es entbrannte sofort eine lebhafte Diskussion darüber, wer die Heißeste war. Angelockt von so viel Bohei, kamen immer mehr Leute dazu. Mit Emilios Vorstellung von einem magischen Moment und innerem Leuchten hatte das nichts mehr zu tun. Wie auf dem Viehmarkt wurde taxiert und palavert. Bis schließlich Casey dazu kam.

»Meine Damen, was ist denn hier los?«

»Diese kleinen Perversen haben uns auf den Arsch gestarrt«, petzte eine der Kalifornierinnen künstlich entrüstet. Sie hieß Shannon.

Der kleine Casey schaute uns tadelnd an.

»Ist das wahr, Gentlemen?«

Die Mädchen schrien vor Vergnügen auf.

»Hey, hey, hey!«, meldete sich eine von ihnen zu Wort. »Diese *Gentlemen* haben schon Noten vergeben. Jetzt bist du dran.«

Casey fühlte sich sichtlich geehrt, nach seiner Meinung gefragt zu werden.

»Ach je, wisst ihr, ich steh auf einen ganz bestimmten Typ.« Er machte eine kunstvolle Pause.

»Ach ja?«, zwitscherte Shannon. »Und was ist das für ein Typ?«

»Das will ich euch wohl sagen: Der gleiche Typ, auf den wir alle stehen.«

Das Rätseln ging los, wer das wohl sein könnte. Offensichtlich ging es hier nicht mehr um einen Charakter, sondern schon um eine ganz konkrete Person.

»Sag schon!«, forderte Shannon.

»Typ jung und geil!«

Brüllendes Gelächter. Rodrigo klopfte ihm auf die Schulter. »Schön gesagt, Casey. Bist ein verdammter Poet.« Und da dies die letzte Nacht unseres ersten Reiseabschnitts war und sich hier offenbar alle jung und geil fühlten, wurde es noch ein langer Abend.

TEJO

Am nächsten Morgen liefen wir unser erstes Reiseziel an. Fast zwei Wochen auf dem Schiff lagen hinter uns. Wir waren jetzt nicht mehr die losen Einzelgänger, die in Athen an Bord gegangen waren. Erste Freundschaften waren geknüpft, ich erkannte viele Gesichter wieder und nun würden wir das erste Mal gemeinsam Festland betreten. Pläne wurden geschmiedet, Tipps ausgetauscht.

Denjenigen, die sich erst für AFPs in den später folgenden Reisezielen eingetragen hatten, stand die Zeit in Portugal zur freien Verfügung. Emilio nahm sich vor, einen Teil der Woche in Lissabon zu verbringen und dann seinem zweitliebsten Hobby nach den Frauen nachzugehen: Surfen.

Er hatte an Bord schon eine kleine Clique Jungs beisammen, die ebenfalls aus Küstennationen kamen und seit ihrer Kindheit auf dem Brett standen. Einer davon war der Holländer Ben, der mit seiner Strandmatte, dem beeindruckenden Körperbau und stets gewinnenden Grinsen im Gesicht wirkte, wie aus dem Surfers Magazine geschnitten. »Dieser Ben hat echt die genetische Lotterie gewonnen«, staunte Casey einmal. Und damit hatte er ihn ziemlich genau beschrieben.

Wir schipperten im Morgengrauen über den Tejo.

»Skandal!«, rief jemand. »Die haben uns nach San Francisco verschleppt!«

Wir staunten. Die rote Brücke, die über den Tejo lief, sah exakt aus wie die Golden Gate Bridge.

»Erstaunlich, nicht wahr?«, fragte die Bibliothekarin, Samantha, die neben mir an der Reling stand. »Lissabon wurde im 18. Jahrhundert fast vollständig von einer unvergleichlichen Kombination aus Erdbeben, Großbrand und einem Tsunami zerstört. Kein Wunder, dass die Portugiesen damals dachten, die Apokalypse wäre über sie hereingebrochen. Als die Stadt wiederaufgebaut wurde, hat man sich an Vorbildern aus aller Welt orientiert. Es gibt eine Straße, die den Champs-Élysées zum Verwechseln ähnlich sieht. Und schau mal da rüber«, sie zeigte auf eine Christusstatue, die mir seltsam vertraut vorkam. »Die hat der Erzbischof von Lissabon nach einem Besuch in Rio de Janeiro bauen lassen.«

Ich ließ alle Eindrücke auf mich wirken. Der erste Reiseabschnitt hatte es in sich gehabt. Mir schwirrte der Kopf vor Namen und Gesichtern, neuen Eindrücken und dem uns ständig umgebenden Meer. Ich müsste vor Glück platzen. Im Grunde tat ich das auch. Doch wenn ich mir bewusst machte, dass ich noch keine Vorlesung nachgearbeitet und mein Lesepensum vor lauter Aktivitäten noch gar nicht in Angriff genommen hatte, wurde mir heiß und kalt. Mehrere hundert Seiten musste ich aufholen. In Deutschland hatte sich die Pflichtlektüre immer in Grenzen gehalten. Professor Easts Vorstellung, es gäbe an Bord nichts, das uns ablenkt, entpuppte sich als blanke Ironie. Die Ablenkungen lauerten an jeder Ecke.

Während unsere Gangway scheppernd an Land aufsetzte, nahm ich mir vor, in Lissabon nicht zu viel zu feiern. Ich würde mich abends spätestens um neun in meine Kabine zurückziehen und lernen.

PRESSESPRECHER

Kurz nachdem wir angelegt hatten, kamen die ersten Journalisten an Bord. Sie wurden von unserem PR-Team begrüßt, das aus einer Dozentin, die sich dem Thema angenommen hatte, und einer Handvoll freiwilliger Studenten bestand. Ich hatte mich bereit erklärt, ebenfalls als Ansprechpartner für die Presse zu bleiben, bis sie mit den Interviews durch waren. So fand ich mich im Gespräch mit Journalisten aus Portugal wieder. Auch ein paar deutsche Zeitungen waren angereist. Sie zeigten reges Interesse an dem Projekt. Ich posierte für ein paar Fotos mit den Kommilitonen und beantwortete Fragen zu meiner Herkunft und zu Erwartungen an das Studium.

Einer der Journalisten war auffallend jung. Er sah sich aufmerksam um. Er trug sein schmal geschnittenes Hemd locker über schwarzen Röhrenjeans mit weißen Sneakers. Diese engen Jeans irritierten mich. Bei den Engländern und Skandinaviern an Bord sah man sie ebenfalls des Öfteren. Ich neigte derweil noch immer zu Baggies.

Der smarte Kerl schob sich ein paar gegelte Strähnen zurück. Er sah aus wie ein Fußballstar in zivil. Als ich anbot, ihm bei Fragen zu helfen, nahm er das Angebot dankend an. »Thomas. Ich bin vom *Travel Observer*«, sagte er mit einem Hamburger Zungenschlag. Er reichte mir eine billig produzierte Visitenkarte. Ich betrachtete sie, wie ich es in einem Business-Seminar gelernt hatte. Dem Gegenüber Wertschätzung entgegenzubringen ebnet den Weg für eine Konversation auf Augenhöhe.

»*Travel Observer.* Kommt mir bekannt vor, der Name.«

»Witzig. Das sagen alle. Schätze, weil es so viele Zeitungen mit dem ›Observer‹ im Namen gibt. Hauptsache, er ist merkfähig. Aber uns kennst du vermutlich noch nicht. Wir sind recht neu am Markt. Wir wollen Reisejournalismus neu denken.«

Ich spürte unweigerlich meine Brauen in die Höhe zucken.

»Wir sind ein junger Blog. Unser Business Model ist ein Mix aus kostenlosen Artikeln, bezahlpflichtigen Dossiers und Affiliate-Marketing.«

Ich war noch nie auf einem Blog. Klar wusste ich, dass so etwas existierte, aber Nachrichten las ich eigentlich nur bei spiegel.de, Reisemagazine bezog ich nach wie vor aus dem Zeitschriftenhandel. National Geographic, GEO und dergleichen.

»Klar, das sind die Platzhirsche. Aber kommt dir das nicht auch manchmal ganz schön altbacken vor? Wir nennen sie gerne ›Seniorenmagazine‹.«

»Und wie ist es bei euch?«

»Jünger. Lässiger. Unsere Inhalte sind für eine kosmopolitische Zielgruppe gemacht. Leute, die sich selbstverständlich zwischen den großen Hubs, London, New York, Singapur usw. bewegen. Wir nennen sie ›Modern multi optional travellers‹. Die brauchen knackige Berichte, die sie unterwegs konsumieren können. Viel Bildmaterial und Videos dazu. Und bald mobilfähig. Wenn das iPhone im Herbst auch in Deutschland rauskommt, braucht es Formate, die dem gerecht werden. Vielleicht machen wir noch eine App dazu. Aber eins nach dem andern.«

Ich hatte keine Ahnung, was eine App war. Aber ich nickte zustimmend.

»Was studierst du denn an Bord? Ist ja ein saucooles Projekt. Spannend für unsere User. Schau dir mal an, welche Medien hier drüber berichten. Da kann man sich gut dranhängen.«

Ich überging den Medien-Quatsch und erzählte ihm von meinem BWL-Studium.

»Hast du nicht Lust, für uns zu schreiben? Du könntest uns regelmäßig Berichte vom Bordleben und euren Landausflügen schicken.«

»Ich weiß nicht. Also gern. Aber ich hab noch nie gebloggt.«

»Keine Angst, das kriegst du schon hin. Wir helfen dir mit Feedback.«

Ein Blick auf die Uhr verriet mir, dass es schon nach Mittag war. Mich zog es raus in die Stadt. Also versprach ich, es mir zu überlegen und mich in den nächsten Tagen bei ihm zu melden.

Er bedankte sich überschwänglich und ich brach endlich auf in den freien Nachmittag in Portugals Hauptstadt.

LANDGANG

Meine ersten Schritte an Land fühlten sich reichlich ungewohnt an. Der Boden wankte nicht und ich konnte auf einmal wieder in alle Himmelsrichtungen gehen. Wie verstörend! Ich war ein Zootier in freier Wildbahn. Unschlüssig, was ich mit der neu gewonnenen Freiheit machen sollte, taperte ich aufs Geratewohl los.

Zuerst lief ich treppauf und treppab durch Alfama, das älteste Viertel der Stadt und ein wahres Labyrinth ineinander verschachtelter Häuserblocks. Unterwegs traf ich immer wieder umherstreunende Kommilitonen. Ich deckte mich in einem Plattenladen mit portugiesischen CDs ein. Am Ende der Reise wollte ich aus jedem Land die beste Musik mitbringen. In Griechenland hatte ich mir ein paar Rap-Scheiben von Stereo Mike und anderen Lokalmatadoren besorgt. Natürlich verstand ich kein Wort, aber allein diese Raritäten zu besitzen, weckte in mir den Sammlerstolz. Vor dem Fenster lief Emilio vorbei. Ich zahlte rasch und eilte ihm nach. Wir beschlossen, etwas essen zu gehen und fanden im Treppengewirr der Altstadt ein winziges Restaurant, in das wir einkehrten.

Unser spröder Holztisch wurde bis auf den letzten Flecken gefüllt mit Tonschälchen, Bastkörben und Tellerchen voller Petiscos, der portugiesischen Spielart von Tapas. Gegrillte Sardinen, Bacalhau im Kräutersud, frischer Pulpo mit Koriander, ofenwarmes Baguette und fettige Chouriço: Wir aßen begeistert alles durcheinander. Ich schenkte Emilio und mir vom eiskalten Vinho Verde nach und freute mich des Lebens. Der Kellner, der zugleich Koch und Inhaber des winzigen Restaurants war, hatte sichtlich Gefallen daran, wie wir bis zu den Ellenbogen eingesaut waren und jeden Bissen lautstark kommentierten.

»Das Essen ist eine Sensation! Stell dir vor, das könntest du jeden Tag haben«, meinte Emilio und wischte sich mit dem nackten Unterarm das Olivenöl aus dem Gesicht.

»Großartig«, stimmte ich zu. »Aber dann wäre es kein Highlight mehr.«

Er winkte ab.

»Ich glaube nicht, dass man davon zu viel bekommen kann. Das ist ein bisschen wie mit der Musik. Seitdem ich einen iPod habe, kann ich mir runterladen was ich will und es auf dem Ding transportieren. Wusste gar nicht, was mir entgeht. Sag mir bitte, dass man von Musik zu viel bekommen könnte. Hast du von dem iPhone gehört? Damit brauchst du nicht mal mehr einen iPod. Ist alles auf deinem Handy. Überleg mal!«

Tatsächlich befanden sich auf meinem Handy auch schon einige MP3s. Ich besaß immerhin auch einen iPod Shuffle. Doch ich hing noch an meinen CDs.

»Du bist echt rückständig«, urteilte Emilio. »Was machst du denn mit den ganzen Platten? Irgendwann gibt's vielleicht nicht einmal mehr Geräte, die CDs abspielen.«

Ich zuckte mit den Schultern. »Ich stelle sie mir in ein Regal und bewundere sie.«

»Wart's ab! Du wirst von der Zeit überholt. Die Zukunft ist prall voll mit Möglichkeiten – wenn du mitziehst.«

»Mir geht einfach alles etwas schnell. Ich hänge an den physischen Dingen.«

Emilio trappelte mit den Fingern auf dem Tisch.

»Ich merk schon. Du verlierst gleich die Geduld mit mir. Wusste gar nicht, dass du so technikbegeistert bist.«

»Ich bin Biologe. Mich interessiert die Evolution. Und da verliert, wer sich nicht anpasst.«

»Du bist was?«

»Biologe. Zumindest ein Werdender.«

»Ich hatte keine Ahnung. Was machst du dann auf dem Schiff?«

»Sieh's als Forschungsprojekt.«

»Und du studierst eigentlich Biologie?«

»Warum verwundert dich das so? Ich helf Professor Sullivan dabei, unterwegs Wasserproben zu nehmen und sie zu untersuchen.«

Ich rang um eine Erklärung. Ich wusste inzwischen, dass es an Bord einige Studenten gab, die das Studium wie ein Auslandssemester behandelten. Ein Geologiestudent erzählte mir, er könnte sich die Reise als wissenschaftliche Exkursion anrechnen lassen. Aber Emilios Surfer- und Ladykiller-Image passte nicht in mein Bild eines Biologen. Emilio schmunzelte.

»Dafür sind wir ja auf dem Schiff: Um Vorurteile abzubauen und von anderen Kulturen zu lernen. Entschuldige, wenn ich dein Weltbild soeben zerstört habe.« Er prostete mir versöhnlich zu.

»Gib mal deine Kamera«, verlangte Emilio. »So ein Festmahl muss man für die Nachwelt festhalten.« Ich wühlte in meinem Rucksack, doch fand meine Lumix nicht. »Hm, hab ich leider nicht dabei.«

Emilio nahm sein Handy und reichte es dem Kellner.

»Das wird doch nichts«, brummte ich. »Hast du Handybilder mal auf dem Laptop angeschaut? Das ist völlig pixelig.«

Emilio warf theatralisch die Hände in die Luft. »Malaka, was Besseres haben wir gerade nicht.« Malaka war ein Kosename für seine Freunde, den er in Griechenland aufgeschnappt hatte. Übersetzt hieß es so etwas wie »Wichser«.

Wir strahlten beide Richtung Telefon und luden den Kellner zum Dank auf ein Bier ein. Er hatte jedoch eine bessere Idee und holte den guten Stoff hinter seiner windschiefen Theke hervor: ein Aguardente de Medronho. »Der wird noch in Handarbeit hergestellt«, verkündete er.

Unser Lunch hatte sich unweigerlich zu einem ausgedehnten Gelage entwickelt. Erst Stunden später stolperten wir aus dem wunderbaren Lokal in den kupferfarbenen Nachmittag. Aus allen Ecken drang Musik. Aus Fenstern und Türen quollen Gespräche. In den Auslagen der Buchläden lockten stockfleckige Gedichtbände und wohin man auch sah, waren die Mauern übersäht mit einfallsreicher Street-Art. Mit den üblichen Graffitis von zu Hause hatte das kaum noch etwas gemein.

Wir kamen an einem Laden für Schreibbedarf vorbei.

»Da muss ich rein«, hörte ich mich sagen und stieß bereits die Ladentür auf, dass es herrlich klingelte.

»Mach nur, Malaka. Ich lasse meine müden Augen derweil vom Antlitz liebreizender Portugiesinnen verwöhnen.«

Im Innern fiel staubiges Licht auf die Schreibwaren. An den Wänden hingen angegilbte Schwarz-weiß-Portraits portugiesischer Schriftsteller. Ich stöberte umher, betastete ein paar handgeschöpfte Papiere, wog eine gedrechselte Füllfeder ab und entschied mich schließlich für das Notizbuch *Grand Voyage*.[1] Der raue Leineneinband fühlte sich gut an. Es war dick genug, um alle bevorstehenden Geschichten aufzunehmen. Die eingeklebte Weltkarte bot Platz, unsere Route einzutragen und das Papier mit hoher Grammatur würde sich von beiden Seiten beschreiben lassen, ohne dass die Tinte durchschimmerte. »Das nehm ich.«

Und damit trat ich wieder zu Emilio hinaus in die Gasse, der in selbstvergessener Betrachtung der Portugiesinnen überrascht wirkte, mich zu sehen.

Am frühen Abend landeten die meisten von uns auf der Partymeile, der Pink Street. Mit seiner flamingofarbenen Basecap und einem neonblauen V-Neck war Casey kaum zu übersehen.

»Kommt mit uns feiern. Wir wollen nachher noch ins BBC. Soll ein cooler Club sein.«

»Ich hab mir versprochen, heute zu lernen.«

Er schaute mich ungläubig an.

»Komm, das ist der erste Abend an Land. Du musst feiern!«

Doch ich blieb standhaft. Ich kehrte nach ein paar Bier zum Boot zurück und ging schnurstracks in die Kabine.

Ich knipste die Leselampe an.

---

1 Der Verlag kooperiert bei der Vermarktung von *Die Wellenbrecher* mit der Leuchtturm Albenverlag GmbH & Co. KG, die das genannte Notizbuch herstellt.

Ich holte mein Finance-Buch hervor.

Ich schlug es auf.

Und schlief fünf Minuten später mit dem Gesicht zwischen den Seiten ein.

BAIRRO ALTO

Ziisssssscccccchhhhhhh. Ich schätze, es war das zehnte Bier an diesem Abend. Unsere zweite Nacht in Portugal. Das AFP, also das akademische Feldprogramm, hatte den ganzen Tag in Anspruch genommen. Wir hatten eine weite Strecke zurückgelegt, um uns mit Managern der Posada-Hotels zu unterhalten, deren Konzept vorsah, historische Stätten, wie alte Festungen oder Herrenhäuser, behutsam in Hotels umzuwandeln. Müde von dem Tagesausflug wollte ich mich bei der Rückkehr gleich in die Koje werfen. Doch Rodrigo und Emilio hatten andere Pläne: Sie warteten bereits mit eiskaltem Bier auf mich. Und so nahm die Geschichte ihren Lauf.

Die Luft vibrierte, Menschenmassen schwirrten durcheinander, Gitarren vermengten sich mit der flirrenden Sommernacht. Das gesamte Bairro Alto hob und senkte sich, verschwitzt und getrieben von diesem irren Rhythmus. Die abbröckelnden Wände, vollgekleistert mit Street Art, die Dealer an jeder Ecke mit gestrecktem Koks und allem, was ohnehin nur den wirren Blick auf das pulsierende Spektakel verwischen würde. Nicht jetzt. Die Chemie stimmte auch so schon. Alles war fantastisch. Ich ließ sie stehen und nahm noch einen tiefen Schluck vom kalten Super Bock. Die Jungs stießen ihre Bierflaschen an meine. »Hombres, ist das geil hier«, jaulte Rodrigo in die Nacht. »Ich liebe diese Stadt!«

»Yeees!«, rief ein Portugiese zurück, der mit Goldkettchen und Muskelshirt über seinem schmächtigen Körper aussah wie ein Kleinkrimineller. »Wo kommt ihr her?«

»Frisch vom Boot, Amigo«, erwiderte Rodrigo.

Martim hieß der Typ und sein Interesse war geweckt. Rodrigo erzählte ihm in wenigen Sätzen vom Student Ship.

»Ah, euch habe ich doch im Fernsehen gesehen«, staunte Martim.

»Im Fernsehen? Bist du sicher?«

»Ja klar, schwimmende Uni und so. Ihr seid auf allen Kanälen.«

Rodrigo konnte es kaum glauben.

Emilio schob sich vor, um mehr zu erfahren.

»Ich sag nur, ihr seid hier Rockstars«, bestärkte Martim.

»Martim«, zischte Emilio, »haben die auch was von der Frauenquote gesagt?«

»Nein, ich glaube, von einer Frauenquote war nicht die Rede.«

»130 Frauen auf 70 Männer, Malaka!«

»Was ist ein Malaka?«

»Das heißt ... Ach egal. Jedenfalls haben wir 130 Frauen an Bord und nur 70 Männer. Wir haben Swimmingpools und kostenloses Essen mit Pancakes zum Frühstück und einem riesigen Buffet zum Dinner. Und alle sind braun gebrannt und sehen unfassbar gut aus. Es ist alles so sexy. Da ist diese Kalifornierin und ...«

Martim war sprachlos. »Junge, weißt du was?«

»Was?«

»Genau so stelle ich mir das Leben nach dem Tod vor!«

Der Kerl war wild entschlossen, mit uns einen draufzumachen. »Kommt, kommt! Ich zeige euch das Bairro Alto!« Martim schleppte uns auf ein paar Shots in die nächstbeste Bar. Wieder einer dieser Promoter, ging es mir durch den Kopf. Rodrigo nickte mir zu.

»Wir sollten die Biege machen.«

»No, no«, protestierte Martim, als wir uns zum Gehen wandten.

»Ihr seid Gastfreundschaft nicht gewohnt, was?« Er spurtete an uns vorbei und zog mich an meinem schweißnassen T-Shirt mit. Die Jungs und ich zuckten mit den Schultern. Warum nicht einfach folgen. Sehen, was auf uns zukam. Carpe Noctem.

Aber nicht ohne Bier. Ein Straßenverkäufer offerierte noch im gleichen Moment Bierdosen, die er in einer Plastiktüte voller Eiswürfel herumtrug.

»Trés«, sagte ich und hielt zum besseren Verständnis noch drei Finger hoch. Fraglich, ob meine Spanischbrocken auch in Portugal Gültigkeit besaßen. Er fischte zwei Dosen heraus, die er mir für einen Spottpreis vertickte. Ich zahlte und gab ihm noch ein sattes Trinkgeld obendrauf. »Oh, und ein Bier für unseren neuen Freund, Martim.«

Doch der war schon vorausgeeilt. Sein rotes Muskelshirt schwappte weit vor uns im Zickzack aus der Menge, welche die Gassen flutete. Da drehte er sich um und bedeutete uns nachzukommen. Hundert Meter weiter und er verschwand in einer Bar. Wir hasteten hinterher.

Eine Band füllte die Hälfte der brummenden Kaschemme aus. Die anderen Quadratmeter waren bis aufs Letzte vollgepackt mit Besuchern, darunter einige bekannte Gesichter vom Schiff. Eine zerzauste Schönheit mit Modelpotenzial saß auf der Bar und knutschte mit einem Portugiesen, dessen elegantes Silberarmband sich immer wieder in ihren Haaren verfing. Sollte da heute Nacht etwas bei rumkommen, würde es sicher ein bildhübsches Kind. Wo war ich eigentlich wieder mit meinen Gedanken?

Aus dem Wirrwarr der vielen Gespräche und Stimmen überhörte ich zufällig eine tiefsinnige Unterhaltung zwischen Casey und Shannon, die sich um die unterschiedlichen Vorlieben der Körperbehaarung drehten.

»Eine behaarte Brust finde ich unheimlich heiß bei einem Mann. Wie so ein richtiger Bär«, sagte Casey.

»Nein, pfui! Das mag ich gar nicht«, meinte Shannon.

»Und wie sieht es mit Bart aus?«

»Nein, keine Chance. Ich mag sie am liebsten glatt rasiert und mit nackter Brust«, sagte sie.

Casey seufzte.

»Liebling, was du suchst, ist ein Delfin!«

Die Band spielte Rock-Klassiker mit portugiesischem Einschlag. Geile Mischung. Nicht dass ich in der Lage wäre, auch nur einen geraden Ton zu halten. Trotzdem fiel ich mit ein. Eine Emo-Portugiesin und ein zotteliger Typ wechselten sich mit dem Gesang ab. Normalerweise begegnete ich Coverbands mit Geringschätzung. Wieso schrieben die nicht ihre eigenen Songs? Aber eine gut eingespielte Truppe hatte durchaus schlagende Argumente, die mich regelmäßig von meinem Standpunkt herunterzwängten.

»Sagres oder Super Bock?«, brüllte Rodrigo von der Theke zu mir herüber.

»Scheißegal! Hauptsache kalt!«, rief ich zurück. Es gibt Fragen, zu denen ist jeder Standpunkt überflüssig.

GESTÄNDNISSE

Stunden später, meine Ohren fiepten noch nach und die ersten Sonnenstrahlen tasteten sich über den Horizont, saßen Rodrigo und ich auf einem Mauervorsprung mit Blick über die Dächer Lissabons. Martim war unterwegs auf alte Freunde gestoßen und mit ihnen weitergezogen. Emilio hatte auf einmal eine Frau im Arm gehabt. Nur Rodrigo und ich waren weiter durch das

Bairro Alto gelaufen, hatten weitere Dosenbiere von den Straßenhändlern gekauft und es irgendwie auf diesen Mauervorsprung geschafft.

Ich fühlte mich verschwitzt und staubig. Halb wach, halb dösend. »Was eine Nacht«, resümierte Rodrigo. »Lass uns mal gucken, ob wir noch irgendwo was zu Essen auftreiben können und dann geht's zurück aufs Schiff. Schlaf nachholen.« Als ich nach einigen Minuten des Dahindämmerns noch immer keine Regung machte, schlug er mir auf die Schulter, hüpfte von der Mauer und schlurfte davon.

»Du weißt, wo du mich findest«, rief er und verschwand aus meinem Blickfeld. Ich blieb sitzen und spürte die Wärme auf meiner Haut. In der Luft lag die vibrierende Spannung des anbrechenden Tages. Erster Motorenlärm hier und dort. In Sichtweite befand sich ein Marktplatz. Die ersten Händler waren schon dabei, ihre Stände aufzubauen. Ich atmete tief ein und schloss die Augen. Da tippte mir jemand auf die Schulter. Ich zuckte zusammen. Vor Schreck zuckte auch sie zusammen. Zwei große schwarze Augen sahen mich an. Die kannte ich doch.

»Entschuldigung«, brachte sie hervor. »Ich frage mich nur, ob du vielleicht eine Zigarette hast.«

Ich kramte aufgeregt in meinen Hosentaschen nach meiner Schachtel.

»Alte Party-Gewohnheit. Normal rauche ich nicht«, rechtfertigte ich mich aus einem unerfindlichen Grund.

Mist, ich hatte die Zigaretten in meiner hinteren Hosentasche aufbewahrt und schon die ganze Zeit darauf gesessen. Sie schaute mich neugierig an. Ich machte eine entschuldigende Miene und zog die zerknautschte Packung hervor. Sie zeigte sich unbeeindruckt, setzte sich neben mich auf das Mäuerchen und ließ ihre Beine zur anderen Seite über den Gassen herab baumeln.

»Entschuldige, das ist unhöflich von mir. Aber alle anderen sind schon nach Hause und ich sah dich hier sitzen, da ...«

»Kein Problem. Hier«, sagte ich und hielt ihr die Packung hin.

»Eigentlich rauche ich gar nicht«, erklärte sie knapp und machte eine zurückweisende Geste.

»Na ja, wie gesagt, ich auch nicht«, begann ich erneut, mich zu rechtfertigen, wurde mir der Absurdität der Situation bewusst und lachte auf.

»Macht's dir was aus?«, fragte ich, im Begriff mir eine anzustecken. Sie schüttelte den Kopf.

Zipp zipp. Das Feuerzeug produzierte nur Funken.

»Hast du vielleicht?«

»Klar«, sagte sie und förderte eine Packung Streichhölzer zutage, zündete eines an und hielt es mir hin. Ich paffte zwei-, dreimal und blies silbrige Wölkchen in den portugiesischen Morgen.

»Na du bist ja seltsam«, murmelte ich zufrieden. »Ich bin übrigens Mark.«

Sie nickte. »Cansu«, stellte sie sich vor und streckte mir blitzschnell ihre Hand entgegen. Ich musste lachen.

»Und Cansu, was sagst du zu Lissabon?«

Sie schwärmte von den kunstvoll gekachelten Häuserfassaden, dem Bacalhau, dem Fado und wie toll es war, mit all den spannenden Leuten vom Schiff hier zu sein. Ich erzählte ihr von dem Restaurant, das ich mit Emilio entdeckte hatte. Als sich das Thema Lissabon langsam erschöpfte , schob sie ihr kleines Kinn angriffslustig hervor.

»Und? Was machst du eigentlich hier? Was hat dich auf das Student Ship geführt?«

Ich zog an meiner Zigarette und atmete langsam aus, ihr abgewandt damit ich ihr nicht den Rauch ins Gesicht blies.

»Gute Frage«, begann ich und strich mit der Hand über den Mauerputz.

»Ich schätze, ich will einfach etwas Vernünftiges aus mir machen.«

»Etwas Vernünftiges? Wie meinst du das?«

Auf das Gespräch war ich nicht vorbereitet. Ich sollte sofort das Thema wechseln. Doch es drängte an die Oberfläche. Etwas an Cansus unbekümmerter Art veranlasste mich, weiterzureden.

»Etwas anderes als mein großer Bruder.« Meine Worte klangen fremd. Ich geriet ins Stocken.

»Was macht dein Bruder?«, fragte sie schließlich und biss sich dabei auf die Unterlippe.

»Jetzt gerade? Ich weiß es nicht. Keiner weiß es. Irgendwas mit Kunst. Hoffentlich.«

»Was für Kunst?«

»Alles Mögliche. Malerei, Musik, Installationen. Er kann sich in allem ausdrücken.«

»Klingt eigentlich ganz cool«, befand sie zögerlich.

»War es anfangs auch. Er hat schon früh die Schule dafür abgebrochen und eine Ausbildung zum Designer angefangen. Aber er überwarf sich schnell mit seinem Chef. Der erklärte ihm, seine Agentur sei kein Kunstbetrieb. Er müsse sich an die Kundenwünsche halten. Mein Bruder erklärte ihm im Gegenzug, allein das Wort ›Kunde‹ schlage ihm schon Löcher in den Bauch. Für ihn bedeutete der Begriff, dass jemand ihm etwas vorschreiben konnte. Von seiner Warte aus eine unerträgliche Vorstellung. Nach einem halben Jahr brach er die Ausbildung ab. Eine Weile hangelte er sich durch Gelegenheitsjobs, aber seine Verweigerung, sich anzupassen, brachte ihn immer wieder in Schwierigkeiten. Dann lernte er Chris kennen. Ein mittelloser Künstler, der in einer leer stehenden Fabrik in Köln sein Kuckucks-Atelier eingerichtet hatte. Das heißt, er hauste dort ohne Genehmigung. Mein Bruder war begeistert von Chris' freiem Lebensstil und zog bald bei ihm ein. Sie warfen eine Matratze auf den dreckigen Fabrikboden und damit wurde er offiziell sein Mitbewohner. Ich habe die beiden oft besucht. Es war aufregend und ich schlug mich selbst zu der Zeit mit kreativen Lebensvorstellungen rum. Aber es war auch ganz schön abgefuckt. Im Winter war es arschkalt, wenn der Wind durch die zersplitterten Fenster pfiff. Es gab keine Küche, nur eine offene Feuerstelle. Keine Dusche. Eigentlich gab es nichts außer den Wänden und dem Dach überm Kopf.«

Cansu lauschte gebannt. Ich atmete durch, bevor ich weitererzählte.

»Irgendwann tauchten diese Gestalten auf – Penner, Punks, Junkies. Sie brachten die Drogen mit. Das letzte Mal, als ich dort war, war das Atelier zu einer waschechten Crack-Höhle verkommen. Mein Bruder und Chris hatten sich von Kunst inzwischen selbst auf Betteln und Dealen verlagert, um sich über Wasser zu halten. Er weigerte sich, Geld von zu Hause anzunehmen. Das widersprach irgendeinem beknackten Ehrenkodex. Einmal traf ich ihn auf den Treppen vorm Bahnhof mit einer Gruppe Punks. Meine Eltern und ich haben nach Leibeskräften auf ihn eingeredet. Aber je mehr wir redeten, desto weiter rückte er von uns ab. Mein Bruder giftete uns an, wir seien elende Kapitalistenschweine und er wolle nichts mehr mit uns zu tun haben.

Das ist vier Jahre her. Seitdem haben wir fast keinen Kontakt mehr.«

Cansu sah mich traurig an. Viel zu traurig für so einen perfekten Morgen. Dabei erzählte ich ihr nicht mal von den zahllosen Versuchen, ihn zurückzuholen. Von den endlosen Diskussionen mit meinen Eltern. Wie es war, wenn er sich nicht helfen lassen wollte und zwischen meinem Bruder und mir die Entfremdung heraufzog wie eine Panzerglasscheibe.

»Für mich war irgendwann klar, dass ich etwas aus mir machen musste. Eine seriöse Laufbahn und so. Wie man das eben von einem erwartet. Ich meinte anfangs, ich mache es meinen Eltern zuliebe. Aber ich schätze, es ist vielmehr die Angst, dass ich selbst wie mein Bruder abstürze.«

Sie ließ meine Aussage auf sich wirken.

»Und jetzt bist du auf dem Schiff und fragst dich, ob es der richtige Schritt war«, stellte sie schließlich fest.

»Ja, so in der Art.« Ich warf die Zigarette weg. »Als ich das erste Mal davon hörte, klang es nach der großen Chance, etwas aus mir zu machen. Ich hab schon BWL im Bachelor gemacht. Weltreise auf einem Studienschiff und dann noch der internationale Master in Australien, das wär sicher eine große Sache. Wer kann das schon von sich behaupten? Jetzt frage ich mich, ob das Projekt vielmehr der erste Schritt in Richtung Wahnsinn ist. Ich hätte einfach an eine ganz normale Uni gehen sollen.«

Ich nahm mich von außen wahr. Hörte mich reden. Wieso war ich immer so furchtbar offen wie ein Buch? Ich verstand gar nicht, wie Leute nicht über ihre Gefühle reden konnten. Ich redete immer über Gefühle, sobald jemand mir ein Bier einschenkte. Ich bemühte mich, den Eindruck zu zerstreuen. »Na ja, also bisher ist das Schiff aber schon ziemlich cool.«

Cansu lächelte. »Ja, das ist es. Du wirst schon sehen.«

Sie war gerade dabei, ihre Pumps abzustreifen. Als sie bemerkte, wie ich sie beobachtete, blitzte sie mich an. Ich schreckte nicht zurück, sondern hielt stand und erkundete ihre dunklen Augen.

Während wir weiter redeten, verwandelte sich die Wärme auf der Haut in stechende Hitze. Ich bemerkte es zunächst nicht. Zu sehr war ich in unser Gespräch versunken. Sie erzählte von ihrer Kindheit in Cesme, einem Küstenort in der Nähe von Izmir. Ihr Vater arbeitete dort als Manager in einer Ferienanlage. Später holte ihn ein großes Business-Hotel für einen neuen Posten nach Istanbul. Die ganze Familie siedelte in die aufregendste Metropole der Türkei um. Geprägt von der Stadt mit den vielen Nationalitäten und Subkulturen studierte Cansu International Relations. Damit wollte sie später einmal Diplomatin werden.

Ich versuchte, ihr zuzuhören, aber je mehr sie redete, desto schöner wurden ihre Lippen. Um uns herum hatte die Stadt längst wieder zu ihrem täglichen Treiben aus Verkehrswirren, Touristengruppen, Straßenkünstlern und portugiesischer Lebenskunst gefunden. Unsere Oberschenkel berührten sich. Ob ich sie küssen dürfte?

Einen Augenblick lang kamen sich unsere Gesichter so nah, dass ich es fast versucht hätte. Doch mir fehlte der Mut. Einen Wimpernschlag später war der Moment verflogen.

Cansu gestikulierte viel, wenn sie redete. Jedes Wort schien ihr in die Hände überzugehen. Mal war sie aufgeregt und kippelte vor Begeisterung auf und ab. Im nächsten Moment sah ich es wieder hinter ihrer Stirn arbeiten und sie löcherte mich mit Fragen, bis wir schließlich nur noch über Unsinn lachten.

»Wenn du ein Tier wärst, welches wärst du?«

Ich musste überlegen. »Du zuerst«, sagte ich.

»Ich wäre ein Uhu«, entgegnete sie mit großen Augen. »Und du«, dabei bohrte sie ihren Finger in meine Brust, »du wärst ein Hummer!«

»Waaas?« empörte ich mich. »Wieso das denn? Hummer sind voll lahm.«

»Aber du siehst gerade schon aus wie einer.«

Und während ich mich noch fragte, was sie damit wohl meinte, spürte ich, wie mein ganzes Gesicht glühte.

»Verdammt«, stieß ich aus, als ich mir an die Stirn fasste. Ich hatte mich ordentlich verbrannt.

»Aua«, bestätigte sie und kniff das Gesicht mitfühlend zusammen.

Ich musste raus aus dieser mörderischen Sonne. Man kannte ja die Reportagen. Jede Verbrennung führt auf lange Sicht zu Hautkrebs und damit zum Tod. So wollte ich nicht sterben. Ich sprang auf. Als ich wieder auf meinen Füßen stand, merkte ich schlagartig, wie viel ich die Nacht getrunken hatte. Mir wurde schwindelig. Außerdem war ich hundemüde und sonnenverbrannt.

»Kommst du mit?«

Sie schüttelte den Kopf. »Ich werd noch einen Espresso in einem dieser niedlichen Eckcafés nehmen.«

»Wie du magst. Wir sehen uns auf dem Schiff«, erwiderte ich, während ich bereits rückwärts davonlief.

Sie winkte mir belustigt zu. »Mach's gut. Tu am besten Eis drauf!«

PURPLE HAZE

Ich hätte sie einfach küssen sollen, statt stundenlang meine Abgründe vor ihr auszumalen. Zwecklos, machte ich mir später klar, als ich mein Gesicht unter einer halben Packung Après Sun vergraben und mich ins kühle Dunkel der Schiffskabine zurückgezogen hatte. Ich war einfach ein derber Trottel. Rodrigo war inzwischen hereingekommen und wollte wissen, wo ich so lange gesteckt hatte. Ich erzählte ihm von Cansu.

»Und dann bin ich abgezogen wie ein begossener Pudel.«

»Dumm gelaufen.«

»Jo.«

»Hombre, ich glaube, du musst mal bei Emilio in die Schule.«

Ich richtete mich in meinem Bett auf. »Mann! Cansu ist echt süß.«

Rodrigo seufzte, begann in dem Rucksack meines schlafenden Mitbewohners rumzuwühlen und kramte schließlich Blättchen und Tabak heraus. Dann ging er zielstrebig zu der Stelle, an der Casey sein Piece versteckt hielt, hob die Deckenplatte an und zog wie selbstverständlich den Klumpen hervor. Ich schaute ihn ungläubig an. Er zuckte mit den Schultern und setzte eine Unschuldsmiene auf.

»Wow. Woher wusstest du das?«

»Ich hab ihm das Zeug in Athen besorgt. Dafür hat er mir einmal verraten, wo er's lagert.« Er fing an, fachmännisch eine perfekte Nachmittagstüte zu bauen.

»Weißt du, ich sag's nur ungern, aber deine Anspannung ist mit Händen zu greifen. Ich fürchte manchmal, wenn dich einmal jemand falsch antippt, musst du reißen wie eine überspannte Bogensehne. Peng!«

Ich meinte die Sehne in meinem Rücken zu spüren, doch erwiderte nichts.

»Mach dir nichts vor. Die Kleine wird ständig angemacht.«

Mir wurde anders bei dem Gedanken, wie irgendwelche Typen sich an sie ranmachten.

»Da sind die bestaussehenden und coolsten Kerle dabei. Versteh mich nicht falsch! Du bist natürlich auch ein gut aussehender Kerl.«

Ich lächelte matt.

»Aber Mark, du musst wissen, wer du bist. Wenn du mit dir nicht im Reinen bist oder dir nichts zutraust, das merkt die doch. Du musst für etwas stehen. Du musst etwas verkörpern.« Er schlug sich demonstrativ mit der Faust auf die Brust.

»Klar. Am besten suche ich mir ein Motto von irgendeinem Wahlplakat und hoffe, dass es zieht.«

»Du bist geistreich und witzig. In Gesprächen hast du immer eine Meinung. Dafür musst du stehen. Für das, was dich ausmacht. Es ist ja schon da. Du musst es nur selbst annehmen.«

Wir schwiegen vor uns hin, jeder seinen Gedanken nachhängend. Erstaunlich, dass wir jetzt solche Gespräche führten. Es war gar nicht so lang her, da waren wir noch Fremde gewesen. Wieso braucht ein solches Vertrauensverhältnis zu Hause manchmal Jahre, bis es entsteht? Auf Reisen dringt man viel schneller zu den großen Themen vor. Vielleicht liegt es daran, dass man nichts zu verlieren hat. Zu Hause hängt man auf lange Zeit in einem sozialen Kontext und man weiß nie, welche freimütig herausposaunten Einblicke in die eigene Gemütslage einem später zum Verhängnis werden.

Rodrigo deutete mit der Tüte auf den schlummernden Casey.

»Wir lassen ihn am besten erst mal schlafen.«

Schon wenig später waren unsere Sinne wieder benebelt. Ich legte mich auf den Boden und sog tief ein. Der Joint knisterte. Ich blies den lila Rauch langsam in den Hohlraum unter Caseys Bett. Der Rauchmelder blinkte rot auf, doch gab keinen Mucks von sich. Ich grinste die Kabinendecke an. Sie grinste nicht zurück. Ich schnitt Grimassen. Nichts. Diese arrogante Decke zeigte sich ungerührt in ihrem feinen Weiß. Solche leeren Flächen verlangten gerade danach, sie mit Schrift zu füllen. Ich umkreiste mit der Fingerspitze aus der Ferne einen Fleck an der Decke, hielt inne, wanderte die Decke entlang und überlegte mir, wo ich ansetzen würde. Im Grunde ist es völlig egal. Wichtig ist anzusetzen und einen ersten Satz zu schreiben. Darüber darf man nicht zu lange nachdenken. Der muss einfach raus und wenn er gut ist, dann fließt der Text meist von allein. Als ich aber nun mit verkifftem Blick die Decke inspizierte, fand ich keinen Ansatzpunkt, hatte keinen Satz, um zu beginnen. Ich setzte meinen Zeigefinger an einem Punkt an, überlegte es mir anders, setzte ihn an einer anderen Stelle erneut an. Auch nichts. Ich ließ es bleiben. Die Decke blieb einfach eine Decke. Ich erwog, bei nächster Gelegenheit Samantha zu fragen, ob sie etwas über Schreibblockaden im Programm hatte.

In dem Moment musste meinem schnarchenden Mitbewohner der Rauch in die Nase gezogen sein. Hustend rappelte er sich von seiner Matratze auf.

»Jungs, what the fuck?«, stieß er hervor.

Doch bevor er sich weiter aufregen konnte, blickten Rodrigo und ich Casey aus roten Augen an. Die Tüte dicht vor seinem Gesicht.

»Niiiice«, strahlte er und entspannte sich. »Leute, ich hab gerade geträumt, wir wären in einen krassen Sturm geraten. Alle kurz davor unterzugehen. Du auch, Mark!« Tatsächlich stand Casey der Schrecken noch ins Gesicht geschrieben, so als hätte er gerade das letzte Rettungsboot verpasst. Jetzt zog er dankbar an dem Joint und der Horror wich ihm aus den Zügen.

Wir mussten ihm ja nicht direkt sagen, dass es sein Piece war, das wir da rauchten. Während Casey einen tiefen Zug nahm, versank ich immer tiefer im Deckweiß.

GEHEIMTIPP

»Sobald du mit deinem Wirtschaftskram für heute durch bist, ziehen wir los, verstanden?«, hatte Emilio mir am Morgen einbläut. Er hatte eine Überraschung für uns. Entsprechend ungeduldig rutschte ich nun auf meinem Lehnstuhl herum, von dem aus ich der Logistikleiterin einer portugiesischen Supermarktkette zuhörte. Sie erzählte von Lieferzeiten und Kühlketten, dynamischer Lagerhaltung und Controlling. Später führte sie uns durch die Lagerhallen des Unternehmens, um ihr System in Aktion vorzuführen. Sie zeigte uns, wie welche Waren gelagert wurden. Doch die einzige Ware die mich interessierte, war Freizeit. Und die wurde gerade Opfer künstlicher Verknappung.

Im Mittag war es endlich vorbei. Ich eilte auf schnellstem Wege zum vereinbarten Treffpunkt, dem Arco da Rua Augusta. Emilio und Rodrigo warteten bereits im Schatten des Triumphbogens. Ich lief über den Praça do Comércio auf sie zu. Tauben flogen zu allen Seiten davon.

»Da ist er ja«, begrüßte mich Rodrigo.

»Hast du auch schön was gelernt, Malaka?«

»Sicher. Bin jetzt schlauer als heute Morgen. Mit meinem brandneuen Wissen kann ich ein Supermarktimperium aufbauen.«

»Sehr beeindruckend. Aber das muss warten. Das Leben ruft«, mahnte Emilio und scheuchte uns vor sich her durch den Bogen in die Stadt hinein.

Vor den Fischrestaurants saßen die Gäste und knackten Krebse. Über den Läden prangten in kreativen Lettern die Namen der Antiquitätenhändler und Schuster. Hinter eine Kehre bimmelte uns die voll besetzte Trambahn 28 von der Straße.

»Was ist denn jetzt die Überraschung?«

»Ich sage nur, ihr werdet es lieben«, versprach Emilio.

Wir rätselten weiter, was er vorhatte und stellten die wildesten Mutmaßungen an, während wir Hügel auf und Hügel ab durch Lissabon liefen.

Vor einem Café deckten Kellner angestoßene Marmortische neu ein. Daneben hockten Jugendliche auf Motorrollern beieinander und rauchten. Immer weiter und weiter drangen wir in die Stadt vor. Schließlich blieb Emilio stehen, um ein Straßenschild mit der Adresse abzugleichen, die er sich auf einem Zettel notiert hatte.

»Wir sind fast da.« Er bog zielstrebig in eine kopfsteingepflasterte Wohnstraße ein. Über uns waren Wäscheleinen und Bänder mit bunten Fähnchen aufgespannten. Aus den Wohnungen klangen Tischgespräche und das Geplärre von TV-Geräten. Ich war noch ganz dabei, alles in mich aufzunehmen, als uns vom anderen Ende der Gasse ein vertrautes Gesicht entgegenkam.

»Das gibt's ja nicht. Martim!«, rief Rodrigo.

Der legte zur Begrüßung die Hände wie zum Gebet aneinander und deutete grinsend eine Verbeugung an.

»Emilio hat uns nicht gesagt, wo es hingeht. Wie cool, dich wiederzusehen!«

»Schön, *euch* wiederzusehen! Ich hoffe, ihr habt Hunger mitgebracht. Euer Freund hier hat mir gesagt, ihr seid große Esser.«

»Worauf du dich verlassen kannst.«

Martim sperrte das Tor zu einem großen rechteckigen Raum auf. Links vom Eingang hingen Neoprenanzüge. Auf dem Boden darunter hatte sich eine Pfütze gebildet. Rechts vom Eingang lehnte ein Dutzend nagelneuer Surfbretter in einer Stellage. Ein frisch gewachstes Board lag aufgebockt auf einem Holzgestell. Die Mitte des Raumes dominierte ein riesiger Holztisch. Die Stirnwand wurde von einer simplen Küchenzeile eingenommen. Darüber stand an die Wand gepinselt ›Sou português‹ – ›Ich bin Portugiese‹. Der Satz verströmte hier ein schönes Lokalkolorit. In Deutschland dagegen wäre ich vermutlich getürmt, wenn mich jemand in eine Garage gelockt hätte, in der groß geschrieben stand ›Ich bin Deutscher‹.

»Willkommen in meinem Reich«, verkündete unser Gastgeber. »Macht's euch bequem.«

»Hier wohnst du?«, fragte Rodrigo. »Das ist ja geil.«

»Es ist mehr so eine Art Werkstatt. Wir teilen sie uns mit ein paar Freunden. Im Innenhof produzieren wir unsere eigenen Boards. Manchmal drucken wir hier T-Shirts oder sitzen bis spät in die Nacht beisammen und schmieden Pläne. Oder ...«, er hielt kurz inne und begann, auf seinem Arm Geschirr aufzutürmen. »Oder wir kochen für Freunde.«

»Wie cool ist das denn?« Uns stand die Vorfreude ins Gesicht geschrieben. Während Martim Gläser, Teller, Brotkörbe und Schneidebrettchen auf dem Tisch verteilte, begutachteten wir die weiteren Boards.

»Die Planke da vorn sollte eigentlich ein Longboard werden. Aber weil die Decken hier so niedrig sind, haben wir es kürzer gemacht.« Er zuckte mit den Achseln und machte sich daran, ein Baguette aufzuschneiden. »Ich finde, es fährt sich trotzdem toll in großen Wellen.«

In dem Moment stieß ein Opa mit dicker Hornbrille und der Statur eines portugiesischen Maulwurfs zu unserer Runde. »Ah, da kommt auch schon meine Verstärkung«, klatschte Martim. »Darf ich vorstellen: unser Nachbar, Senhor Costa.« Der Opa nickt freundlich in die Runde, stimmte sich mit Martim ab und zog bald geschäftig von dannen.

Ein Jugendlicher stellte sein Mofa vor der Tür ab und nahm zwei Einkaufstüten vom Lenkrad.

»Schaut! Läuft alles nach Plan. Was hast du denn da Gutes, Tiago?«

Der Jugendliche zog ein paar papierumwickelte Lebensmittel hervor und breitete sie auf dem Tisch aus. Martim nahm die Produkte in Augenschein. Ein Weichkäse, Stockfischpüree, eine Chouriço, ein paar Flaschen Sagres und Gebäck für den Nachtisch. Er zeigte sich zufrieden.

»Wollt ihr schon mal ein Bier?«

»Wenn wir dir was dafür geben dürfen.«

»Da vorne ist 'ne Box. Jeder zahlt, was es ihm wert ist.«

Und so kam unser zweites Gelage seit Ankunft in Portugal zusammen. Senhor Costa kam bald mit seiner Frau im Schlepptau zurück und brachte gegrilltes Hühnchen in Piri-Piri-Soße mit. Frau Costa steuerte einen Salat bei. Jeder der dazu stieß, blieb für einen Plausch oder nahm sich ein Gläschen Vinho Verde.

»Ich hoffe, ihr habt Zeit mitgebracht. So ein Mahl muss man in Ruhe genießen.«

»Genau mein Ding«, strahlte Rodrigo. Also nahmen wir am Tisch Platz und begannen mit dem Piri-Piri-Hühnchen und dem Salat. Martim flambierte die Chouriço auf einer Tischgrillschale und schob sich gleichzeitig gierig einen Bissen Baguette mit Stockfischpüree in den Mund. Wir erzählten ausgiebig vom Schiff und unseren weiteren Reiseplänen. Martim hörte aufmerksam zu. »Ich muss ehrlich sein«, sagte er schließlich. »Heute war eine Bemerkung über euch in der Zeitung, die war nicht so positiv. ›Rich Kids fallen in Lissabon ein‹, haben die geschrieben.«

»Das klingt ja super«, stöhnte Emilio.

»Ich habe mir schon gedacht, dass sie übertreiben.«

»Na ja, ganz unrecht haben die nicht. Rich Kids sind auf jeden Fall dabei. Aber ich könnte dir nicht mal sagen, wer reich ist und wer nicht. Das steht ja nicht dran.«

Rodrigo rieb sich den Nasenrücken. »Die Idee ist es ja, auf dem Schiff Gegensätze zusammenzubringen. Die haben ganz schön viele Stipendien vergeben, um die Vielfalt zu sichern. Ein paar Leute kriegen die Reise sogar als Fortbildung von ihrem Arbeitgeber finanziert.«

Ich hörte zum ersten Mal, dass so viele Stipendien vergeben worden waren. Das könnte erklären, wie ich es in das Programm geschafft hatte.

»Die Unterschiede sind auf jeden Fall das, was es so cool macht«, fuhr Rodrigo fort. »Wir wohnen zusammen, wir essen zusammen, wir lernen zusammen, und wenn es nach Emilio geht, vögeln wir sogar zusammen.«

»Wie eine große Familie«, bestätigte Emilio.

»Du spinnst doch«, lachte Rodrigo und verpasste ihm einen Schubs.

Martim schaute sichtlich irritiert aus der Wäsche.

»Egal. Auf jeden Fall haben wir sogar Kommilitonen, die extra einen Kredit aufgenommen haben, nur um dabei zu sein.«

»Vielleicht sollte ich auch einen Kredit aufnehmen. Die sollen ja im Moment ganz günstig sein«, witzelte Martim. »Wisst ihr, es ist auf jeden Fall toll, dass ihr da seid. Ich liebe es, Gäste zu bekochen und ihre Geschichten zu hören. Natürlich sind wir auch auf die Gäste angewiesen. Die meisten hier verdienen trotz Aufschwung immer noch so wenig, dass es gerade reicht, um über die Runden zu kommen. Aber keine Angst – für Essen ist immer gesorgt. Solange wir Wellen haben und genügend Bacalhau, fällt uns schon was ein.«

Wir philosophierten ausgiebig über Portugal und die Welt, über das Leben und das Reisen. Und irgendwann war der letzte Schluck Wein getrunken.

Am Abend lag ich glücklich wie ein Stockfisch in meiner Koje und weihte das *Grand-Voyage*-Notizbuch ein. Ich merkte, wie sehr mich Martims Lebensentwurf faszinierte. Surfboards bauen, T-Shirts drucken, Nachbarschaftsessen veranstalten ... Es war mitten unter der Woche und er verbrachte seinen Tag damit, mit uns abzuhängen und über das Leben zu plaudern. Das musste die große Freiheit sein. Zwischen dem ersten Bissen vom Piri-Piri-Huhn und dem letzten Schluck Wein hatte ich sie ganz deutlich gespürt.

»Ik bin ein Portugiese«, notierte ich schließlich. Und zumindest für ein paar Stunden war ich das auch.

PASTEL DE NATA

Der Kellner brachte meinen Espresso und ein Tellerchen mit Pastel de Nata. Was war eigentlich mit Portugals Küche los? Ich kam aus dem Essen nicht mehr heraus. Allein für dieses Gebäck hatte sich die Reise schon gelohnt. Falls das Schiff morgen sinken sollte, würde ich glücklich mit ihm untergehen, denn ich hatte den Pastry-Himmel kennengelernt. Pastel de Nata schmeckte wie Crème Brûlée in Blätterteig. Nur viel besser.

Seelig mit meinem Fund schaute ich von der Terrasse des Cafés La Boulangerie herab auf das Museu Nacional de Arte Antiga. Lissabon zauberte mir heute ein Strahlen ins Gesicht, das dem Brandt-Zwieback-Jungen alle Ehre gemacht hätte. Inmitten der verstörenden Daseinsfragen und dem Hadern mit dem Studium gab es diese makellosen Momente, in denen die Welt nicht mehr als einen Espresso und eine Pastel de Nata brauchte. Selbst die Lage mit Cansu schien mir nicht mehr so aussichtslos. Wir hatten noch die ganze Reise vor uns. Es war alles offen.

Ich hatte meine Lehrbücher mitgenommen und wollte den Tag hier verbringen, um bei den Reading Assignments aufzuholen. Endlich hatte ich einen Ort gefunden, an dem ich allein war und mich auf den Unistoff konzentrieren konnte.

Da uns in der Vorlesung eingebläut worden war, häufiger in lokale Tageszeitungen zu schauen, um die Märkte auf unserer Reise besser zu verstehen, schlug ich zunächst die aktuelle Ausgabe des Público auf und machte es wie Analphabeten mit der Bildzeitung: Ich schaute die Bilder an und verstand. So verstand ich, dass wieder jede Menge in der Welt passierte. In Thailand war eine Maschine mit 89 Menschen an Bord abgestürzt. Mit der britischen Bank Northern Rock stimmte etwas nicht. Auf dem Bild stand eine endlose Menschenschlange an einem Bankautomaten an. George W. Bushs Kopf schwebte vor einem Bild von Soldaten im Irak. Der sollte mir bloß abhauen. Wie konnte dieser Mann noch immer an der Macht sein? Den meisten Amerikanern an Bord war er peinlich. Ich blätterte weiter und suchte nach Bildern, die etwas mit meinem Leben zu tun hatten.

»Hey, sieh an, wen wir da haben!«

Vor mir stand Casey mit einer Bagage, die ich schon ein paar Mal in seinem Schlepptau gesehen hatte.

»Hast du was dagegen, wenn wir uns zu dir setzen?«, fragte eine kecke Amerikanerin mit Baggy-Pants.

»Nein, klar. Setzt euch! Ich wollte eh gleich gehen.«

Sie warfen sich vielsagende Blicke zu. Vor mir lag die halb gegessene Pastel de Nata auf dem Teller. Ich würde nicht gehen, ohne sie zuvor restlos zu verputzen.

»Hör mal«, eröffnete Casey. »Du musst nicht vor uns ausreißen. Wir sind nette Leute. Wir mögen dich.«

Ich merkte, wie ich rot anlief. Ich hatte ja gar nichts gegen Casey. Ich wollte einfach nur Ruhe.

»Was hast du vor?«, wollte er wissen.

»Tja«, ich deutete auf die mitgebrachten Bücher. »Ich wollte mal etwas mit der Lernerei nachkommen.«

Wieder ein vielsagender Blick.

»Aber wisst ihr was, wenn ihr schon mal hier seid, bleib ich einfach noch ein bisschen.« Tatsächlich kamen sie gerade erst von einer Party. Sie hatten bis 11.00 Uhr morgens durchgefeiert und wollten jetzt beim Frühstück ausdünsten. Ich fügte mich meinem Schicksal, während mein Brandt-Jungen-Strahlen dahinbröckelte wie trockener Zwieback. Wem machte ich eigentlich was vor? Warum konnte ich nicht »nein« sagen und das tun, wozu ich hergekommen war?

PORTUGIESISCHER WEIN

Das musste der mit Abstand inspirierendste Mann sein, den ich je getroffen hatte. Über schnurgerade Autobahnen und schottrige Landstraßen waren wir zu einem der führenden Weingüter Portugals gelangt. Der Inhaber führte uns gerade über den Innenhof der firmeneigenen Finca und erzählte mitreißend von seiner Zeit in Harvard. Als er nach Portugal zurückgekehrt war, standen ihm alle Optionen offen. Doch die Entscheidung war für ihn längst klar: Er wollte das Weingut seiner Familie übernehmen und der Welt zeigen, dass erstklassiger Wein auch aus seinem Heimatland kommen kann.

»In der Welt ist Portugal vor allem für Portwein und den simplen Vinho Verde bekannt«, erklärte er. »Und jetzt probiert mal!« Der Weißwein, den er uns servierte, war im ersten Moment vor allem eine willkommene Erfrischung bei der staubtrockenen Temperatur von 35 °C. Als ich den zweiten Schluck trank, nahm ich mehr wahr als nur die Kühle am Gaumen. Ich meinte, mit einem Mal zu verstehen, worum es bei Wein ging. All das hochgestochene Gerede von Marillenanklängen, Strohfarben und ausgewogener Säure erklärte sich wie von selbst. Ich war beeindruckt. Die Hitze verleitete allerdings dazu, gleich die ganze Flasche auf einmal trinken zu wollen. Ich verkniff es mir nur aus Anstand. Spätestens seit Ausschank des kostenlosen Weins klebte die Gruppe an den Lippen des charismatischen Winzers. Selbst die Missmutigsten unter uns, die sich vor Langeweile am liebsten aus dem AFP abgesetzt hätten, hörten jetzt aufmerksam zu. Während wir durch die Weinkeller liefen und er begeistert von der Vision, den Methoden und Produkten sprach, stellte ich mir vor, wie es sein musste, eine derart inspirierende Wirkung auf andere zu haben.

Ich hatte diese grenzenlose Begeisterung für Menschen, die sich ganz und gar einer Sache verschrieben. Diese Kompromisslosigkeit, dieses Auslassen aller anderen Optionen. Eine ähnliche Andacht überkam mich bei klassischen Konzerten. Besonders in der Oper. Ich war einmal in *Nabucco* und hatte mich auf einen langen Abend eingestellt. Stattdessen ging es mir viel zu schnell vorüber. Schon das Stimmen der Instrumente hatte mich elektrisiert. Jeder

Griff saß. Jeder Ton war unendlich oft gespielt und zur Perfektion getrieben worden. Wer dort im Orchestergraben saß, hatte Jahre auf diesen Moment hingespielt und sich ohne Angst vor Konsequenzen aller Leben entledigt, die er sonst hätte führen können. Durch diese Radikalität hatte das Leben dieser Menschen eine besondere Bedeutung. Sie hatten eine Mission. Sie »waren« etwas. Zumindest in meinen Augen. In einem Dasein, das ganz darauf ausgerichtet war, zwischen Anfang und Ende die eigene Kunst so weit zu treiben wie irgend möglich, konnte es keine Banalitäten geben. Vielleicht war es das, was Rodrigo meinte, als er mir sagte, ich müsse für etwas stehen.

»Aristoteles hat die Ansicht vertreten«, hörte ich den Winzer sagen, »dass der Sinn des Lebens darin besteht, sein wahres Selbst zu entfalten. Wir sehen es bei den Pflanzen. Ein Baumsamen wird immer ein Baum werden und kein Kaktus. Der Baum wird so groß und ausladend, wie er nur kann. Wenn ihn andere Gewächse in den Schatten stellen, wird er alle Windungen machen, die ihm möglich sind, um trotzdem zur Sonne zu wachsen. Natürlich unbewusst. Der Baum weiß nicht, was er da tut. Aber es ist in ihm veranlagt. Genauso wie in uns Menschen. Wir wollen uns entfalten und unsere Bestimmung erfüllen. Und so halten wir es auch mit unseren Böden und Trauben. Wir sind überzeugt, dass in Portugals Böden mehr steckt als Portwein oder Vinho Verde. Das ist nicht seine Bestimmung. Wir werden alles daransetzen, jede Wetterlage erforschen, jede Methode austesten, tief ins Innere des Bodens und der Traube vordringen, bis wir den perfekten Wein hervorbringen. Danach streben wir jetzt schon in dritter Generation«, lachte er und rieb sich unternehmungslustig die Hände.

Das Erlebnis rückte meinen Ansporn zurecht. Noch am gleichen Tag würde ich dem *Travel Observer* meine Zusage schicken. Dann wäre ich schon mal Travel-Blogger. Ich würde Cansu zeigen, wie inspirierend ich sein konnte. Ich fühlte mich für einen Moment ein Stück näher an dem Ich, das ich sein musste. Doch die Euphorie währte nicht lang.

FADO

Es war der letzte Tag in Portugal. Das AFP war zu Ende. Ich hatte die Gelegenheit genutzt und ausgeschlafen. Als ich erwachte, waren alle anderen längst ausgeflogen. Ich lief den Gang ab, doch alle Kabinen waren leer. Es fühlte sich gespenstisch an, nachdem ich mich schon daran gewöhnt hatte, permanent Menschen um mich zu haben.

Mit unbestimmtem Tatendrang lief ich die anderen Decks ab. Nachdem auch dieser Anlauf erfolglos blieb, beschloss ich, auf eigene Faust einen Ausflug zu machen. Bei dem Gedanken stellte sich augenblicklich Vorfreude ein. Eine spontane Abenteuerlust. Ich wusste, es war keine große Sache, doch auf einmal kam es mir besonders vor, unvorbereitet aufzubrechen. Ich wollte die Stadt verlassen und bis in den Küstenort Cascais.

Mit nichts als einer Handvoll Bargeld in der Tasche und meiner Sonnenbrille auf der Nase machte ich mich auf den Weg zum Bahnhof. In der schmucklosen Eingangshalle herrschte kaum Betrieb. Ein paar Backpacker saßen an ihre Rucksäcke gelehnt auf dem Boden und blätterten in einem *Lonely Planet*. Ein älterer Herr mit sonnengegerbter Haut und dem struppig weißen Schnurrbart eines Terriers unterhielt sich, auf einen Spazierstock gelehnt, mit einer fülligen Schaffnerin. Von den Kassen waren nur zwei besetzt. Ich suchte mir eine der beiden aus und löste meine Fahrkarte. Kurz darauf saß ich bereits im Zug. Die vorbeifliegende Landschaft war ein naives Gemälde aus Meeresblau, Sand und grünen Sprenkeln. Das gleichmäßige Dahingleiten versetzte mich in Trance. Die Formen verwischten. Ich döste weg. Als ich ausstieg, hoffte ich, in meinem Autopilotmodus die richtige Haltestelle erwischt zu haben.

Das Licht blendete. Nach wenigen Metern erreichte ich eine kleine Bucht, die von Häusern umsäumt war. Ich hatte mir einen weiten Strand mit freiem Blick auf riesige Wellen ausgemalt. Natürlich hatte ich mich wieder nicht vorbereitet. Ich war eher die Art Reisender, die losläuft und darauf hofft, dass sich schon irgendwas ergibt. Unter roten Coca-Cola-Schirmen löffelten Touristen Eis aus blumenförmigen Glasbechern. Am Strand lagen Badegäste verstreut herum wie dahingeworfenen Boccia-Kugeln. Ich lief aufs Geratewohl in den Ort hinein und gelangte auf eine Einkaufsstraße. Es war Mittag und die Straße kaum belebt. Ich passierte Zeitschriftenläden und Kebab-Shops. Meinem Ausflug ging die Luft aus. Runzelig und laff schleppte ich die Abenteuerlust vom Morgen hinter mir her. Ich wusste nicht, wohin ich gehen sollte. Ich streunte eine Weile durch die Gegend. Bog mal hier ein, mal dort. Die Gebäude warfen harte Schatten in die sengende Mittagsglut. Schließlich spuckte mich der Ort aus und ich gelangte zu einem zweiten Strand, noch trister als der erste. Ich bewegte mich weiter am Ufer entlang, in der Erwartung, doch noch zum richtigen Strand zu finden und große Wellen zu entdecken. Ich begegnete kaum noch Menschen. Schließlich gab ich auf und setzte mich in die Klippen.

So saß ich alleine am Rande Europas und starrte hinaus auf den Atlantik. Es dauerte nicht lang, da versank ich in dem eintönigen Muster aus weißen Schaumkronen und einem Blau, das verhängnisvoll schillerte wie Teer. Ich sank immer tiefer hinab. Die kompakte Masse umschloss mich zur Gänze. Meine Gedanken gepresst zwischen Trilliarden Wassermoleküle. Ich blickte von außen auf mich und musste an Fliegen in Bernstein denken.

Meine Gedanken brodelten unter der erbarmungslosen Sonne. Der Dunst beschlug meinen Verstand. Der ganze Gedankendampf sammelte sich wie unter einer Glocke und rann schließlich als ein einziger silbriger Tropfen daran herab. Ich beobachtete den Gedanken, wie er zeitlupenartig in mein Blickfeld zog. Er wurde größer. Und dann war er ganz klar und kalt vor mir. In diesem Moment fühlte ich mich einsam wie nie zuvor. Verlassen von mir selbst. Meine Brust wurde eng. Mir dämmerte mit trauriger Schwere, dass ich absolut nicht wusste, wer ich war. Ich hatte jegliche Orientierung verloren.

Alleine mit dieser Erkenntnis blickte ich aus Vakuum-Augen in die leere Welt. Ich atmete ein. Ich atmete aus. Wieso konnte Cansu mir jetzt nicht noch einmal auf die Schulter tippen und mich aus meinen Gedanken reißen?

Völlig leblos verharrte ich an meinem Platz. Nach und nach durchwehte mich ein forscher Wind auf seinem Weg vom Land auf die offene See.

BANANA PANCAKES

Wir hatten Europa am Vorabend verlassen und hielten Kurs auf Panama. Zwischen uns und unserem nächsten Ziel lagen der Atlantik und das Karibische Meer. Fast zwei Wochen auf See standen uns bevor. Vielleicht könnte die Reise in die Neue Welt meine auf und ab wogenden Stimmungslagen glätten. Doch meine Aufmerksamkeit wurde jetzt erst einmal von anderen Dingen beansprucht. Ich stand an Deck und konnte mich nicht entscheiden: Schon wieder Banana Pancakes oder lieber Aufback-Croissants mit Plastikschälchen-Marmelade?

Das Wetter schrie nach einer ausgedehnten Sitzung am Pool. Noch eine Stunde bis zur Vorlesung. Das wäre alles schon geiler ohne Verpflichtungen.

»Na, Honey, Wohlstandsprobleme?«

Ich zuckte zusammen und wirbelte herum.

Ein freundliches Gesicht blickte mich amüsiert an.

»Hm, ja, ich glaub schon. Ich kann den Fraß nicht mehr sehen.«

»Den Fraß?« Die Unbekannte grunzte, schob sich an mir vorbei und lud sich den Teller voll Pancakes.

»Ich weiß ja nicht, was man bei euch so isst.« Sie griff zum O-Saft und füllte ein Glas voll aus dem gluckernden Plastikkanister ab.

»Gesund. Und mit Abwechslung«, brummte ich.

»Oh ja, ich hörte davon, dass die Deutschen hier ihr Brot vermissen. Das muss ganz was Zauberhaftes sein, so ein deutsches Brot.« Dabei zog sie das Wort »Brot« übertrieben in die Länge. »Du bist doch Deutscher, oder?«

Dieser elendige Akzent. Ich hatte gerade erst drei Worte gesagt. Manchmal fühlte ich mich im bunten Treiben der vielen Herkunftsländer unheimlich farblos. Es war, als tanzten alle um mich herum zu einem exotischen Rhythmus, während ich weiter im Vierviertaltakt vor mich hin stampfte. Mein Akzent erschien mir hart und kantig im Vergleich zu den poetisch französischen, den lebensfroh südamerikanischen, den sympathisch skandinavischen oder drollig chinesischen Akzenten. Versuchte ich, etwas an meiner Aussprache zu tun, verlor ich jedes Mal die Orientierung im Durcheinander der Zungenschläge. Es war eine Komödie, die ungewollt über meine Lippen kam. Kommilitonen aus Boston waren mir mit ihrem relativ neutralen Englisch eine Richtschnur, an der ich meinen Akzent auszurichten versuchte. Hier und da gelang es mir für ein Gespräch, die Vorlage zu befolgen, doch schon im nächsten Smalltalk stolperte ich wieder über meine Zunge, die den Worten im Weg lag wie ein aufgerollter Perserteppich.

»Was soll ich machen? Deutsch ist leider nicht der schönste Akzent.«

Sie schaute mich sichtlich verblüfft an.

»Wieso ist der nicht schön?« Sie dachte einen Moment nach. »Dein Akzent ist doch Teil deiner Herkunft. Das macht ihn interessant. Hör mich mal an. Das schwarze Mädchen aus DC hört man mir sofort an. Da kann ich machen, was ich will.« Sie lachte. »Aber das ist auch gut so. Ich BIN schließlich ein schwarzes Mädchen aus DC.«

Natürlich verstand ich sie. Nur versuchte ich, ihr zu vermitteln, dass es als Deutscher nicht das Gleiche war. Unser vertracktes Verhältnis zur Vergangenheit, der Optimierungswahn, die *das-geht-so-nicht*-Denke, der praktische Kleidungsstil, der König von Mallorca statt Camarón de la Isla. All das ergab in meinen Augen eine wenig attraktive Mixtur. Im Vorjahr während der Fußball-Weltmeisterschaft 2006 in Deutschland hatte ich meine Heimat als neu geboren erlebt, weltoffen und lebenslustig. Fasziniert von sich selbst. Doch das neue Trikot saß noch sehr ungewohnt.

Dieser Komplex wirkte in mir, als ich das fröhlich mampfende Mädchen mit betroffenem Blick ansah.

»Junge, iss erst mal dein Frühstück. Danach sieht die Welt schon anders aus.«

Ich war dankbar für den Themenwechsel und lobte sie mit kantigem Akzent für die gute Idee.

»Wie heißt du eigentlich?«

»Mark.«

»Denise. Freu mich, dich kennenzulernen.«

Ich beschloss, das Gespräch in einem Blog-Beitrag zu reflektieren. In einer besonders langweiligen Vorlesung nahm ich mir die Zeit, ihn runterzuschreiben. Doch als ich ihn dann am Abend abschicken wollte, musste ich feststellen, dass wir mal wieder kein Internet hatten. Mitten auf dem Atlantik eigentlich keine Überraschung. Damit ich es am Ende nicht ganz vergaß, stellte ich die Mail auf »automatisches Senden« für den Tag, an dem wir in Panama ankommen sollten.

FLIEGENDE FISCHE

Casey und ich lagen auf unseren Betten und versuchten zu lernen, da polterte es auf dem Flur. Die Kabinentür wurde aufgerissen. Emilio platzte herein.

»Schmeißt die Bücher weg! Fliegende Fische! Das müsst ihr euch ansehen!«

Wir waren gedanklich in ganzen anderen Sphären unterwegs und blickten ihn verdutzt an. »Malakas, kommt schon!«

Er trommelte ungeduldig gegen den Türrahmen. Wir rafften uns auf und folgten ihm an Deck. »Man kommt einfach nicht zum Lernen«, mokierte sich Casey und verdrehte theatralisch die Augen.

Draußen schlug uns die Sonne aus einem strahlend blauen Himmel entgegen. Steuerbords tummelten sich unsere Kommilitonen und plapperten aufgeregt durcheinander. Wir drängten uns durch die Menge, um auch einen Blick zu erhaschen. Und da waren sie: Unzählige Fliegende Fische, die aus dem Wasser schossen. Sie flitzten wie Silberpfeilspitzen aus den Wellen und lieferten sich einen Wettstreit, wer sich am höchsten und weitesten in die Luft katapultieren konnte. Das Klappern der flügelartigen Flossen war deutlich zu hören.

Rodrigo johlte. »Schaut sie euch an!«

Neben mir staunte Cansu über die Darbietung. Die Haare wehten ihr um das Gesicht. Im Näherkommen roch ich ihre Sonnencreme. Als sie mich bemerkte, riss sie den Kopf herum und strahlte. »Hey Mark! Wie geht's dir? Ich hab dich seit Tagen nicht gesehen.«

Mein Herz tat einen Hüpfer. Sie musste an mich gedacht haben, wenn ihr auffiel, wie lange wir uns nicht gesehen hatten. Ich hoffte, meine Bräune kaschiere, wie mir das Blut in den Kopf schoss. Ich hätte sie am liebsten sofort umarmt und ihre vollen Lippen geküsst.

»Toll, nicht wahr?« Sie zeigte auf die aufgeregten Fische unter uns.

Und da erkannte ich ihr Leuchten. Ihr ganzes Gesicht strahlte. Ich meinte, so etwas wie ein tiefes Einvernehmen zu spüren. Ich war völlig hingerissen. Ich musste unbedingt Emilio davon erzählen.

»Ja, genial. So etwas habe ich noch nie gesehen«, sagte ich und ließ offen, ob ich damit sie oder die Fliegenden Fische meinte. Unsere Unterarme berührten sich. Ihre Härchen kitzelten. Die Nähe bereitete mir Gänsehaut.

Plötzlich zog sie ihren Arm weg. Ben, der surfende Holländer, war an der Reling eingetroffen. Sie drehte sich zu ihm. Er nahm sie in den Arm und gab ihr völlig selbstverständlich einen Kuss.

In mir verrutschte etwas. Ich fühlte mich eiskalt abserviert. Wieso hatte ich das nicht mitbekommen? Wann waren die beiden ein Paar geworden?

»Was machst du denn für ein Gesicht?«, fragte Rodrigo, der bis dahin mit Emilio lauthals die Fische angefeuert hatte.

»Ich muss weiterlernen.«

Rodrigo musterte mich skeptisch.

»Alles gut, Amigo?«

»Ja ja, alles gut«, murmelte ich und verzog mich Richtung Kabine. Ein Blick über die Schulter zeigte mir ein Bild von Ben mit der leuchtenden Cansu im Arm. Pah! Der Einzige, der hier leuchtete, war ich. Dummer, alter Armleuchter.

Mit dem Lernen würde es heute wohl auch nichts mehr.

RODRIGO UND DIE FRAUEN

Feierabend. Emilio hatte den ganzen Tag Professor Sullivan im Labor geholfen und ich hatte tatsächlich ein paar gute Absätze für ein Essay über Portugals Wirtschaft fabriziert. Jetzt waren wir beide entsprechend durstig.

»Sag mal, was ist eigentlich mit Rodrigo los?«, fragte mich Emilio, während wir uns an der Caribe Bar das fünfte Bier an diesem Abend reindrückten.

»Was soll mit ihm los sein?«

»Die Frauen schmachten ihn an, aber er geht nie darauf ein.«

»Vielleicht sind sie nicht sein Ding.«

»Du meinst er ist schwul?«

»Nein, einfach nur, dass sie nicht sein Ding sind.«

»Asexuell?«

Es war auch mir nicht entgangen, dass Rodrigo sich nicht viel aus Frauen zu machen schien.

»Ich versteh das nicht. Er müsste nur mit den Fingern schnippen. Ich hab ein paar Mädels über ihn reden hören.«

»Frag ihn doch. Da kommt er gerade.«

Es entstand die peinliche Stille, die immer entsteht, wenn genau die Person überraschend auftaucht, über die gerade geredet wurde.

»Jungs, ich bin untröstlich, dass ihr über mich redet. Kann ich etwas dazu beitragen?«

Wir lachten, weil er uns so leicht durchschaut hatte. Was waren wir überhaupt für Freunde?

»Kommt schon, raus damit!« Zum philippinischen Barkeeper gewandt bestellte er ein Bier.

Ich wich seinem Blick aus. Emilio dagegen ging es direkt an.

»Rodrigo!«

»Emilio?«

»Stehst du nicht auf Frauen?«

Rodrigo grinste breit und lehnte sich genüsslich an den Tresen.

»Aaah, verstehe. Daher weht der Wind.«

Dann sagte er lange nichts und ließ uns schmoren.

Im Hintergrund spielte Bob Sinclairs »World hold on«. Die Anlage war an diesem Abend in der Hand unserer Kommilitonen aus Paris.

Ich ließ meinen Blick durch den Raum schweifen. Peter Peng, einer der wenigen Chinesen, die gut Englisch sprachen und den Kontakt zu Westlern suchten, unterhielt sich mit zwei Holländern. Peter Peng. Das klang wie aus einem Comic. Wenn sich Chinesen westliche Namen gaben, kamen die lustigsten Sachen dabei rum. Dabei wollten sie nur, dass man sich ihren Namen besser merken konnte.

Rodrigo ließ uns weiter rösten, indem er nichts sagte.

Merken: Nicht mehr in Abwesenheit über Freunde reden. Schlechte Angewohnheit.

Ein paar Leute machten Faxen auf der kleinen Tanzfläche. Ausgerechnet Casey gab als Einziger eine gute Figur ab, als er sich zur Musik bewegte. Das war nicht immer ganz leicht. Bei stärkerem Wellengang verlor man schnell das Gleichgewicht.

Die Bezüge der Polstermöbel mussten aus deutschen Reisebussen stammen, stellte ich fest. Diese seltsamen lila-grünen Muster fand man sonst nirgends. Auf einem dieser Polster saß Cansu mit einer Mädchengruppe, die aussah wie ein erotischer Wunschzettel. Cansu bemerkte, wie ich zu ihr rüber schaute und warf mir ein unbeschwertes Lächeln zu. Sie hatte wirklich keine Ahnung. Wie gerne hätte ich mich unter ihrer Kapuzenjacke vergraben. Aus Selbstschutz verbot ich mir, näheren Gedanken an ihre Beine in den Leggins nachzugehen.

»Schau dir Mark an, der kann gar nicht anders, als seine Frau anzuhimmeln. Leider vergebens. Jetzt sag mal Rodrigo, wie ist das denn bei dir?«

Endlich zeigte dieser eine Regung. »Schaut, ich bin der größte Frauen-Fan, den ihr euch vorstellen könnt. Aber ich bin schon 30. Die Mädels hier sind einfach zu jung für mich.«

»Ach, komm schon. Erzähl das deiner Abuela. Die sind ja nicht alle erst 19 und du bist mit 30 nun auch wirklich nicht so alt.«

Er blies die Wangen auf. »Na gut. Weil ihr es seid ... Ihr wisst ja, dass ich schon einige Jahre gearbeitet habe, bevor ich zurück ins erste Semester gegangen bin. Ich habe die besten Jahre meiner Zwanziger bei einer Investment-Bank in New York verbracht.«

»Goldman Sachs?«

»Lehman Brothers.«

»Kenn ich nicht.«

»Überrascht mich nicht. Als normaler Bürger hat man auch nicht viel damit zu tun. Jedenfalls hatte ich mehr Biss und Talent für die Sache, als ich es mir selbst zugetraut hätte. Mein Ego wuchs buchstäblich mit der Größe meines Gehaltsschecks. Du wirkst an Transaktionen in Millionenhöhe mit und feierst in den besten Bars und Restaurants.«

»Davon gibt's in New York bestimmt jede Menge.«

»Ihr macht euch keine Vorstellung. Und ehe du dich versiehst, hast du die heißesten Frauen, die du dir vorstellen kannst, um dich herum. Asiatinnen, Latinas, Blondinen ... Was du willst.«

Emilio warf mir einen vielsagenden Blick zu. »Doch nicht schwul.«

Er kassierte sogleich einen heftigen Schlag in die Seite.

»Das hab ich nicht ernsthaft gedacht«, keuchte Emilio und betastete seine Rippen auf etwaige Brüche.

»Du denkst natürlich, die wollen alle nur dich, weil du so ein super Typ bist. Mit der Zeit merkst du, wie du dich veränderst. Wenn es nötig ist, schläfst du unter dem Schreibtisch. Deine alten Freunde siehst du kaum noch, weil dich die Arbeit zu sehr einspannt. Du bildest dir ein, das sei wichtiger. Du kriegst es ja auch ständig gesagt.«

Er holte Luft. Ich stellte mir meinen Freund mit der Brust wie ein Wandschrank derweil im Maßanzug mit Run-DMC-Shirt darunter vor. Ein echter Rock Star.

»Dann wurde meine Mutter krank.«

Ich schluckte. »Ist sie ... Ich meine, geht es ihr wieder gut?«

»Ja, sie ist wieder obenauf. Aber klar war das damals nicht. Sie musste zur Chemo. Wir hatten eine Scheißangst um sie. Einmal schaffte ich es, mir zwei Tage freizunehmen, um Zeit mit ihr zu verbringen. Aber du musst dir mal reinziehen, dass ich fast zwei Monate brauchte, um mich dazu durchzuringen. Ich machte mir vor, dass ihr Zustand nicht so ernst sei und ich meine Klienten einfach nicht hängenlassen konnte. Ich fürchtete, wenn ich auch nur einen Tag Auszeit nähme, sofort raus zu sein.«

Wieder entstand eine Pause.

»Um es abzukürzen: Meine Mutter brachte mich in den zwei Tagen zur Vernunft. Ihr müsst euch meine Mutter vorstellen. Die stolzeste Frau von Mexico City. Sie bemitleidete sich nicht. Sie weinte nicht. Aber was ich mit meinem Leben machte, brachte sie zur Verzweiflung. Und ich dachte, sie fände toll, was ich erreicht hatte. Dabei haben wir uns in den vier Jahren, in denen ich in New

York arbeitete, kaum gesehen. Falls sie es nicht schaffen sollte, sagte sie mir, wolle sie sicher sein, dass ich kein Unmensch werde. Mehr brauchte sie nicht zu sagen. Kein Wort von verkoksten One-Night-Stands, die sie vielleicht erahnte. Mexikanische Mütter lesen dir so was von den Augen ab. Kein Wort von den übertriebenen Trinkgeldern und der protzigen Bachelor-Wohnung. Kein Vorwurf für meine Abwesenheit und die vernachlässigten Freundschaften. Als ich wieder ins Büro zurückkehrte und merkte, dass meine Kollegen auch ohne mich den Laden am Laufen gehalten hatten, stand mein Entschluss fest. Ich verließ ein paar Wochen später die Bank und beschloss, eine neue Laufbahn anzufangen.«

Emilio lief während der ganzen Erzählung hin und her. »Aber Rodrigo, was ist denn jetzt mit den Frauen? Hat deine Mutter gesagt, dass du nie wieder Titten anfassen darfst?«

Rodrigo lachte auf. »Mit dir läuft man nicht Gefahr, rührselig zu werden, Amigo.«

»Mit den Frauen ist es ganz einfach. Ich habe mich testen lassen. In den Zuständen, in denen ich Sex hatte, konnte ich nicht wissen, ob ich immer alle Sicherheitsübungen sauber ausgeführt hatte. Doch ich war gesund. Zum Glück. Aber ich wäre bis heute nicht überrascht, wenn ich einen Anruf bekäme und auf einmal für ein Kind aufkommen müsste. Ich war ein Arschloch. Da gibt es nichts zu beschönigen.«

Rodrigos Geschichte übte eine seltsame Anziehungskraft auf mich aus. Die Vorstellung, wie er nach Millionen-Deals in den coolsten Bars von New York ein- und ausging, entfaltete einen magischen Sog. Ich sah ihn vor mir, wie er zwischen Investoren und Reuter-Screens agierte, von Kunden um Rat gebeten wurde und in Taxis voller Models durch Manhattan rollte.

»Trotz all dem Erfolg und den Komplimenten und dem Sex spürst du, was für ein riesen Fuck-up du geworden bist.«

»Aber du hast ja die Kurve gekriegt«, urteilte ich und wunderte mich, wie selbstverständlich ich ihm Absolution erteilte.

»Daran arbeite ich noch.«

»Und darum hast du jetzt nichts mehr mit Frauen?«

»Ich will mir einfach beweisen, dass ich es kann. Mit dem sinnlosen Rumgevögel ist Schluss. Bei so vielen hübschen Frauen an Deck ist das hier das perfekte Trainingslager.«

Emilio runzelte die Stirn. »Das hältst du nicht durch. Dir entgeht was.«

»Scheiß auf ›dir entgeht was!‹ Mit genau dem Denken beginnt ja erst die Spirale.«

»Verdammt recht hast du! Prost drauf.« Ich hob meine Dose und die Jungs stießen an. Auch wenn Emilio weiterhin an Rodrigos edlen Ambitionen zweifelte.

CHOPIN

Mit zunehmend bewölktem Himmel wurde es auch an Bord ruhiger. Den Nachmittag über brütete ich mit ein paar Kommilitonen aus dem International-Marketing-Kurs über einer Case Study. Wir kamen nur zäh voran, da wir unterschiedlicher Auffassung waren, wie wir die Aufgabe angehen sollten. Ich hatte gleich einen Lösungsansatz, wollte mich aber nicht anbiedern und am Ende die Arbeit für alle machen. Steffi, die ebenfalls aus Deutschland kam, war mit ihren Vorschlägen zur Team-Aufteilung bei Francesco, unserem italienischen Kommilitonen, auf Gegenwehr gestoßen.

»Ich finde, die ganze Aufgabe ist falsch gestellt. Das fängt schon bei der Frage an.«

Sie verdrehte die Augen. Wir waren uns darin einig, die Aufgaben am besten sofort hinter uns zu bringen, um die Hände für die nächsten Pakete freizuhaben, die uns die Dozenten in immer dichterer Taktung zuwarfen.

»Ihr könnt es ja so machen.« Francesco hob abwehrend die Hände und schaute drein wie ein Gast, der sein Essen zurückgehen lässt. »Aber dann bin ich raus. Dann macht es ohne mich.«

Steffi witterte eine List. »Kommt gar nicht in Frage. Dann diskutieren wir eben weiter.« Das Lamentieren ging in die nächste Runde.

Nach dem Dinner freute ich mich über ein wenig Zeit für mich. Diese Momente waren rar, denn es gab auf dem ganzen Schiff kaum einen Ort, an dem man wirklich allein war. Endlich einmal ohne Studium, Cansu oder Zukunftsängste im Kopf schlenderte ich durch die Kabinenflure. Hier und dort standen Türen weit offen und gewährten Einblick in den Bordalltag. Zwei Dänen lagen auf ihren Betten und schauten in den Laptop. In anderen Kabinen hockten Grüppchen zusammen und wälzten den *Lonely Planet*. Peter Peng begegnete ich im Gespräch mit Emilio und Professor Sullivan.

Das Theater war menschenleer.

Als ich an der geschlossenen Bibliothek vorbeikam, hörte ich Klaviermusik. Ich ging der Musik nach. Schließlich lugte ich durch die Glasscheiben der schweren Flügeltüren zur Starlight Lounge.

Dort saß Cansu mit geschlossenen Augen am Flügel. Ihr Spiel war ein gekonntes Ausbalancieren von Fragen und Antworten. Ihr Gesicht glatt und entspannt. Ab und an kniff sie konzentriert die Brauen zusammen und deutete ein Lächeln an, als fordere sie das Klavier heraus. Ich bildete mir ein, sie spiele für mich, und ließ mich draußen vor der Tür auf den weichen Teppichboden sinken.

Cansu raubte mir den Verstand. Die Nacht zuvor hatte ich geträumt, wie sie auf mir saß und ihre Finger in die Blätterteigkruste einer warmen Pastel de Nata drückten, bis die Sahnecreme unter dem Druck hervorschoss. Ich musste wirklich etwas tun.

Doch als sie aufhörte zu spielen, flüchtete ich nur blitzschnell in die nahe gelegene Bibliothek. Sie hatte sich für Ben entschieden. Ich musste sie mir entweder gleich aus dem Kopf schlagen oder Ben zu einem Surf Battle herausfordern. Dabei sah ich mich schon von einem mächtigen Brecher direkt in das Maul eines Hais segeln, während Ben schneidige Turns auf einer endlosen Welle zog und dabei Cansu wie eine Trophäe in die Luft reckte. Ich hörte förmlich die düstere Titelmusik aus *Jaws*. Lieber kein Surf Battle.

MONSTER

Mit einem Mal riss ich die Augen auf. Ich fühlte mich, als sei ich soeben in meine Koje gefallen. Ich rang um Atem und sog die klimatisierte Luft ein. Die Wände ächzten leise. Der Dieselmotor schnaufte den vertrauten Rhythmus. Im Bett neben mir lag Casey in abstrus verdrehter Pose.

Ich fühlte mich fiebrig und versuchte, wieder einzuschlafen. Es half nichts. Ich war wach. Ich schaute auf die Uhr. 4.00 Uhr morgens. Ich wollte nur noch raus aus der Kabine. Also streifte ich mir einen Sweater über, manövrierte meine Füße in meine Sneakers und startete eine nächtliche Erkundungstour über das Schiff.

Die Flure waren menschenleer. Ich lief an der abgedunkelten Rezeption vorbei und stapfte die teppichbezogenen Treppen hoch aufs Deck. Schwüle Luftmasse wallte mir entgegen. Sofort bildete sich ein dünner Schweißfilm auf meiner Haut. Der Fahrtwind brachte keine Erfrischung, nur das vage Gefühl von Bewegung durch die Schwärze.

Ich konnte kaum Sterne ausmachen. Fast wie das Nichts in meinem Traum. Es fühlte sich absurd an, mitten im Atlantik spazieren zu gehen. Ich schlich an dem kleinen Pool und dem Frühstücksbereich vorbei, passierte überdachte Passagen und die Rettungsboote. Niemand sonst weit und breit. Meine nächtliche Tour dämmerte mir als gar keine so schlechte Idee.

Nachdem ich eine Weile umhergeschlendert war, hörte ich von irgendwo Gelächter. Ich folgte den Stimmen Richtung Schiffsschlot. Zwei Mädchenstimmen sangen ein schläfriges *Purple Rain*. Ich stieg die Treppen hoch zu der kleinen, erhöhten Plattform, in die der Schlot mündete. Da sah ich sie. Ein Grüppchen Studenten, die um einen portablen Speaker saßen und Chips und Schokolade knabberten. Mittendrin saß, mit dunklen Augenringen, Angie. Die übrigen kannte ich bisher nur vom Sehen. Wie konnte man eigentlich auf so engem Raum zusammenleben und sich noch immer nicht kennen?

Sie blickten auf. »Schau mal an, da kommt noch einer.«

»Insomniac?«, fragten sie.

»Könnte man so sagen.«

»Willkommen im Club. Wir treffen uns hier immer, wenn wir nicht schlafen können. Komm, setz dich zu uns.«

»Oh, danke. Und was macht ihr dann so?«

»Wir reden darüber.«

»Klar«, sagte ich und wusste nicht mehr zu sagen.

»Was hast du geträumt?«

Es kam mir seltsam vor, meinen Traum mit ihnen zu teilen. Es war nicht nur eine intime Frage. Was ich geträumt hatte, war auch noch ziemlich wirres Zeug.

»Hier, nimm erst mal ein Stück Schokolade! Dann redet es sich leichter.«

Angie, die sonst von Eiern nur das Eiweiß aß und sich zum Abendessen nichts als ein paar Schnitzer Apfel mit Erdnussbutter genehmigte, reichte mir die extra große Tafel Zartbitter-Marzipan. Sie nickte mir aufmunternd zu.

»Ich habe gerade von meinem Traum erzählt. Wir sind in einen Sturm geraten. Von allen Seiten riesige Wellen!« Zur Illustration breitete sie ihre Arme aus, so weit wie sie konnte. »Völlig irre! Und unser Schiff mittendrin.«

»Krass«, sagte ich. »Haben den alle? Casey hat die Tage auch so was geträumt.«

Sie schüttelte sich. »Uurgh, gruselig! Glaubt ihr an Vorhersehung? Jetzt sag bloß nicht, du hast auch schon davon geträumt!«

»Jetzt wo du es sagst ... ja, ich glaube, da war etwas«, deutete ich betont mysteriös an.

Sie kreischten auf. Und dann erzählten wir uns bis zum Morgengrauen Horrorgeschichten von Monsterwellen und gekenterten Schiffen.

PEEPSHOW

Am nächsten Abend sah ich, wie Cansu sich von den Freunden an ihrem Tisch verabschiedete und allein den Speisesaal verließ. Einem Bauchgefühl folgend, ließ ich einige Minuten verstreichen und brach dann ebenfalls auf. Mein Weg führte mich schnurstracks zur Starlight Lounge. Und wie vermutet drang wieder der Klang des Flügels durch die schweren Schwingtüren. Ich setzte mich auf den Boden. Sie begann mit Fingerübungen. Ihre Hände glitten die Tonleitern rauf und runter. Töne bewegten sich in verschiedenen Rhythmen, ohne eine rechte Melodie zu ergeben. Es entstanden immer wieder seufzende Pausen, in denen ich gespannt die Luft anhielt. Sie konnte jeden Moment zur Tür rauskommen. So wie ich dasaß, konnte ich nicht durch die Scheiben sehen. Es war ein feiner Nervenkitzel, bis sie sich endlich in die Fluten warf und aus Tönen und Pausen Musik wurde. Ich legte meinen Kopf zurück an die Wand, den Teppich unter meinen Händen, die Beine von mir gestreckt. Erst als sie sich ausgespielt hatte und immer weniger Noten durch die Flügeltüren tropften, richtete ich mich vorsichtig auf und machte mich davon.

BIG BROTHER

Ich freute mich seither jeden Tag auf diese gestohlenen Momente mit Cansu. Inzwischen brachte ich mein *Grand-Voyage*-Notizbuch aus Lissabon mit. Während Cansu ihre Improvisationen entwickelte, saß ich auf der anderen Seite der geschlossenen Türen am Boden und schrieb mir die Reiseeindrücke von der Seele. Am liebsten verwendete ich dafür einen blauen Ballpen. Der Stift warf Schlieren und winzige Klümpchen und ich mochte, wie die Tinte einige Sekunden feucht auf den Seiten des Buchs glänzte, bevor sie in die Fasern sickerte und eintrocknete. Wie ein Gedanke, der sich erst setzen muss.

Das Buch gegen die angezogenen Oberschenkel gedrückt, zeichnete ich unsere Route in die Weltkarte im Umschlag ein. Ich versah jeden Punkt mit Ziffern, an dem etwas Besonderes geschehen war oder sich eine neue Erkenntnis durch das Brett vor meinem Kopf gefräst hatte. Ich rang mit den Worten, denn ich versuchte, jedes Erlebnis so wiederzugeben, wie es sich in dem Moment angefühlt hatte. Meine Mundwinkel zogen sich automatisch nach oben, wenn mir eine Formulierung besonders gelungen war. Ich musste an die Mutter eines alten Freundes denken. Als ich klein war, ging sie manchmal mit uns ins Freibad. Sie lag dann den ganzen Nachmittag bäuchlings auf ihrer Decke im Gras und löste Kreuzworträtsel. Wenn die Sonne tief stand und wir zum Aufbruch drängten, mussten wir immer erst warten, bis sie alle Boxen ausgefüllt hatte. Dann lächelte sie zufrieden und spendierte uns auf dem Heimweg eine gemischte Tüte Süßigkeiten. Bei dem Gedanken an die sauren Schlangen leckte ich mir nun unweigerlich die Lippen.

Cansu war inzwischen am Ende ihres Spiels angelangt. In Nullkommanichts klappte ich das Buch zu und suchte das Weite.

Dieses Mal flüchtete ich durch eine nahe gelegene Stahltür mit Bullauge. Ich schreckte zusammen, als mich Denise mit verschwörerischem Blick musterte.

»Ungewöhnlicher Platz, um es sich zum Schreiben bequem zu machen.«

Ich zuckte die Schultern und versuchte, auf ahnungslos zu machen. Sie blies lächelnd den Rauch aus und hielt mir ihre Zigaretten hin.

»Auch eine?«

Ich nahm an und schloss die Tür vorsichtig hinter mir.

»Wie verträgst du die Überfahrt?«, fragte sie.

»Ist manchmal etwas beengend, Tag und Nacht mit den gleichen Leuten eingesperrt zu sein.«

»Eingesperrt? Honey. Wir sind auf einem Kreuzfahrtschiff.«

Sie gab mir Feuer und schmunzelte. »Ich weiß natürlich, was du meinst. Manchmal wird es etwas eng auf dem Boot. Aber ich finde die Überfahrt toll. Nichts gegen die Landaufenthalte, aber das Erlebnis hättest du auch, wenn du in den Urlaub fährst. An Bord dagegen kannst du alles genau beobachten. Nur hier kann sich keiner entziehen. Wie in einer Reality Show.«

Mir kamen Bilder der Sendung »Big Brother« in den Sinn. Ich schüttelte ungläubig den Kopf. »Du hast absolut recht. So habe ich das noch gar nicht gesehen. Bin wohl zu sehr mit mir selbst beschäftigt. Und was hast du schon so beobachtet?«

Sie zog amüsiert die Brauen hoch. Es gab ihr etwas von der Grinsekatze, von der sich Alice im Wunderland immer leicht verarscht fühlte.

»Was ist denn bitte so ungewöhnlich daran, sich einen ruhigen Ort zum Schreiben zu suchen?«, fühlte ich mich provoziert zu fragen.

Sie grinste weiter vielsagend. Schließlich wechselte sie das Thema.

»Hast du bemerkt, dass die kleine Inderin Parish bis gestern kaum aus ihrem Zimmer gekommen ist? Sie hat Angst. Die Arme war wahrscheinlich noch nie raus aus Mumbai. Ich habe gehört, dass viele Inder so reagieren, wenn sie das erste Mal in einem neuen Umfeld sind.«

Kulturelle Beobachtungen. Jetzt gelangte die Unterhaltung in ein Fahrwasser, in dem ich mich wohler fühlte. Ich nahm den Faden auf.

»Ich habe gemerkt, dass hier nicht alle Ironie verstehen.« Hab es die Tage bei einem der Asiaten versucht. Die Frühlingsrollen am Buffet waren wirklich grausig. Ich meinte: ›Mmh, die sind wieder richtig gut heute.‹ Er schaute mich nur völlig entgeistert an, als ob ich es ernst meinte.«

»Oh ja, Humor und Ironie sind ein ganz spezielles Thema. Damit habe ich auch schon schwer danebengelegen. Genau das meine ich. Die Beobachtungen an Bord sind der spannendste Teil der ganzen Reise. Gerade die Chinesen geben mir jeden Tag Rätsel auf. Ich habe mich gestern mit meinem Dozenten angelegt. Das hat die Chinesen sichtbar irritiert. Ich hab sie nach dem Unterricht gefragt, ob alles in Ordnung ist. Sie waren außer sich. So könne man doch nicht mit dem Dozenten sprechen. In China gehört es sich nicht, den Professor infrage zu stellen oder gar offen zu kritisieren.«

Wenn sie mich nicht gerade hochnahm, konnte man sich mit Denise wirklich gut unterhalten. Aus einem kleinen Smalltalk wurde ein ausgedehntes Gespräch über die kulturellen Unterschiede an Bord.

»Ich fühle mich hier von den deutschen Jungs ganz umschmeichelt. In den USA guckt mich kein weißer Kerl an. Wenn du da nicht aussiehst wie aus einem Musikvideo, bist du eben einfach eine dicke Afroamerikanerin. Aber hier spüre ich förmlich, wie mich diese jungen Ingenieure mit ihren Blicken ausziehen. Hui.« Sie fächerte sich gekünstelt mit der Hand Luft zu. »Meinst du, das ist so ein Exotenbonus-Ding? Racial Dating oder etwas in der Art?«

»Tja, in Deutschland siehst du auf jeden Fall selten schwarze Frauen. Das ist etwas Besonderes. Und was aus Amerika kommt, hat eh immer mehr Coolness.«

»War das jetzt ein Ja oder Nein?«

Ich zuckte mit den Schultern. »Verallgemeinerungen sind knifflig.«

»Dann sollte ich es am besten gleich in einem Selbstexperiment herausfinden. Bei mir hätte so ein adretter Deutscher auch einen Exotenbonus.« Und damit zogen wir zur Bar. Doch hier herrschte Flaute und wir beschlossen, es fürs Erste gut sein zu lassen.

REISEPLÄNE

Rodrigo meinte, es wäre an der Zeit, unser nächstes Reiseziel vorzubereiten. Er hatte auch schon genaue Pläne für uns. Über ein paar Ecken hatte er von drei Studenten der Uni Panama gehört, die ein Jahr zuvor mehrere Hektar Regenwald gerettet hatten. Als Vertreter der Holzindustrie den indigenen Stämmen, die den Teil des Regenwalds bewohnten, ein Angebot zur Abholzung gemacht hatten, bekamen die Studenten Wind davon. So etwas kam immer wieder vor und trotz bester Absichtsbekundungen der Industrie endete es meist damit, dass die Indigenen ihr Land verlassen mussten und die Natur völlig zerstört wurde. Die Freunde sammelten also so lange Spenden, bis sie ein besseres Angebot machen konnten. Sie bekamen den Zuschlag und retteten damit auch gleich die Stämme vor sich selbst.

»Zur Aufklärung und Refinanzierung der Aktion bieten die inzwischen Expeditionen in das Gebiet an. Den Indigenen kommen die Touren zugute, weil sie sich mit dem Verleih von Pferden und dem Verkauf von Lebensmitteln etwas dazuverdienen können«, erklärte Rodrigo. »Das wär doch ein cooler Trip. Wir müssen nur ein paar Leute dafür zusammenkriegen. Für uns drei allein machen die das nicht.«

»Das dürfte ja kein Problem sein«, meinte ich.

»Ich könnte Pepe einladen«, schlug Rodrigo vor. »Wir zwei müssen eh mal was für unsere Kabinenfreundschaft tun. Die kommt noch nicht so recht in Fahrt.«

Die Rekrutierung für unser Vorhaben gestaltete sich jedoch schwieriger als erwartet. An Bord kursierten längst die tollsten Pläne für den Panamaaufenthalt. Emilios Surferclique wollte an die Karibikküste und die Woche wie Robinson Crusoe in Bocas del Toro leben. Andere zogen in Erwägung, in Panama City zu bleiben und dort die Woche durchzufeiern. Wieder andere schlugen vor, die Pazifikküste bis an die Grenze zu Costa Rica abzureisen. Shannon und ein paar ihrer Mädels hatten sich bereits für einen Wellness-Trip im Sternehotel eingebucht. Und natürlich gab es noch die Gruppen, die in Panama ihre akademischen Feldstudien absolvieren mussten.

Doch am Ende bekamen wir unser Team. Pepe war der erste, der zusagte. Er verwarf kurz entschlossen seine Pläne, eine Streetfood-Tour quer durch das Land zu machen. »Ich werde mich einfach wie eine Raupe durch den Dschungel fressen«, erklärte er vorfreudig. Catherine aus Venezuela war die nächste im Bunde. Sie machte sich schon seit Wochen an Rodrigo ran. Als sie hörte, dass er dabei war, brauchte sie keine weiteren Argumente. Sie brachte Steffi mit. Athletic-Core Angie, der Schotte Ian und Kasper aus Schweden komplettierten die Gruppe. Unsere internationale Delegation für einen Besuch bei den Indigenen stand fest. Emilio schaffte es, die wenigen Stunden abzupassen, in denen wir Internetempfang hatten, und die Tour mit den drei Umwelt-Helden festzuzurren. Ab dem Punkt wuchs die Vorfreude mit jeder Seemeile, die wir uns Panama näherten.

SEEMANNSGARN

Am Sonntag zerbarst die Stille wie eine fette Wasserbombe. Es war der erste vorlesungsfreie Tag seit Abfahrt aus Lissabon. Auf dem Achterdeck wurde Bob Sinclairs »World hold on« aufgedreht. Die Liegestühle waren restlos belegt. Die kleinsten Studenten wurden an Armen und Beinen gepackt und in hohem Bogen in den Pool geworfen.

Rodrigo und Emilio hatten darauf bestanden, mir die Haare abzurasieren. Ich hatte mich vergeblich gewehrt. Eine alte Seemannstradition verlangte angeblich, dass man sich auf der Mitte des Atlantik den Kopf scheren lässt.

»Die Tradition will es so. Es wird dir gut tun, Amigo!«

»Jungs, das ist nicht euer Ernst!«

Doch da sah ich sie schon mit der Schermaschine in der Hand. Und so fuhr ich mir jetzt mit den Händen über meinen stoppeligen Schädel. Aus dem Spiegel starrte mich ein Fremder neugierig an.

Auf dem Fußball-Court wurde zur Feier des Tages ein Turnier veranstaltet. Francescos große Stunde war gekommen. Er wirbelte dribbelnd über den kleinen Platz, den Ball fest am Fuß. Meine Mannschaft stand staunend am Rand und bereitete sich auf den Gegner vor. Das Team setzte sich zusammen aus mir, Denise, dem Malaien Mahmut und meinem Lieblings-Chinesen, Peter Peng. Wir waren in top Verfassung.

»Wir brauchen noch einen Schlachtruf.«

»Mark hat Ideen. Dann schlag einen vor.«

Ich fabulierte schnell etwas zusammen.

»Mensch, das ist gut«, strahlte Peter.

Wenn Peter Peng glücklich war, war ich es auch. Also übten wir die Zeilen ein paar Mal, bis sie saßen, zogen die Schnürsenkel unserer Sportschuhe nach und dann ging es aufs Feld.

Ben lehnte mit Cansu im Arm an der Reling und feuerte uns an. Wenn er gewusst hätte, wie sehr ich mich nach seiner Freundin verzehrte, hätte er es sich vielleicht noch einmal überlegt.

Trotz leidenschaftlichem Kampf mussten wir uns am Ende mit einem katastrophalen 7 : 1 geschlagen geben.

Rodrigo, Emilio und Cansu applaudierten, als wir vom Platz kamen.

»Lasst den Kopf nicht hängen!«, rief Cansu. »Ihr habt super gespielt. Für mich seid ihr die Sieger der Herzen.«

Auch Ben klopfte mir aufmunternd auf den Rücken.

»Aber sag mal, warum hast du dir eigentlich die Haare abrasiert? Sah doch vorher super aus.« Dabei schüttelte er seine schulterlange Mähne und schlang sie zu einem saucoolen Knoten zusammen. Rodrigo und Emilio mussten grinsen. Ich blieb ganz sachlich und weihte den Unwissenden in die Atlantiktradition ein, mit der meine Freunde mich zuvor überzeugt hatten.

»Das stimmt ja gar nicht. Die Haare rasiert man erst ab, wenn man das erste Mal über den Äquator fährt.«

»Bist du dir sicher?«

»Ganz sicher. Mein Vater ist Seemann. Der weiß so was.«

Ich suchte nach meinen beiden falschen Freunden. Doch die waren auf einmal nirgends mehr zu finden.

SAUFTOUR

»Komm, der Sonntag ist noch nicht vorbei! Wir gehen einen saufen.«

Rodrigo und Emilio standen in meiner Kabinentür. »Tut uns leid wegen der Haare. Spätestens auf dem Weg nach Guayaquil wären sie eh abgekommen. Da fahren wir über den Äquator. Sieh's mal so: Du bist deiner Zeit voraus. Wer sich dann noch die Haare schert, ist nur ein Nachahmer.«

Da gab es keinen Widerspruch.

»Entschuldigung angenommen«, brummte ich, rollte mich von meiner Pritsche und wir zogen los.

Auf dem Weg trafen wir Ian, den Schotten mit der bellenden Lache, und schleppten ihn mit zur Bar.

Rodrigo bestellte vier Bier und rubbelte mir unternehmungslustig über den kurz geschorenen Kopf. Wir zogen die Dosen in einem weg und er bestellte noch einmal vier Bier. Es dauerte jedes Mal eine ganze Weile, weil die Bedienung trödelte und gut fünfzehn durstige Kommilitonen den Tresen belagerten.

»Komm Kollege, ich helf dir«, sagte Rodrigo und marschierte auf die andere Seite der Theke. Ein Pfeifen ging durch die Meute. »Rodrigo, einen Tequila Sunrise.«

»Rodrigo, einen Manhattan!«

Alle wussten, dass es nur Wein und Bier gab. Rodrigo grinste schief. Er hatte jedem eingeschenkt. »So, jetzt kannst du die Abrechnung machen, Amigo«, sagte er zum Barkeeper, der hilflos aus seinem eidotterfarbenen Hemd schaute. Rodrigo kam mit einem ganzen Arm voll Bierdosen hinter der Theke hervor. Emilio ließ alles auf seine Kabine schreiben und wir zogen mit Ian aufs Geratewohl davon.

Auf den Fluren saßen Grüppchen von Studenten an Laptops. Ein paar Mädels hatten es sich in Kapuzenjacken und Pyjamahosen gemütlich gemacht und sahen sich einen Film an. Als sie uns bemerkten, forderten sie uns auf, uns dazu zu setzen. Eine hübsche Britin mit straff geflochtenen Braids fand Gefallen an Rodrigo und flirtete mit ihm herum. Emilio versuchte, sich die Namen der anderen vier zu merken. Bei der Dänin Rijke klappte es mit der Aussprache auch nach mehreren Anläufen nicht so recht. Die Mädchen lachten.

»Ich nenn dich einfach Reggae«, beschloss er nach weiteren erfolglosen Versuchen. Der Spitzname blieb haften.

Ian war ganz mit seinem Bier beschäftigt. Als die Dose leer war, zerknüllte er sie und rülpste laut.

»Iieegitt, nehmt den hier weg! Wir müssen unseren Film weitergucken«, protestierten die Mädchen. Also zischten wir ab. Zurück an die Bar, um Nachschub zu holen. Rund um die Theke war das Gedränge inzwischen noch dichter als zuvor. Leute bewegten sich zur Musik. Aaron legte inzwischen Afrobeat auf.

Wir bestellten eine Runde Bier und gingen raus in die nächtliche Brise.

Ich unterhielt mich mit zwei Marokkanern. Ich hatte längst einen sitzen und schämte mich ein wenig dafür. Offensichtlich hielten sie nichts von Saufgelagen.

Rodrigo wurde von zwei Französinnen belagert. Er sah gespielt hilflos zu mir rüber. »Wohin jetzt?«

»Mir nach!«, ordnete Ian an. Er führte uns im Laufschritt zu seiner Kabine. Als wir durch die Tür traten, die wie bei allen von uns Tag und Nacht offen stand, verschlug es mir die Sprache.

»Junge, was ist das denn für eine Kabine?«

Ian drehte sich mit ausgestreckten Armen im Kreis. »Habt ihr noch nie eine Suite gesehen?«

»Ich hab davon gehört. Die ist ja riesig. Ist das da ein begehbarer Kleiderschrank?«

»Sehr gut beobachtet.«

»Das ist mal ein Ausblick«, sagte Emilio und lehnte sich mit der Stirn gegen die bodentiefen Fenster.

Ian förderte er eine angebrochene Flasche Whisky zutage.

»Nee, Mann, das ist zu viel!«, protestierte ich.

»Nur eine Runde. Der ist aus eigener Herstellung.«

»Du brennst Whisky?«

»Mein Familienclan. Seit Generationen brennen wir ihn nach altem Familienrezept in den schottischen Highlands«, verkündete er mit der Stimme eines Hollywood-Sprechers. »Doch dann verkauften wir Bastarde an einen amerikanischen Schnapskonzern und wurden nach alter Tradition öffentlich unserer Kilts beraubt.«

»Wirklich?«

»Euer junger Freund scheint mir etwas leichtgläubig. Dagegen hilft nur ein guter Whisky.«

Rodrigo und Emilio bestärkte Ian in seiner Einschätzung.

»Wirklich nur ein Schluck«, wehrte ich mich. »Ich hab schon zu viel getrunken.«

»Klingt wie ein Versprechen.«

»Dann mal los.«

»Cheers.«

»Salud!«

»Prost Jungs.«

Der Whisky brannte und nahm dem Bierglimmer die Fluffigkeit. Jetzt wurde es ernst. Ich hielt mich zurück und tat jedes Mal, wenn mir die Flasche gereicht wurde so, als ob ich trank. Ian legte The Clash auf.

»Oldies but Goldies«, jaulte Rodrigo.

Die Zeit verflog und die Flasche neigte sich dem Ende zu. Ian verschwand mit rotem Kopf im Bad.

»Hab eben gar nichts vom Whisky getrunken«, gestand ich den anderen.

»Ich auch nicht«, feixte Emilio.

»Fuck. Ich auch kaum«, lachte Rodrigo ungläubig.

»Das heißt ...«

Emilio sah uns mit großen Augen an.

»Nein, das kann nicht sein.«

»Ach du Scheiße«, prustete Rodrigo.

»Ian hat die halbe Flasche alleine vernichtet«, stellte ich fest.

In dem Moment kam Ian von der Toilette zurück. In seinen Augen lag ein verrücktes Funkeln.

»Flitzen!«, verkündete er und stieg aus seiner Hose.

»Warte, warte. Ian, du hattest vielleicht ein bisschen viel ...«

Er hörte gar nicht hin. Stattdessen entledigte er sich weiter munter seiner Kleidung.

Wir lachten und versuchten ihn abzuhalten. Doch er war auf einer Mission. Komplett nackt schaute er zufrieden an seinem tonnenförmigen Körper herunter. Die rosa Haut war übersät mit Sommersprossen. Sein weißer Hintern spannte sich zum Spurt.

»Ian, mach keinen Scheiß!«

Ian kannte kein Pardon. Er verschwand aus der Tür. Wir sprangen auf. Ein lauter Jauchzer und schon flitzte er davon. Der nackte Schotte bollerte den Kabinenflur entlang bis er wie eine Wärme-Lenkrakete um die Ecke zischte.

Die Jungs und ich sahen uns ratlos an.

»Seine Entscheidung«, fand Rodrigo schulterzuckend.

Da er nach zehn Minuten noch immer nicht zurück war, zog sich jeder von uns in die eigene Kabine zurück, um den Rausch auszuschlafen.

EHRENSACHE

Am nächsten Morgen wachte ich mit dröhnendem Kopf auf. Wieder keine Lernbedingungen.

Casey kam aus dem Bad. Wasserdampf und der Geruch von Aftershave füllten die Kabine.

»Na, Kater?«

Ich brummte zur Bestätigung.

»Kommst du mit rauf zum Frühstück?«

»Gib mir 'ne Viertelstunde. Muss erst mal klarkommen.«

Er fläzte sich aufs Bett und wartete, bis ich mir die Zähne geputzt und etwas übergeworfen hatte. Als wir an Deck kamen, hatte ich das Gefühl, als schauten mich alle an. Ich ging zum Buffet und suchte nach etwas Gesundem zum Frühstück. Ich wählte Pancakes als Basis. Dann lud ich Bananen drauf. Ich machte mir eine Schale Joghurt mit Müsli. Zum Schluss stellte ich noch einen Becher von dem pappsüßen Orangensaft und ein Glas Wasser, das neuerdings nach Chlor schmeckte, auf mein Tablett. Ich fand Casey mit zwei weiteren Amerikanern an einem Tisch und gesellte mich dazu. Als ich den ersten Bissen Obst und Pancake auf meiner Gabel balancierte, rauschten Rodrigo und Emilio heran. Sie kicherten wie verrückt. Ein Raunen ging über Deck.

»Hast du's schon mitbekommen?«

»Was denn?«, kam mir Casey zuvor.

Jetzt war ich mir sicher, dass Studenten von den Nebentischen rüber schauten.

»Ian ...«

»Was ein Kerl«, lachte Emilio dazwischen.

»Wir waren gestern saufen«, erklärte Rodrigo beiläufig den anderen am Tisch.

Wie sich rausstellte, hatte der Schotte auf seiner irren Flitztour durch die Gänge einen Professor über den Haufen gerannt und ihn dabei so ungünstig umgeworfen, dass er am Ende nackt auf der Brust des betagten Akademikers saß.

»Hat einen Riesenärger bekommen. Der musste noch in der Nacht zum Dekan«, erzählte Rodrigo. Emilio fiel ihm ins Wort.

»Ian war noch so voll, dass das Gespräch ein völliges Desaster wurde. Er hat versucht, dem Dekan weiszumachen, das wäre eine schottische Tradition. Schotten machen das immer, wenn sie den Atlantik überqueren, hat er gemeint.«

Casey und seine Kumpel hatten vor Lachen Tränen in den Augen und rangen nach Luft.

Später lief ich Ian über den Weg. Er grinste mich schief an. Wie sich herausstellte, trug er die Geschichte mit Fassung.

»Bist du sicher, dass alles okay ist?«

Er beugte sich zu mir vor. Sein Atem brannte noch vom Whisky.

»Echte Männer erkennst du daran, wie sie ihre Niederlagen tragen.« Er grinste noch einmal breit und zog von dannen.

Ich blieb verwundert zurück und ließ die Weisheit einsinken.

STREBER

»Du bist ganz schön fleißig.« Francesco baute sich vor mir auf, als ich im Liegestuhl lag und mein International-Trade-Buch las.

Ich schnaufte. »Na ja, ich müsste definitiv mehr tun.«

Er blieb ungerührt stehen und warf seinen Schatten auf mich.

Da er jedoch keine Anstalten machte, weiterzureden, nahm ich den Blick von ihm und grub meine Augen wieder in die Handelstheorien.

»Weißt du, um dich herum haben alle Spaß.«

Im Hintergrund hörte ich jemanden kreischend in den Pool springen.

»Alle fühlen sich wohl.«

»Stimmt. Ist ja auch genial hier. Ich schmeiß mich nachher auch noch ins Becken. Muss das hier nur erst fertig lesen«, meinte ich und deutete auf das dicke Buch.

Francesco tat, als hätte er mich nicht gehört. Stattdessen wiederholte er noch mal: »Um dich herum haben alle Spaß. Keiner kümmert sich um die Noten. Und weißt du, warum?«

Ein paar Meter entfernt lachten Angie und ihre Freundinnen laut über etwas, das ich nicht mitbekommen hatte.

Ich verzog das Gesicht. »Warum, Francesco?«

»Weil es nicht darum geht. Die Zeit hier kommt nicht wieder.«

»Na ja, klar. Aber irgendwie kommt ja keine Zeit so richtig wieder.«

Er schüttelte langsam den Kopf, als sei ich begriffsstutzig.

»Wir haben die Chance, hier ganz andere Erfahrungen zu machen als uns bloß mit Uni und Noten zu quälen. Aber das fällt ziemlich schwer, wenn dauernd jemand daneben sitzt und den Streber mimt. Du machst allen ein schlechtes Gewissen.«

Ich war geplättet. Ich sah mich instinktiv um und merkte, wie sich die ersten Köpfe nach uns reckten. Francesco sprach extra laut. Zumindest kam es mir so vor.

»Du bist sehr eifrig. Sehr, wie sagt ihr bei euch, sehr tüchtig. Das ist ganz toll. Aber mit deiner Tüchtigkeit machst du es allen kaputt. Du bist wie ein einziger Vorwurf: Schaut her! Seid fleißig! Macht etwas!«

Ich war wie vom Donner gerührt. »Kann doch jeder machen, wie er will«, wehrte ich mich. »Das hier ist ein freies Boot.«

»Ja, das sollte es sein. Aber du sorgst dafür, dass sich alle schlecht fühlen.«

Dann drehte er sich um und schritt davon. Mir war, als schöbe sich eine düstere Wolke vor die Sonne. Ich erblickte Cansu ein paar Liegen weiter und wollte im Boden versinken. Bestimmt hatte sie alles mitbekommen.

Ich, ein Streber? Ich legte das Buch zur Seite und schaute prüfend durch die Menge. Ob Francesco damit für alle sprach? Oder hatte er ein persönliches Problem mit mir? Ich erwischte mich bei Gewaltfantasien, die alle damit endeten, dass er übel zugerichtet über die Reling segelte.

Später am Nachmittag fragte ich Rodrigo. »Hältst du mich für einen Streber?«

Er musste lachen. »Na, klar bist du ein kleiner Streber. Sind das nicht alle Deutschen?«

»Könnt ihr mal bitte mit diesem ganzen ›Du bist Deutscher‹ aufhören? Ich sag ja auch nicht, dass alle Mexikaner Drogendealer sind.«

»Hey«, er sah mich beleidigt an. »Das ist jetzt aber ein heftiger Vergleich.«

»Sorry. War nicht so gemeint. Aber ich hatte heute eine unangenehme Begegnung mit Francesco. Der meinte, ich versau mit meinem Gestrebe allen die Stimmung.«

Rodrigo lachte laut auf. »Das hat er gesagt?«

»Japp.«

Als mein Freund merkte, wie sehr es mich beschäftigte, wurde er ernst.

»Hör mal, ich hab es dir ja schon in Lissabon gesagt. Du brauchst mehr Selbstbewusstsein. Du musst wissen, wer du sein willst. Du kannst doch machen, was du willst. Da würde ich mir doch nicht von so einem Knirps reinreden lassen.« Dann drückte er mir kräftig die Schulter. »Du bist ein Teufelskerl. Lass dir nichts Anderes erzählen.«

Ich fühlte mich so gar nicht wie ein Teufelskerl.

Auf dem Weg durchs Schiff traf ich Emilio. Ich fragte ihn.

»Findest du, ich bin ich ein Streber?«

Er dachte einen Moment nach. »Streber ist ein Schimpfwort. Ich finde, du bist fleißig.«

Na bravo. Vermutlich hatte Francesco recht.

»Danke«, sagte ich und merkte, wie mir Emilio verwundert hinterherschaute.

Ich wollte das jetzt wissen. Also ging ich auch noch zu Denise. An sich sollte ich es als Kompliment nehmen. Ich wollte schließlich seriös sein. Aber ein Streber-Image wollte ich nun auch wieder nicht. Ich kam mir vor wie in der Kindergeschichte vom kleinen »Ich-bin-ich«, in dem ein rosa-weiß-kariertes Etwas, das für mich immer aussah wie ein Ferkel, versucht herauszufinden, was für ein Tier es ist.

»Denise«, – langsam wurde es albern – »bin ich ein Streber?«

Sie schmunzelte und drückte meinen Arm. Das ging nicht in die richtige Richtung.

»Ich wünschte, ich wäre so eifrig wie du. Ich kann mich hier einfach nicht zum Lernen aufraffen.«

»Eifrig, fleißig, deutsch ... Jetzt sagt ihr mir alle, was für eine Spaßbremse ich bin.«

Sie runzelte die Stirn. »Also wie eine Spaßbremse siehst du mir nicht aus. Aber was ist denn daran verkehrt, eifrig zu sein?«

»Na ja, ist jetzt nicht gerade cool.«

»Cool? Wie kommst du überhaupt auf die Frage? Scheint dich ja ernsthaft zu beschäftigen.«

Ich erzählte ihr von Francesco.

Sie schmunzelte. »Also da kommt es her. Komisch, sagtest du nicht, eure Dozentin hätte gedroht, ihn rauszuschmeißen, wenn er weiter in der Vorlesung pennt? Wahrscheinlich will er nur alle aufhalten, damit er selbst nicht so doof dasteht.«

Sie hatte recht. Das erklärte, warum er nervös wurde, wenn er mich mit einem Buch am Pool sah. Aber an mein neu entdecktes Image musste ich mich trotzdem noch gewöhnen. Ich konnte es kaum nachempfinden. Denn auch wenn ich inzwischen öfter Zeit zum Lernen fand, blieb ich dabei weiterhin unkonzentriert und leicht ablenkbar.

LEBEN UND LEBEN LASSEN

Ich kam gerade von der Starlight Lounge, wo ich wie jeden Abend vor der Tür sitzend Cansus Klavierspiel gelauscht hatte. Doch ich hatte kein Wort zu Papier gebracht. In meinem Kopf schwirrten die Gedanken so wild umher, dass ich es nicht schaffte, sie zu ordnen. Als Cansu fertig war, lief ich ziellos an Bord herum. Glücklicherweise fand ich Denise auf dem Achterdeck. Sie saß auf einer Stahltruhe, blies feine Rauchfahnen in den Wind und beobachtete das weiße Rauschen unserer Heckwelle.

Ohne etwas zu sagen, setzte ich mich zu ihr. Ihr Blick blieb weiter auf die Heckwelle geheftet, doch ihre pergamentartigen, schwarzen Hände strichen mir zur Begrüßung über meinen Hinterkopf. Meine Kopfhaut kribbelte. »Na du Streber, wie geht's uns heute?« Langsam lehnte sie sich an meine Schulter. Ihre Braids berührten meine Wange. Ihr würziger Geruch mischte sich mit dem Meerwasser und dem Rauch der Zigarette.

»Sei ehrlich Denise, bin ich zu verkrampft? Ich hab manchmal den Eindruck, ich steck bis unter die Schädeldecke voll mit Komplexen.«

Wie immer antwortete sie erst, nachdem sie ihre Worte sorgfältig abgewägt hatte. »Also komplex bist du bestimmt, Darling.« Sie musste grinsen. »Aber das ist doch schön. Schau dir Shannon an. Die ist ein Zwei-Teile-Puzzle. Das wird schnell langweilig. Im Vergleich dazu bist du eher so ein Zauberwürfel. Dich zu begreifen, scheint mir eine Lebensaufgabe zu sein.«

Ich entspannte mich.

Wir schwiegen eine Weile. Zehn Minuten wurden zwanzig. Zwanzig wurden eine halbe Stunde. Eine halbe Stunde wurde ein körperloses Dahintreiben. Gedanken kamen und gingen, verflogen im Fahrtwind wie zarte Spinnweben. Ab und an verhedderte sich ein Gedanke, bis er abriss und man schon bald nicht mehr sicher war, ob es ihn überhaupt gegeben hatte. Denise sollte Therapeutin werden, fand ich. Sie wäre großartig darin.

PRIMATEN DER KARIBIK

»Und ich sage dir, es war ein Wal!«, sagte Pepe.

»Und ich sage dir, es war nur ein Felsen«, wiederholte Emilio. So ging das jetzt schon eine ganze Weile. Pepe musste sich vertan haben. Unter unserem Bug sah es aus wie an jedem Tag seit Abreise aus Lissabon: nichts als dichtes Hochseeblau. Eine Walsichtung wäre eine Sensation. Aber bisher hatte sich nicht einmal ein Delfin aus der Deckung gewagt. Soeben zog Puerto Rico backbords an uns vorbei. Hier und dort glitten Segelboote mit geblähten Segeln durch die sagenumwobenen Gewässer der Karibik. Rodrigo und ich schmiedeten Pläne, ein Rettungsboot zu kapern und uns nach Jamaika abzusetzen. Die Gelegenheit war günstig. Niemand würde es mitkriegen, denn der Rest unserer Gruppe hatte sich längst wieder den wichtigen Dingen des Lebens zugewandt, oder wie unser Freund Ian zu sagen pflegte: »Chasing girls, drinking liquor and all that kinda stuff.«

Die ersten heiß geschmiedeten Beziehungen verglühten in diesen Tagen zischend in unseren Swimmingpools. Manch einer erkannte, dass er sich an diesem All-you-can-eat-Buffet zu früh festgelegt hatte und huschte nun mit geducktem Haupt zum zweiten Durchlauf. Diejenigen, die bisher leer ausgegangen waren, boten sich als Trostspender für die verheulten Mädchen an und fühlten fachkundig unter den Tank Tops nach den gebrochenen Herzen.

Angesichts der diversen Beziehungsdramen, die sich an Bord abspielten, war ich froh, nur mit einem Frauenproblem gleichzeitig zu ringen. Manche Kommilitonen hatten sich in so viele Techtelmechtel gestrickt, dass sie längst selbst nicht mehr durchblickten.

ZWISCHEN DEN MEEREN

Der Panamakanal ist eines der größten Wunderwerke der Welt. Samantha hatte mir ein paar Bücher aus ihrer Bibliothek zu dem Thema empfohlen. Der Mensch hat die Erdkruste nach eigenem Ermessen umgestaltet. Vom ersten Spatenstich bis zur Einweihung des Kanals sind tausende von Menschen durch Malaria und Gelbfieber gestorben oder vor Erschöpfung im Schlamm verendet. Das Ergebnis hat die Handelswege für alle Zeiten verändert, die Globalisierung massiv vorangetrieben und den Glauben an die kreative Macht des Menschen bestärkt. In jeder Hinsicht ein Wahnsinnsakt!

Fast hundert Jahre nach Eröffnung des Kanals wachte ich nun auf und schaute aus dem Bullauge auf eine Betonwand. Wir waren gerade mal eine Handbreit von der Mauer entfernt. »Wand in Sicht«, stellte ich fest.

»Was ist denn da los?«, fragte Casey und warf sich ein Tank Top über. »Lass uns das mal ansehen!«

Emilio und Rodrigo standen bereits an der Reling, um das Spektakel aus nächster Nähe zu verfolgen.

»Ihr seid spät dran, Jungs. Hier ist schon richtig Action«, begrüßte uns Rodrigo.

»Was haben wir denn verpasst?«

»Seht ihr die Typen da vorne mit den Seilen hantieren?«

»Piraten?«, fragte Casey entzückt.

»Nicht ganz. Das sind die Vertäuer. Die haben uns an diese Elektrolokomotiven da drüben geknüpft. Ab jetzt fahren wir bergauf. Am Ende der Schleusen geht's auf den Gatúnsee. Die Loks brauchen wir, um den Höhenunterschied zwischen Atlantik und dem See zu schaffen. Das packen die Schiffsmotoren nicht alleine.«

»Ich muss unbedingt mehr Zeit mit euch verbringen«, raunte Casey mir zu. »Du hast ja sehr belesene Freunde.«

»Wenn du einfach zu den Port Briefings vor jedem Hafen kommen würdest, wüsstest du das auch«, meinte Rodrigo.

»Ach, mach dich nicht lächerlich. Wer kümmert sich denn dann darum, dass der Spaß nicht zu kurz kommt?«

Auf dem Gatúnsee ging es schließlich quer durch Panama. Mir kam es vor, als wären wir in eine andere Welt geschleust worden. In den schlammigen Fluten um uns herum entdeckten wir Krokodile. Die Luft war so dick, dass man sie kauen konnte. Aus dem Dickicht klang das Pfeifen tropischer Vögel und das Gebrüll wilder Affen.

»Wusstet ihr, dass die Affen, die am lautesten brüllen, die kleinsten Hoden haben?«

»Emilio, das denkst du dir aus!«, quiekte Casey.

»Nein, kein Witz. Dazu gibt es ganze Studien.«

»Das ist ja großartig. Lernt man das auch in diesem Bord Briefing?«

»Es heißt Port Briefing. Und nein, solche Infos lernt man im Biologiestudium.«

»Ihr macht mich fertig«, stöhnte Casey vor Begeisterung. »Ich hole mir jetzt erst mal einen Kaffee und ein Buttercroissant.« Und damit schlapfte er von dannen.

»Der Kanal ist schon der Wahnsinn. Ohne die USA würde es ihn gar nicht geben«, meinte Rodrigo. »Die haben das damals alles finanziert.«

»Stimmt«, sagte Emilio. »Aber die waren nicht die Ersten. Seitdem die Europäer die Neue Welt entdeckt haben, träumten sie von einer Verbindung zwischen den Ozeanen, um die gefährliche Route um Kaphorn zu vermeiden. Spanien, Deutschland, Frankreich – alle haben sich an dem Bau versucht. Die haben Politiker erpresst, die Indigenen vertrieben, Arbeiter versklavt und ganze Nationen auseinandergerissen, um das hier zu bauen. Aber erst die Amis haben es geschafft.«

»Wow«, sagte ich. »An dem Kanal klebt Blut.«

»Na und wie. Wären die Europäer einfach zu Hause geblieben, wär das hier vielleicht heute noch ein unberührtes Paradies«, brummte Rodrigo.

»Und was lernen wir daraus?«, fragte Emilio.

»Sag's uns, Amigo!«

»Alles Unglück rührt von der Unfähigkeit des Menschen, einfach mal still in seinem Zimmer sitzen zu bleiben.«

»Krass! Das ist dir gerade eben eingefallen?«, fragte Rodrigo.

»Nein, Mann. Das hat irgendein Philosoph gesagt. Ich glaube, er hieß Malaka.«

»Der Junge überrascht mich immer wieder. Biologe, Philosoph, Don Juan der Weltmeere. Ein Mann vieler Talente.«

Am späten Abend erreichten wir schließlich Panama City. Der Landgang war für den nächsten Morgen geplant. Bis dahin mussten wir uns damit begnügen, vom Schiff aus zu beobachten, wie die Hauptstadt Panamas durch die regnerische Tropennacht blinkte und leuchtete. Die Wolkenkratzer aus Stahl und Glas waren aus Drogenkrieg und Geldwäsche erwachsen. Für uns waren sie ein Versprechen von Abenteuern und Nachtleben. Ich konnte es kaum erwarten, endlich an Land zu gehen. Vielleicht würden auch meine Sorgen und Komplexe einfach mal an Bord bleiben.

ARRANQUES

»Endlich Landgang!« Emilio trommelte aufgeregt auf seinen Oberschenkeln herum und drehte sich zu Nick und Ivan um. »Die Partys hier müssen phänomenal sein.«

Die beiden Jungs aus North Carolina hatten wir gerade erst im Bus in die Innenstadt kennengelernt. Sie waren von unserer Geschichte genauso begeistert, wie wir von ihrer. Nick und Ivan arbeiteten als Schiffsjungen auf der Segelyacht eines amerikanischen Unternehmers. Sie mussten das Boot schrubben, Besorgungen erledigen und bei Anlegemanövern aushelfen. »Dafür dürfen wir um die Welt reisen und werden auch noch dafür bezahlt«, strahlte Ivan.

Seit zwei Wochen lagen sie schon in Panama vor Anker und hatten seither nicht eine Nacht ausgelassen. »Wir haben die Zeit genutzt, uns mit dem lokalen Nachtleben vertraut zu machen. Am besten sind die Arranques. Das sind Pub-Crawls, bei denen die halbe Stadt auf den Beinen ist«, erklärten Nick und Ivan.

Noch am gleich Abend gaben sie uns eine Einführung. Unser Arranque begann bei Einbruch der Dunkelheit in einem Viertel aus einfachen Hütten mit Wellblechdächern und runtergekommenen Kolonialstilbauten. Wegen der brennenden Hitze hatten wir den Großteil des Tages in einer klimatisierten Shopping-Mall verbracht. Jetzt waren wir bereit und ausgeruht für unser Debüt im Nachtleben von Panama City.

»Wir starten mit einer Runde Chicha«, verkündete Ivan und reichte jedem von uns eine Kokosschale mit einem trüben Most darin. Die einfache Bar war in dem Hinterhof eines Privathauses untergebracht. An den Wänden hingen Fackeln. Locals mischten sich mit Backpackern und tauschten sich mit Händen und Füßen aus.

»Was ist Chicha?«, wollte ich wissen.

»Probier's einfach. Keine Angst, das Zeug hat nicht viel Alkohol. Wir fangen erst mal langsam an.«

Die Chicha schmeckte angenehm säuerlich. Ein bisschen wie Cidre. Erst als wir unsere zweite Schale geleert hatten, weihte Ivan mich in das Geheimnis des Chicha ein.

»Chicha gibt es überall in Südamerika. Im Prinzip bestehen sie immer aus fermentierten Pflanzen oder Früchten, aber die Zutaten variieren. In Chile nehmen sie Mais. In Venezuela wird Reis verwendet und anderswo Maniok oder Äpfel.«

»Und woraus wurde das hier gemacht?«

»Der Wirt ist Purist und nutzt das alte Verfahren der Inka.«

»Spannend.«

»Du sagst es.«

»Und was heißt das?«

»Also du gehst vor: Zuerst backst du dir Maisfladen und die kaust du dann einmal so richtig schön durch. Die Enzyme im Speichel verwandeln die Stärke in Zucker. So passiert die Gärung.«

»Red keinen Mist! Du meinst, die Suppe hier hat vorher jemand durchgekaut?«

»Das macht den einzigartigen Geschmack aus. Siehst du die Frauen da drüben?«

Ich drehte mich um und sah auf einer Bank an der Wand drei ältere Frauen in bunter Tracht, die seelenruhig vor sich hin kauten.

»Deswegen nennt man Chicha auch gerne ›Spuckebier‹.«

»Fuck! So was müsst ihr doch vorher sagen!«

Die beiden prusteten los und schlugen mir auf die Schulter.

»Du hast es echt geglaubt, oder?«

Ich beäugte sie misstrauisch.

»Das Spuckebier der Inka gibt es auf jeden Fall, kein Scherz. Aber das hier wird aus Reis in einer angegorenen Ananasschale fermentiert. Die werden nicht gekaut.«

»Seid ihr sicher? Wer sagt das?«

»Na, das schmeckt man doch.«

Rodrigo hatte das Ganze bisher wortlos mitverfolgt. Jetzt stand er auf. »Fragen wir doch mal den Wirt!«, schlug er vor und machte sich auf den Weg zur Theke.

Als er zurückkam, trug er ein breites Grinsen im Gesicht.

»Irrtum, Amigos. Es ist Spuckebier!«

»Verdammt, Ivan. Ich hab dir gleich gesagt, wir sollten erst fragen«, schimpfte Nick. »Wir waren die letzten zwei Wochen jeden Abend hier.« Er schüttelte sich.

Mit zwei Schalen Spucke im Bauch zogen wir weiter. Auf einer staubigen Wiese spielten Kinder im Licht der Straßenlaternen Baseball. Auf dem Bordstein saßen indigene Frauen und verkauften farbenfrohe Stofftücher. Aus vorbeifahrenden Autos ballerte Reggaeton. Die Taxis und Busse in Panama City sahen aus wie ein billiger Abklatsch der Karren aus *The Fast & The Furious*. Dicke Chromauspuffe, martialische Airbrush-Motive und LED-Leuchten gehörten zur Grundausstattung. Ich fand, die wilde Optik passte recht gut zum Fahrstil der Panamaer.

Die Nacht rauschte dahin. In der Altstadt, dem Casco Viejo, kam sie zum Höhepunkt. Die Bars quollen über. Daddy Yankee, der Reggaeton-Star der Stunde, ratterte seine Wortsalven aus jeder Lautsprecher-Box. Das Publikum war ein Gemenge der Kulturen. In Panama mischten sich Indigene und Mestizen, die Nachfahren afrikanischer Sklaven und europäischer Eroberer, Touristen aus der ganzen Welt und Arbeiter aus ärmeren Nachbarländern.

In unserer zehnten Bar des Abends rief uns Rodrigo schließlich in Erinnerung, dass wir für die Dschungelexpedition am nächsten Morgen früh raus mussten. Und so gaben wir uns schweren Herzens geschlagen.

Nick und Ivan haben wir seither nie wiedergesehen. Doch ich bin mir sicher, irgendwo da draußen schrubben sie gerade das Deck einer Luxusyacht und löschen ihren Durst mit einer Schale frisch gespuckter Chicha.

DER DARIÉN

Dunst hing über dem Wasser. Aus der drückend schwülen Stille brachen exotische Vogellaute hervor. Die Erde dampfte und Insekten schwirrten in wildem Zickzack durch den frühen Morgen. In einem kleinen Grüppchen standen wir am Kai, dem vereinbarten Treffpunkt für unseren fünftägigen Trip in den Darién Jungle. Wir schauten uns aus klebrigen Augen an. Rodrigo gähnte kräftig. Vor wenigen Stunden waren wir erst abgekämpft aus einer Tanzbar im Casco Viejo gestolpert und hatten uns von Nick und Ivan verabschiedet.

»Ich frage mich, ob das wirklich eine gute Idee war«, brummte Rodrigo in meine Richtung. »Guck dir die halben Portionen mal an!«

Ich ließ meinen Blick über Catherines Schminkkoffer gleiten. Angie und Steffi schliefen auf dem Boden. Ich schielte zum dicken Pepe rüber, der stehend in seinem Nackenkissen döste. Kasper aus Schweden steckte in Kaki-Hosen, in denen wiederum sein Poloshirt steckte. Unter der Krempe seines Panamahutes nickte er mir bedächtig zu. Ian machte Kung-Fu-Kicks und boxte Haken in die Luft. Was für eine schräge Gemeinschaft wir doch waren. Bevor ich weiter darüber nachdenken konnte, bogen zwei Pick-up-Trucks auf die Uferstraße ein und rollten langsam auf uns zu. Gleich würden wir die Jungs kennenlernen, die eigenhändig den Regenwald gerettet hatten. Oder zumindest ein kleines Stück davon.

Die drei Jungs, die aus den Trucks stiegen, stellten sich als Benji, Ernesto und Paco vor. Benji hatte mit seinem Balu-der-Bär-Charme sofort alle Sympathien auf seiner Seite. Pepe erkannte in dem kugeligen Gastgeber mit den kurzen Afrolocken zudem einen Gleichgesinnten, mit dem er bestimmt den ein oder anderen Dschungel-Snack verkosten könnte.

Ernesto, der zweite im Bunde, kam ursprünglich aus Argentinien. Er war Biologe aus Leidenschaft und tauschte sich in den nächsten Tagen rege mit Emilio über die seltenen Vogelarten im Darién aus. Obwohl er kaum älter war als wir, kam er mir viel belesener und erwachsener vor.

Paco, ein glatzköpfiger Kerl von der Statur eines Dschungelkämpfers, murmelte nur kurz seinen Namen und blieb auch in den nächsten Tagen eher schweigsam.

»Sind das die einzigen Schuhe, die du dabei hast?«, wollte Benji von Angie wissen.

Die machte ein entschuldigendes Gesicht. »Ja, schon. Ich mach da so'n Projekt: in einem Paar Turnschuhe um die Welt.«

»Oh Mädel, du wirst dir ein paar nasse Füße holen. Seid ihr alle das erste Mal im Dschungel?«

Emilio wiegelte ab. Er kannte den Dschungel seit seiner Kindheit. Wir übrigen schauten ausweichend in die Gegend.

»Na, dann macht euch mal auf was gefasst.«

Wir bestiegen die Pick-ups. Auf den Ladeflächen der beiden Toyota Hilux waren offene Käfige mit Sitzbänken für je sechs Personen verbaut. Dass man mit etwas gutem Willen aber auch zehn Personen darauf unterbringen konnte, wurde im Laufe der Fahrt eindrücklich bewiesen. Immer wieder setzten sich neue Passagiere zu uns, um einen Teil der Strecke mitzureisen. Es waren Einheimische auf dem Weg zur Arbeit und Städter, die ihre Familie im Umland besuchten.

Den ersten Teil unserer Anreise fuhren wir auf dem Pan-American-Highway, der sich von Feuerland rauf nach Alaska erstreckt. Nur im Süden Panamas ist die Straße für hundert Kilometer unterbrochen. Dieser Abschnitt ist als das gefürchtete Darién Gap bekannt. Der Bau durch den Dschungel wäre extrem aufwendig und für die Umwelt eine Katastrophe. So klafft bis heute eine Lücke im Pan-Am, die zum Tummelbecken für Drogenschmuggler und Paramilitärs wurde.

»Der Teil, in den wir unterwegs sind, ist inzwischen aber wieder ziemlich sicher«, erklärte Ernesto uns durch das Schiebefenster zur Fahrerkabine.

Ein kleiner Panamaer, nicht älter als sieben Jahre, hüpfte mit einem Pappkarton an Bord, den er sogleich unter die Bank schob und mit seinen Beinchen verdeckte. Während wir durch den dichter werdenden Dschungel holperten, prüfte er alle naselang, ob seine Kiste noch da war. Als Nächstes winkte ein Soldat am Straßenrand. Für ihn wurde nur kurz das Tempo gedrosselt. Er sprang auf, grüßte durch den Seitenspiegel den Fahrer, schwang sich auf das Fußbrett und hielt sich für die weitere Fahrt am Gestänge fest. Sein Maschinengewehr hing an einem Gurt über seiner Schulter. Der Lauf baumelte dicht vor meinem Gesicht. Ich nickte ihm nervös zur Begrüßung zu, traute mich aber nicht, ihn aufzufordern, sein Gewehr von mir wegzudrehen. Rodrigo saß mir schräg gegenüber, doch kriegte von all dem nichts mit. Er schlief tief und fest.

Der Karton des Jungen schabte auf der Ladefläche hin und her. Er öffnete die Kiste einen Spalt, um nach dem Inhalt zu sehen. Ich erhaschte einen Blick und staunte nicht schlecht, als ich sah, dass die Kiste nichts weiter als einen großen Eisklotz enthielt. Er musste ihn in der Stadt für seine Familie besorgt haben. Diese stand wenig später vor einer simplen Holzhütte am Straßenrand und winkte ihm zu. Der Kleine nahm sich den Karton, sprang bei gedrosselter Fahrt vom Wagen und rannte mit breitem Grinsen auf seine Familie zu.

Schließlich brach die geteerte Straße ab. Von hier an ging es durch unwegsames Gelände. Auf unbefestigten Straßen spritzte der Schlamm zu allen Seiten. Gurgelnd durchquerten wir breite Wasserrinnen. Unser Toyota rang dem Dschungel Meile für Meile ab. Geäst peitschte die Karosserie. Schließlich gelangten wir auf eine weitläufige Lichtung, die mit ein paar frei stehenden Hütten gesprenkelt war. Zwei Kinder mit nackten Oberkörpern preschten auf einem Pferd an uns vorbei. Im Zentrum der Lichtung befand sich ein flaches Haupthaus aus Stein. An der Fassade nagten Flechten und Moos. Aus den Hauseingängen lugten neugierige Köpfe hervor. Paco steuerte im Schritttempo zum anderen Ende der Lichtung, wo ein Dutzend Pferde graste.

»Da sind wir«, rief Benji. Im selben Moment löste sich ein sehniger Kerl mit zerfranster Baseball-Kappe und schlaffem Muskelshirt aus der Herde. Er schloss Benji zur Begrüßung in die Arme.

»Das ist Ovilio«, stellte Benji vor. »Er lebt hier und kennt sich aus wie kein Zweiter.«

Ovilio stand einfach nur da, mit den Händen in seiner von Dreck gesprenkelten Cargo-Hose und schaute in eine unbestimmte Ferne. Über seiner Oberlippe trug er einen dünnen Schnurrbart. Seine olivfarbene Haut glänzte ölig.

Es wurden ein paar Nettigkeiten ausgetauscht und die Tiere begutachtet. Sie waren kaum größer als Maultiere und fast so dürr wie Ovilio. Unser Pferdeführer wies uns in die Eigenheiten der Pferde ein. »Die Tiere kennen den Weg blind. Versucht einfach nur, euch oben zu halten.«

Ein paar letzte Fragen wurden geklärt und ehe ich es mich versah, ritt ich bereits auf dem Rücken meines Kleppers geradewegs auf einen schlammigen Pfad zu, der sich in der Ferne im Dickicht verlor. »Nur oben halten – Pah!«

Ich misstraute dem Tier, das auf den Namen Ariel Blanco hörte. Das konnte ich dem Pferd allerdings nicht vorwerfen. Uns fehlte einfach die Kennenlernphase. Ovilio hatte mir kurzum die Zügel in die Hand gedrückt. »Da, das ist deins.« Und dann war er zum nächsten weitergezogen.

Die Aufgabe, die vor uns lag, war aberwitzig. Gut fünf Stunden Ritt durch den Regenwald, hinauf in den Cloud Forest, wo sich der Wald in den Wolken verlor. Nun saß ich da, klammerte meine Schenkel um die Rippen des armen Tieres und fühlte mich wie ein Parasit. Ich versuchte, dem Pferd meine Lage zu erklären und entschuldigte mich in aller Form für mein Verhalten. Dabei redete ich mit kindlicher Stimme immer etwas wie »Du Lieber« und »Ganz brav bist du. Jaa, ein ganz Braver«. Das Pferd erwiderte nichts. Es trottete nur unbeirrt durch den Schlamm. Alle paar Meter sank es ein, schnaufte entnervt und zog uns schwungvoll wieder aus dem Morast. So ein Tier muss ganz schön was mitmachen. Man stelle sich vor, man würde sich einem wildfremden Menschen ohne zu fragen auf den Rücken setzen, um ihn dann stundenlang durch den Matsch zu treiben und ihm nebenbei noch mit Kinderstimme Nettigkeiten ins Ohr zu hauchen. Undenkbar. Aber mit den Tieren kann man's ja machen. »Ja, ja, so ist das«, seufzte ich zum Pferd. Ich war froh, dass Cansu mich jetzt nicht sehen konnte. Ben hätte die Situation sicher mit deutlich mehr Coolness gemeistert. Er so Bruce Wayne auf einem Schlachtross. Ich mehr so Ferkel auf dem Esel I-Aaah.

Bald stellte ich fest, dass es im Regenwald im Prinzip nur zwei Zustände gibt: Entweder es regnet in Strömen oder es ist heiß und schwül. Diese Zustände wechseln sich am Tag mehrfach ab. Und so wurde ich mehrmals bis auf die Knochen durchnässt und anschließend wieder in der brütenden Hitze getrocknet. Nach dem endlosen Ritt fühlte ich mich, als sei ich längst mit Ariel Blanco verschmolzen und verkrustet. Doch wir hatten es geschafft: Bei Anbruch der Dunkelheit erreichten wir unser Ziel.

RAMBO

Um uns herum knackte, zischte und kreischte es aus dem Dickicht. Wir hockten auf der Veranda unserer Wellblechhütte, die Benji und seine Freunde am Rande eines Plateaus errichtet hatten. Der Mond ließ die Holzbohlen silbrig glühen und unsere Gesichter glänzen. In einer Ecke saß Emilio und redete beschwichtigend auf Angie ein. Eine Flasche Jack Daniels kreiste, während wir anderen uns die Geschichten des Tages erzählten. Pepes Pferd musste gepflegt werden, nachdem es im Schlamm den Halt verloren und Pepes imposante Körpermasse es zu Boden gerissen hatte. Zum Schutz des Tieres war Pepe dazu verdonnert worden, den Rest der Strecke zu Fuß zurückzulegen. Stundenlang hatte er sich den Berg raufgekämpft. Nun war er ganz still vor Erschöpfung.

Ich nahm einen Schluck Whisky und spürte das Brennen auf meinen Lippen, den rauchigen Geschmack am Gaumen und das Feuer in meiner Kehle. So wie ich an diesem Tag alles intensiver gefühlt hatte, als an irgendeinem Tag zuvor, seitdem ich denken konnte. Die Natur im Darién war eine alles durchdringende Kraft. Die Luft, die den Körper warm und klebrig umschlang. Das überwältigende Grün, das man nicht nur sah, sondern auch schmeckte, hörte und spürte, weil ein Sinn nicht ausreichte, um mit dem schieren Ausmaß der Farben fertig zu werden. Die Geräusche eines alles umgebenden Organismus. Überall glitschte und ploppte, kicherte und atmete es. Ich schloss die Augen und genoss noch einen Schluck. Erst als ich sie wieder öffnete, erspähte ich ein flinkes Etwas, das über die Planken zuckte. Ich kniff die Augen zusammen, um besser zu sehen. Da war es wieder. Ich stieß Rodrigo an.

»Siehst du das?«

Alarmiert durch meinen angespannten Tonfall horchte er auf.

»Was meinst du?«

Doch dann sah er es auch schon. Eine schwarze Kreatur trappelte blitzschnell zwischen Licht und Schatten auf uns zu.

»Meinst du, das ist eine Spinne? Ich hasse die Viecher«, presste er hervor.

»Nicht bewegen!« In Sekundenbruchteilen überschlug ich die Möglichkeiten, was uns hier alles auflauern könnte.

»Gib mir die Flasche!«, befahl Rodrigo. »Vielleicht kann ich es damit erwischen.«

Um uns herum waren jegliche Geräusche verschwunden. Inzwischen schienen alle das Ding wahrgenommen zu haben. Rodrigo hielt die Flasche wie einen Hammer – bereit zum Schlag. Da schoss es noch ein Stück hervor. Im grellen Silberlicht funkelte der schwarze Panzer eines Skorpions, der mit hektischen Bewegungen ein paar Zentimeter vor und ein paar zurück tat.

»Ojo!«

Flink wie eine Katze sprang Ovilio heran, packte den Skorpion mit zwei Fingern am Schwanz und warf ihn mit einem Ruck ins Gebüsch. Dann schaute er einmal in die Runde, versicherte sich, ob alle okay waren, und zog sich mit einem angedeuteten Nicken wieder zurück. Was für ein Kerl!

MOGLI

Im Halbdunkel wachten wir auf. Ich tastete mich unbeholfen zum Ausgang der Hütte. Mein Kopf benebelt vom Black Label, die Ohren voll vom lebenden Cloud Forest. Draußen stiegen Wolkenschwaden aus dem Dickicht. Benji kratzte Rührei aus einer angeschwärzten Eisenpfanne auf Teller und reichte jedem von uns einen kräftigen Kaffee.

An meinem linken Bein machte sich eine rote Feuerameise zu schaffen.

»Autsch!« Ihr Biss brannte. Ich schnippte sie hastig weg.

»Davon werden wir heute noch jede Menge sehen. Zieht lange Hosen an! Manche Menschen kriegen Ausschlag davon.« Ovilio lehnte über seinem Teller mit Ei und sah beim Reden kaum auf. Die Unwägbarkeiten der Natur waren für ihn alltäglich. Echtes Leben zwickt und brennt nun mal. Man passt sich an, so gut es gelingt und was dann noch passiert, muss eben passieren.

Nach dem Frühstück stand eine ganztätige Erkundungstour an. Unter der Führung von Ovilio und Benji stapften wir los. Ich genoss es, einfach in Bewegung zu sein, und ließ meine Gedanken treiben. Schon bald war mir jegliches Zeitgefühl abhandengekommen. Pepe pfiff neben mir unter seinem Gewicht wie eine alte Dampflok und verkostete mit Benji hier und da Insektenlarven und Wurzeln. Ich kämpfte obenrum mit dem Kater und untenrum mit dem glitschigen Boden, der Aufmerksamkeit bei jedem Tritt forderte. Kasper und Catherine fingen an *Hakuna Matata* aus *König der Löwen* zu singen. Und weil das Lied so ein herrlicher Ohrwurm war, stimmte ich mit ein.

»Zum Angriff!«, brüllte Ian plötzlich und warf sich mit ausgestreckten Armen auf uns. Rodrigo und mich riss es von den Beinen. Wir krachten eine Senke herunter und landeten im Gestrüpp.

»Du verdienst echt eine Ladung Affenklatsche«, grinste Rodrigo düster aus Schlamm verschmiertem Gesicht und stürzte sich auf Ian. Die beiden rangelten im Matsch. Ich löste meine Beine derweil vorsichtig aus dem Gebüsch und inspizierte mich auf etwaige Schäden. Bei dem Wildwuchs um uns herum, konnte man nie wissen. Manche Baumstämme waren mit unzähligen Feuerameisen übersät. Der Stamm der Chunga-Palme war sogar mit langen, scharfen Stacheln bewehrt. Ständig juckte oder krabbelte es irgendwo. Ovilio hatte uns von Fliegen berichtet, die ihre Eier unter die Haut legten. Sie gehörten ebenso zum Inventar des Darién wie tropische Spinnen und Giftschlangen.

Von Orientierung konnte längst keine Rede mehr sein. Sollten wir Ovilio aus den Augen verlieren, wären wir geliefert. Ich beäugte die Gruppe und versuchte abzuschätzen, wer von uns am längsten auf eigene Faust in diesem Dschungel überleben würde.

Später kamen wir an einen braunen Fluss. Ovilio sah nach dem Stand der Sonne. »Sie müssten bald da sein«, sagte er ohne weitere Erklärungen und setzte sich ans Ufer. Wir taten es ihm nach und wunderten uns, worauf wir warteten.

Nach einer Weile kamen zwei Einbaum-Kanus den Fluss herunter auf uns zu. Die Steuermänner waren klein gewachsen Indigene. Sie trugen nichts als einen Lendenschurz. Ihre Körper waren von den Füßen bis knapp unter die Nasenspitze tätowiert. Ich war sprachlos.

»Jetzt lernt ihr die Emberá kennen«, kommentierte Ovilio die bevorstehende Begegnung. Die Indigenen begrüßten uns, indem sie schon aus der Ferne die Arme ausbreiteten und unserer Gruppe so eine angedeutete Umarmung gaben. Die beiden Männer nahmen uns vorsichtig an Bord. In jedem Boot bekam einer von uns ein kurzes Holzpaddel in die Hand gedrückt, um Vortrieb zu geben. Die Emberá stießen uns zugleich mit langen Holzstangen vom Grund ab auf die Mitte des Flusses zu. So fuhren wir einige hundert Meter flussabwärts und erreichten die andere Seite. Die Männer legten die Einbäume ohne weitere Befestigung am Ufer an und führten uns dann über einen Trampelpfad weiter bis zu einer Lichtung. Dort befand sich eine Siedlung aus Bambushütten auf Stelzen. Die Dächer waren mit Palmwedeln gedeckt. Eine Schar Kinder rannte uns kreischend entgegen. Die kleinsten von ihnen versteckten sich hinter ihren Müttern und lugten vorsichtig hervor. Die Frauen trugen farbenfrohe Ketten über ihren nackten Brüsten und bunt gemusterte Wickeltücher um die Hüften. Wie die Steuermänner waren auch einige von ihnen großflächig tätowiert. Ich überragte die meisten Dorfbewohner um mindestens einen Kopf und fühlte mich wie ein großwüchsiger Zeitreisender, der soeben hinter einem Gebüsch auf die Steinzeit gestoßen war.

Die Emberá lächelten sanftmütig und ließen ihre Freude über unser Kommen durch Ovilio übersetzen. Die Kinder führten einen Tanz auf. Dabei stellten sie sich im Halbkreis hintereinander und machten immer kleine Hopser nach vorn, während sie mit den Armen flatterten. Die Männer spielten Flöte und trommelten den Rhythmus. Die Frauen sangen und klatschten dazu. Wir drückten so gut wir konnten unsere Dankbarkeit aus, hier sein zu dürfen. Über den Dorfplatz streiften Männer mit Bogen über der Schulter.

»Ist ja der Wahnsinn«, flüsterte Rodrigo ergriffen. »Sie wirken gar nicht scheu. Bringt ihr oft Gäste hierher?«, fragte er Benji. Der schüttelte den Kopf. »Drei- bis viermal im Jahr.«

Angie machte gerade Bilder von einer Gruppe Jungs, die halbstark posierten und ihre kleinen Kindermuskeln spielen ließen. Sofort wollten sie das fertige Bild auf dem Display sehen.

Rodrigo sah verwundert zu. »Können wir hier einfach so rumknipsen? Was, wenn die auf einmal auch Digitalkameras und Trekking-Stiefel wollen? Zerstören wir damit nicht alles?«

Benji kaute auf einem Grashalm herum. »Wer bestimmt, was sie sich wünschen dürfen und was nicht? Sie wissen, dass es Städte gibt und Autos und modernes Leben.«

Rodrigo rang mit sich. »Aber es fühlt sich verkehrt an, sie zu stören.«

»Glaub mir, sie können damit umgehen. Sonst hätten wir euch nicht hierhergeführt. Wir haben ihnen ja extra geholfen, ihren Lebensraum vor der Abholzung zu retten. Danach zerstören wir doch nicht einfach so ihre Kultur.«

Einige Frauen waren inzwischen zum Alltag übergegangen. Eine Emberá-Frau zerstampfte in einer Holzschale rote Ameisen mit einem Stößel zu Brei. Andere saßen vor ihren Hütten und schauten sich mit gleichmütiger Miene um.

Ein älterer Indigener, offensichtlich der Medizinmann des Stammes, begann gerade damit, uns verschiedene Pflanzen vorzuführen und gestenreich ihre Wirkung zu erklären. Ovilio half dem Verständnis mit Übersetzungen auf die Sprünge. Es gab Pflanzen gegen Kopfschmerzen, Beeren gegen Magenverstimmungen und Blätter mit aphrodisierender Wirkung.

»Wollt ihr mal was davon ausprobieren?«, fragte Ovilio in die Runde. Ich war neugierig und nahm eine Handvoll Pflanzen gegen Kopfschmerzen entgegen. Der nächste Kater kam bestimmt.

Ian tuschelte Ovilio etwas zu und machte dabei eine Bewegung, als würde er rauchen. Ovilio grinste schief. »Ich kann ihn ja mal fragen«, sagte er und wandte sich an den Medizinmann.

»Was hat der Schotte bloß wieder vor?«, rätselte Emilio.

Der Medizinmann machte große Augen. Dann lachte er ein zahnloses Lachen.

»Er bringt dir was«, sagte Ovilio zu Ian.

»Großartig«, grinste der nur und rieb sich die Hände.

Ein kleines Mädchen trug die Ray Ban von Kasper spazieren. Die Jungs des Stammes fanden das urkomisch und hielten sich vor Lachen den Bauch. Alles wirkte so unschuldig. Die Menschen verströmten eine einfache Zufriedenheit, die Rodrigo weiter an der Lauterkeit unseres Besuchs zweifeln ließ. Benji seufzte. »Ich verstehe, was du meinst, Rodrigo. Aber hier sterben Menschen noch an Kleinigkeiten wie einer Erkältung. Steht ihnen kein Penicillin zu? Wie viel Fortschritt ist das richtige Maß? Das ist die eigentliche Frage.«

Der Medizinmann war zurückgekehrt und übergab Ovilio nach einem kurzen Zögern ein paar lilafarbene Flechten. Ovilio erklärte Ian, wie sie zu gebrauchen seien, und händigte sie ihm mit verschwörerischem Blick aus.

Irgendwann gingen den Emberá die Tänze aus und uns die Zeit, um es vor Einbruch der Dunkelheit zurück zu schaffen. Also verabschiedeten wir uns mit Verbeugungen und Danksagungen. Die Indigenen hängten Angie, Steffi und Catherine Blumenkränze um. Dann machten wir uns auf den Rückweg über den Fluss, durch das Dickicht, durch knietiefe Bäche und über rutschige Erdhügel bis zu unserer Dschungelhütte.

PSYCHOKNISTERWUNDERLAND

Am Abend saßen wir fix und fertig aber glücklich unter dem Wellblechdach beieinander. Es gab schwarze Bohnen mit Reis und Huhn. Die Mahlzeit schmeckte so gut, wie sie nur nach einem intensiven Tag schmecken konnte. Gerade schob ich mir einen weiteren Happen in den Mund, da sah ich, wie Ian die Flechten hervorholte, die ihm der Medizinmann anvertraut hatte. Er legte sich die lila Gespinste auf seine Handfläche und betrachtete sie neugierig.

»Wer hat Lust auf einen Dschungel-Trip?«

»Ohne mich«, antwortete Rodrigo. »Ich will nicht mitten im Darién meinen Verstand verlieren.«

»Ich will meinen Verstand auch sonst nirgendwo verlieren«, stimmte Emilio zu.

Ian wandte sich mit manischem Grinsen an Angie. »Was ist mit dir?«

»Was meinst du denn?«, fragte sie blauäugig. »Jetzt noch mal ein Dschungel-Trip? Wir waren doch schon den ganzen Tag unterwegs.«

Wir japsten nach Luft. »Die versaust du uns nicht, Ian!«

»Gut, gut. Ich seh schon. Aber jammert mir nachher nicht vor, dass ihr bei der ersten Mondfahrt nicht dabei wart.«

Und damit legte er sich eine Flechte auf die ausgestreckte Zunge. Er schloss den Mund und hielt inne. Langsam begriff auch Angie, dass es bei dem vermeintlichen Dschungel-Trip in Wahrheit um ein Drogenexperiment mit psychoaktiven Pflanzen ging.

»Die Indigenen nutzen die Flechten bei bestimmten Zeremonien«, erklärte Benji. »Sie versetzen sich damit in Trance, um Kontakt mit den Geistern der Natur aufzunehmen.«

Neugierig beobachteten wir, was mit Ian geschah. Eine Weile passierte erst einmal gar nichts. Der Schotte zuckte mit den Achseln und begann auf der Flechte rumzukauen. Noch immer keine Wirkung. Wir fanden wieder zum Gespräch zurück und stellten Benji alle möglichen Fragen zu den Emberá und ihrer Kultur.

Wir waren schon kurz davor, uns schlafen zu legen, da krabbelte Ian auf Emilio zu und strich ihm mit den Fingern durch das Gesicht. Emilio unterdrückte mit Müh und Not einen Lachkrampf. Ian knetete ihm die Wangen.

»Das ist ja irre, liebe Angie. Ich kann durch dich hindurchfassen.« Er betrachtete Emilio mit größter Verzückung und kicherte vor sich hin.

»Mein Gott Angie, du bist wunderbar. Einfach wunderbar.« Als Ian Emilio an die Wäsche wollte, schob der ihn von sich. »Übernimm du mal, Rodrigo.«

Doch Ian rappelte sich bereits auf, verließ die Veranda unserer Wellblechhütte und drehte sich mit ausgestreckten Armen im Kreis, glücklich mit sich und der Welt. Dabei zog er seine Hose runter und begann, kreisend ins Gebüsch zu pinkeln. Mit der Hose in den Kniekehlen kam er zu uns zurück gestolpert. »Ian, deine Hose«, krächzte ich.

»Ach die, ach die, ach die. Da mach dir mal keine Sorgen. Mach dir da mal keine Sorgen.« Er zog die Jeans wieder hoch und brauchte eine Ewigkeit, um sie zuzuknöpfen. Dann legte er sich zufrieden auf den Rücken und schloss die Augen.

Die echte Angie schaute besorgt drein. »Ist das gefährlich?«

»Es geht vorbei«, beruhigte Ovilio.

Zurück auf dem Schiff müsste ich unbedingt in Samanthas Bibliothek nachsehen, ob sie etwas über das Kraut hatte.

Auf einmal riss Ian die Augen wieder auf. »Ich verdurste!«

Ich reichte ihm hastig meine Flasche. Er trank die letzten Schlucke gierig aus. Dann sah er fasziniert seine Arme bis zu den Fingerspitzen entlang.

»Ha ha. Es fließt durch mich durch.«

»Wie fühlst du dich?«

»Es ist ganz wunderbar erfrischend. Ganz wunderbar. Ich spür, wie es durch mich durchfließt.« Er tippte auf seinen Unterarm. »Da ist es gerade.«

Später hielt er Emilio einen Blumenstrauß hin, den nur Ian selbst sehen konnte.

»Für dich, Angie. Weil du so wunderbar bist. So wunder, wunderbar.«

Dann sackte er zusammen und schnarchte los.

»Wir bleiben mal lieber bei ihm, bis er gelandet ist«, meinte Rodrigo. »Wenn der uns in den Wald rennt, finden wir ihn nie wieder.«

Ich fragte mich, was wäre, wenn er nicht wieder runterkam. Auch die Mädchen wirkten besorgt. Doch irgendwann übermannte sie die Müdigkeit und sie verabschiedeten sich in ihre Schlaflager.

Als uns schon fast die Augen zu fielen, wachte Ian auf und ging wieder zu dem Gebüsch rüber, in das er zuvor gepinkelt hatte. Er griff nach den Blättern und rieb sie zwischen den Fingern. »Na die fühlen sich ja lustig an. Die sind ganz weich und glitschig.«

Er zupfte ein Blatt ab, hielt es sich unter die Nase und schnüffelte daran. »Das riecht aber irgendwie komisch. Riech mal, Angie!« Doch der Angie aus Nicaragua wollte nicht daran schnuppern.

»Ian, du hast da eben drauf gepinkelt. Deswegen riechen die so komisch.«

Ian schreckte zurück. »Was habe ich getan?« Minutenlang starrte er auf das nasse Blatt. »Warum habe ich das bloß getan?« Er pflanzte sich auf seinen Hintern, umklammerte seinen Oberkörper und wippte apathisch vor und zurück. Das ging noch eine ganze Weile so, bis er langsam klarer wurde und Emilio wieder als Emilio erkannte.

»Bist du jetzt endlich bereit, ins Bett zu gehen?«, gähnte Rodrigo.

Ian blinzelte. Er kramte die übrigen Flechten aus der Brusttasche seines Hemdes und betrachtete sie argwöhnisch »Okay. Versuchen wir's. Mal abwarten, wie es mir morgen geht. Das war vielleicht seltsam.«.

»Na, hast du auch Lust auf einen Trip bekommen?«, fragte mich Rodrigo.

»Ich weiß nicht. So Psycho-Zeug ist nicht mein Ding. Wir haben doch heute schon Indigene getroffen. War das nicht verrückt genug?«

»Recht hast du.«

Er klopfte er mir auf die Schulter und dann legten wir uns endlich hin.

ZU LAND UND ZU WASSER

Die weiteren Tage im Darién vergingen im Rhythmus von Sonne und Mond. Sobald die ersten Lichtstrahlen unser Plateau streiften, standen wir auf. Zum Frühstück brieten Benji und seine Jungs Rührei, Kochbananen und dicke Pfannkuchen über offenem Feuer. Aus einer zerbeulten Thermoskanne wurde ein Kaffee ausgeschenkt, so kräftig und schwarz, dass er einen Toten zurück ins Leben geholt hätte. Die Sonnenstunden verbrachten wir mit Fußmärschen und Baden in nahe gelegenen Wasserfällen. Ich stemmte mich gerade mit dem Rücken gegen einen Felsen und ließ den Wasserfall über mich hereinbrechen, da tauchte Emilio neben mir auf.

»Ich muss ständig an die Amazonen denken«, verriet er mir mit leuchtenden Augen.

»Sieh mal, wie unsere Mädels durch das hüfthohe Wasser stapfen! Ich könnte ausflippen!«

Tatsächlich war es ein Anblick, den man in unseren Breitengraden nur auf Wandkalendern in Autowerkstätten sah. Ich stellte mir Cansu dazu in ihrem Bikinihöschen und einem Speer in der Hand vor. Wow! Bevor die Hormone vollends mit mir durchgingen, ließ ich mich rücklings in kalte Wasser fallen. Als ich wieder auftauchte, kam mir eine Frage in den Sinn.

»Emilio, wie weit bist du eigentlich mit deiner Mission, alle Frauen auf dem Schiff zu befriedigen?«

Er tat empört.

»Zuerst einmal ist es ganz egal, wo ich die Frauen befriedige. Das muss nicht immer auf dem Schiff sein.«

Ich lachte. So war das natürlich nicht gemeint.

»Ja, ja. Aber da darf man auch nicht so schwammig mit der Begrifflichkeit sein, mein Freund. Lektion Nummer eins: Eine Frau auf einem Schiff ist viel zugänglicher als, sagen wir mal, eine Frau in einem Nachtclub. Die will vielleicht einen netten Abend mit ihren Freundinnen verbringen und hat keine Lust auf dich. Auf dem Schiff dagegen, da macht die Eintönigkeit alle ganz rattig. Langeweile ist der größte Verführer! Lektion Nummer zwei: Auf einem Schiff werden die Menschen manchmal seekrank. Das bietet dem aufmerksamen Beobachter Gelegenheit, zu glänzen. Sieh dir Sandy an. Die ist ständig seekrank.

Glücklicherweise habe ich zwei Akupunktur-Armbänder. Die machen sie ganz schnell wieder fit.«

»Die Dinger hab ich auch. Einen Scheiß tun die.«

»Jaaaa, Malaka. Nicht so schnell. Akupunktur, wie wir wissen, ist etwas, das viel mit Autosuggestion zu tun hat. Das erste Mal kam Sandy mir schon auf dem Mittelmeer mit bleichem Gesicht entgegen. Ich holte also meine Akupunkturbänder hervor, versicherte ihr, die seien das beste Mittel gegen Seekrankheit. Und siehe da: Ein paar Stunden später kommt sie zu mir, wieder ganz frisch im Gesicht und bedankte sich überschwänglich für die Bänder. Seitdem kommt sie immer zu mir, wenn sie sich unwohl fühlt. Sie ist also schon darauf konditioniert, dass es ihr bei mir gleich besser geht.«

Mir ging langsam ein Licht auf. »Du durchtriebener Hund«, empörte ich mich. »Jetzt sag nicht ...«

»Doch, doch, doch. Irgendwann ging es ihr wieder einmal nicht gut. Dieses Mal keine Seekrankheit. Mehr so ein innerer Hunger. Sie machte deutlich, dass sie völlig untervögelt war. Und zu wem kommt sie da natürlich als Erstes? Klar, zu ihrem Freund und Helfer der sie schon so erfolgreich von Übelkeit kuriert hat.« Er strahlte.

»Ich glaub dir kein Wort«, sagte Rodrigo, der längst hinzugeschwommen war, um die neueste Frauengeschichte brühwarm zu erfahren.

»Und ich sage euch«, senkte Emilio seine Stimme, »die Gute ist eine Granate im Bett. Oder auf dem Achterdeck, wenn man's genau nimmt. Womit wir wieder beim Ausgangspunkt dieser Geschichte angekommen wären, nämlich dass das Wo und Wann keineswegs egal ist.«

Rodrigo und mir blieb die Spucke weg. Der Junge hatte es faustdick hinter den Ohren. Zur Strafe drückten wir ihn abwechselnd unter Wasser, bis er nach Luft japste und Benji zum Aufbruch rief.

WERTARBEIT

Wir hatten uns gerade im Dschungel eingelebt, als es schon wieder an der Zeit war, die Pferde zu besteigen und uns schliddernd an den Abstieg zu machen.

»Bringen wir's hinter uns«, sagte ich zu Ariel Blanco und hievte mich auf seinen Rücken. Neben mir ritt Ovilio. Ich legte mir ein paar Sätze Spanisch zurecht und verwickelte ihn in ein Gespräch. So erzählte er mir von seinem Leben im Darién. Er war als einziges Kind bei seinen Eltern geblieben, als seine Geschwister in die Stadt aufbrachen, um dort ihr Glück zu versuchen. Ovilio hatte selbst kein Verlangen danach, dorthin umzusiedeln. »Der Dschungel ist ein Teil von mir. Hier gehöre ich hin. Wir haben hier alles, was wir brauchen. Sieh dich mal um!«

Ich verstand nicht alles, was er sagte. Mein Spanisch war nicht gut genug und sein Dialekt verwischte die Konturen der Vokabeln, die ich mir so oft mit Karteikarten auf U-Bahn-Fahrten durch Köln eingeprägt hatte. In meinem Verlangen, das Leben besser zu verstehen, beobachte ich ihn so gut ich konnte. Er strahlte eine unglaubliche Gelassenheit aus. Ich überlegte, wie anders es sein musste, ohne Zivilisation aufzuwachsen. Sicher gab es in seinem Dorf auch einen ungeschriebenen Verhaltenskodex. Sicher maßregelte man sich gegenseitig. Aber es gab keinen Fernseher. Man las keine Zeitung. Es gab keine Polizei, keine Ampeln, keine Bibel. Wären wir ohne Zivilisation alle so entspannt wie Ovilio? Er sagte, er arbeite mal dieses, mal jenes. Wenn Erntezeit war, erntete er. Wenn Besucher kamen, führte er sie in den Cloud Forest. Und wenn es nichts zu tun gab, dann gab es eben nichts zu tun. Die Frage nach der eigenen Berufung stellte sich nicht wie bei uns. Ich stellte mir vor, dass hier jeder mithalf, so gut er konnte und wenn sich jemand bei einer Aufgabe als besonders geschickt hervortat, machte er einfach häufiger diese Aufgabe und zeigte den anderen, wie es ging. Jeder machte sich nützlich. Und am Ende ist das ja auch, was wir wollen. Wir wollen nützlich sein und gebraucht werden. Die Chinesen an Bord hatten das völlig verinnerlicht. Sie bemaßen ihren Wert danach, was sie für ihre Gemeinschaft leisteten. Bei uns schienen dagegen Sendungen wie *Star Search* oder *Germany's Next Topmodel* immer mehr den Wert eines Menschen zu definieren. Inzwischen meinte jedes Kind, es müsse seinen Traum, Sänger oder Model zu werden, verwirklichen, sonst wäre sein Leben nichts wert. Dabei war es oft nicht einmal der eigene Traum.

Wir waren auf einen abschüssigen Matschpfad gelangt. Ariel Blanco rutschte ab.

»Atención!« Ovilio machte einen Satz mit seinem Klepper, krallte sich das Zaumzeug meines Pferdes und half ihm, Halt zu finden.

Es war absurd, durch den Dschungel zu reiten und an Casting Shows zu denken.

BUNTER HUND

Unser letzter Tag in Panama. Ich rannte im Morgengrauen durch die Hauptstadt. Das würde eine ganz knappe Nummer. Ich schlidderte um die nächste Straßenecke, bog in eine Seitengasse ein, flog Treppen herab wie ein geölter Blitz und sprang über einen Berg Müllsäcke. Mein Herz raste. Ich sah schnell über die Schulter. Hatte ich sie abgehängt? Ich preschte voran, überquerte eine Kreuzung. Wumm! Fast hätte mich einer dieser aufgemotzten Busse erwischt. Es röhrte gefährlich aus dem Chromauspuff. Gebrüll! Eine Stimme und noch eine und dann war es eine ganze Gruppe. Vor mir schoss Emilio aus dem Nichts in mein Blickfeld. Er riss den Kopf zu mir rum. »Venga, Malaka, venga!« Seine Shorts flatterten. Ich schloss zu ihm auf. In dem Moment kamen unsere Verfolger aus der gleichen Ecke angerauscht, aus der er gerade aufgetaucht war. »Hijo de puta! Deja!«

Meine Lungen brannten.

Ich kannte mich im Wirrwarr der Straßen nicht mehr aus. In einer schwach beleuchteten Seitengasse wankten uns Betrunkene über den Weg. Emilio riss fast einen um.

Wir kamen wieder auf einer Hauptstraße raus. Unsere Verfolger waren immer noch hinter uns her. Ich hörte ihr Fluchen. Doch sie waren für den Moment außer Sicht.

»Emilio, wir müssen abtauchen!«, rief ich ihm zu. Ich spürte ein Stechen in der Seite. Lange würde ich das Tempo nicht mehr durchhalten. Meine Augen suchten panisch die Umgebung ab.

»Da!«

Wir hatten gerade so viel Vorsprung, dass es reichen könnte. Wir hechteten in den Schacht einer Straßenbaustelle und kauerten uns so klein zusammen wie wir nur konnten. Da hörten wir sie auch schon wieder in greifbarer Nähe.

Doch es hatte geklappt. Sie rannten vorbei. Ich dachte, so etwas funktioniere nur im Film.

Wir warteten noch eine Weile, bis wir uns in Sicherheit wägten.

»Fuck, Emilio. Wieso musstest du auch die Alte angraben?«

Er zog sein Shirt hoch, um sich damit den Schweiß aus dem Gesicht zu wischen.

»Sie war einfach zu süß. Die hätte ich geheiratet. Konnte ja keiner ahnen, dass die Typen zu ihr gehören.«

»Komm, lass uns raus hier!«

Ich fühlte mich, als würden überall Insekten an mir rumkrabbeln. Wer weiß, was es hier für Tierchen gab. Auf einen exotischen Spinnenbiss konnte ich verzichten.

Wir lugten vorsichtig über die Kante des Erdlochs. Sie waren weg.

»Lass uns von hier abhauen! Höchste Zeit zum Frühstücken!«

So landeten wir schließlich in einer Pizzakette. Eine Weile wechselten wir kein Wort. Ich spülte die Pizza mit Kaffee runter und bemerkte, dass sich mein Puls wieder gefangen hatte. Plötzlich mussten wir beide lauthals lachen. »Alter! Scheiße! Das ist mal 'ne Story.«

»Ich hab dir gleich gesagt, dieser Schuppen sieht nicht vertrauenerweckend aus.«

»Sind die alle so? Ist ja gemeingefährlich, hier zu flirten.«

»Na ja, zugegebenermaßen enden Flirts ja auch nicht immer mit ihren Lippen um meinen Penis.«

»Was?« Jetzt fiel mir die Kinnlade runter.

»Du meinst doch nicht, dass die so ausgerastet wären, wenn wir nur geredet hätten.«

Ich war baff. Das erklärte natürlich einiges. Ich hatte den ganzen Abend mit Emilio eine Bar-Tour gemacht. In der letzten Bar hatte er dann diese abgöttisch hübsche Latina kennengelernt. Ich hatte schon an der Theke bemerkt, dass uns ihre Begleiter beobachteten. Dann hatte ich mich jedoch mit einem amerikanischen Braumeister festgequatscht und Emilio eine Zeit lang aus den Augen verloren. Das Nächste, an das ich mich erinnerte, war ein riesen Geschrei und Emilio, der mich hastig nach draußen zerrte. Als die Typen sahen, dass ich zu ihm gehörte, hing ich mit drin und schon waren wir auf der Flucht.

»Die können hier ganz schön unbequem werden«, resümierte Emilio.

»Meinst du, sie hätten uns was getan?«

Er kaute lange auf seiner Pizza herum und sah mich dabei an.

»Junge, die hätten uns aufgeschlitzt.«

Eine Gänsehaut breitete sich auf meinen Armen aus. Ich war sprachlos.

»Du bist so schön naiv. Das ist hier nicht Deutschland. Wenn du an die Falschen gerätst und ihre Schwester angräbst, geht denen ganz schnell der Hut hoch.«

Ich wollte mit einem Mal nicht mehr in der Stadt sein. Es war unser letzter Tag in Panama.

»Lass uns an den Strand fahren«, schlug ich vor. »Ich will hier raus.«

»Hey, ist doch alles okay jetzt. Die haben uns bestimmt schon wieder vergessen. Aber wenn du willst. Warum nicht?«

Ich fragte die Bedienung, wie wir zu einem brauchbaren Strand kämen. Emilio hatte längst ein Auge auf sie geworfen. Er war unglaublich. Sie sprang sogar direkt darauf an und warf ihm vielsagende Blicke zu. Genug! »Emilio!«

Er zuckte mit den Schultern und wandte sich an die Kellnerin: »Wie heißt du?«

»Kamila.«

»Kamila, du bist keine Frau.«

Sie schaute ihn verwirrt an.

»Du bist eine Traumfrau!«

Der Junge war unverbesserlich. Ich versetzte ihm einen Klaps auf den Hinterkopf und zog ab.

Wir folgten Kamilas Wegbeschreibung zur nächsten Bushaltestelle. Ich hatte schon wieder die Hälfte vergessen. Überhaupt tat ich mich mit Busfahrplänen überall auf der Welt schwer. Doch so lang der Bus stadtauswärts fuhr, reichte es fürs Erste.

Tatsächlich gelangten wir zwei Stunden später an einen weitläufigen, Strand, umgeben von grauer Betonkulisse und zerzausten

Palmen. Die Farbe des Wassers hatte nichts mit Karibikfantasien zu tun, aber wir waren nicht wählerisch. An einem Klapptisch saßen ein paar ältere Herren bei einer Runde Schach um ein Transistorradio.

»Schau mal«, sagte ich reflexartig. »Wie beim Buena Vista Social Club.«

Emilio lachte. »Wie schön einfach Stereotype das Leben machen, oder? Der Buena Vista Social Club stammt übrigens aus Kuba.«

»Schon klar«, grummelte ich.

Ich hatte mich immer für einen erfahrenen Reisenden gehalten, weil ich in Europa schon viele Länder besucht hatte. In den letzten Wochen kam ich mir jedoch immer öfter vor wie ein Trottel. Na ja, das würde sich legen, dachte ich bei mir. Wer frei von Vorurteilen ist, werfe den ersten Stein.

Emilio fand in dem angrenzenden Ort einen Supermarkt, der unter anderem Surfboards verlieh. Und so wurde es noch ein sehr angenehmer Tag. Er spielte mit den Wellen und ich genoss die laue Stimmung. Als wir am Nachmittag einen frischen Fisch bekamen, der über dem Wrack eines alten Ruderboots gegrillt wurde, war die Welt wieder in Ordnung.

Als wir am Abend zum Hafen zurückkehrten, lag das Student Ship hell erleuchtet am Kai. Die Motoren des alten Ozeanliners röhrten schon. Alles war bereit zur Abfahrt. An einem drückend schwülen Tropenabend nahmen wir Abschied von Panama.

TEXT UND TON

Für die Überfahrt von Panama City nach Guayaquil waren zwei Tage angesetzt. Das bedeutete zwei Abende, an denen ich Cansu beim

Klavierspielen zuhören konnte. Nach einer Woche ohne sie war ich wie ausgehungert. Während des Dinners lugte ich mit pochendem Herzen zu ihr rüber. Ich hatte mich an einen der großen Tische gesetzt, wo es nicht zu sehr auffallen würde, wenn ich auf einmal ging. Zuvor hatte ich mich manchen Abend nur schwer aus Gesprächen lösen können.

Und dann war es so weit. Cansu schlich sich nach dem Dessert davon. Ich wartete wie üblich einige Minuten. In dem Moment als ich mich davonstehlen wollte, wurde an meinem Tisch ein *Happy Birthday* angestimmt. Kellner kamen herangeeilt und brachten Champagner. Shannon stieß mir in die Seite.

»Komm, du musst auch mitsingen!«

Ich schaute zum Ausgang, durch den Cansu vor einer gefühlten Ewigkeit verschwunden war, und stimmte notgedrungen mit ein. Ein Kellner pflanzte ein Champagnerglas vor mich und schenkte ein. Wir riefen unsere Glückwünsche über den Tisch zu Ryan, der gerade ein Paar Kerzen in Form einer 21 ausblies. Das konnte heiter werden. Für die Amerikaner war der 21. nicht irgendein Geburtstag, sondern der Einstieg in das heilige Privileg des legalen Alkoholkonsums. So blieb es auch nicht bei einem Lied. Schon stimmte einer der deutschen Kommilitonen am Tisch ein *Zum Geburtstag viel Glück* an. Als auch das absolviert war, folgten die Franzosen mit ihrer Version, dem *Bon Anniversaire*.

Ich könnte einfach gehen und in einer Stunde wiederkommen. Die Feier würde noch lange dauern. Begeistert von meiner eigenen Idee raffte ich mein Schreibzeug zusammen. »Bin gleich wieder da«, raunte ich Shannon im Gehen zu, die mir einen Ist-ja-typisch-Blick zuwarf.

Wie ein Magnet zog es mich zur Starlight Lounge. Ich bemerkte im Laufen, wie ich aus Vorfreude lächelte. Das *Grand Voyage* brannte mir in den Händen. Meine feuchten Finger hinterließen Abdrücke auf dem Leineneinband.

Cansu war schon mitten in ihrer Improvisation angelangt, als ich die Lounge erreichte. Ich spinkste kurz hinein, um mich zu vergewissern, dass sie es wirklich war. Die Anspannung fiel von mir ab und ein Strom heißer Noten breitete sich von der Brust ausgehend in meinem ganzen Körper aus. Ich beobachte einige Augenblicke, wie sie selbstvergessen in der Musik wogte. Dann ließ ich mich auf den Boden sinken und begann zu schreiben.

Der Ballpen kratzte mein Bild von Panama in die Seiten.

Ich beschrieb den Reichtum, der sich wie Efeu an den Hochhäusern von Panama City emporrankte. Ich beschrieb die Eindrücke aus dem Dschungel und die einfache Zufriedenheit seiner Bewohner. Ich hielt jene Eigenschaften im Charakter unseres Pferdeführers fest, die Männern in der Zivilisation abhandengekommen waren, und sann darüber nach, wie sich in meiner Welt alles um mich selbst drehte und kaum etwas um meine Gemeinde. Die Seiten füllten sich wie von allein. Wenn ich den Text ordentlich zurechtkürzte, konnte vielleicht ein neuer Blog-Beitrag daraus werden. Doch jetzt folgte ich vorerst der unzensierten Tintenspur meiner Gedanken, so weit sie reichte.

Erst eine Pause in der Musik ließ mich aufschrecken. Ich hatte mich so im Schreiben verloren, dass ich sie nicht bemerkt hatte. War die Pause noch frisch? Warf Cansu gleich die nächsten Akkorde in die Stille? Wie lange spielte sie schon nicht mehr? War es nur eine Sekunde gewesen oder doch schon eine Minute? Mir stockte der Atem, als ich aus dem Innern der Lounge Stimmen auf mich zukommen hörte.

Und da sauste die Flügeltür auch schon mit einem Schlag auf. Der linke Flügel schlug mir mit Wucht gegen die angewinkelten Beine. Ben und Cansu blickten erstaunt zu mir runter.

»Oje, du hast ihm die Tür vor die Knie gehauen ...«

»Sorry, Mark. Bin manchmal etwas überschwänglich. Alles okay bei dir?«

Ich rieb mir das schmerzende Knie und hätte in dieser Situation viel für die Zähigkeit von Ovilio gegeben. Stattdessen presste ich nur ein »Ja, ja, nichts passiert. Sorry.« hervor. Jetzt entschuldigte ich mich auch noch.

Er kratzte sich am Hinterkopf. »Warum hockst du überhaupt hier? Also ... ist ja ein ungewöhnlicher Ort.«

Cansu verzog mitfühlend ihr Gesicht und versuchte gleichzeitig nicht zu lachen. So absurd war die Situation.

Ich rang nach einer Erklärung. »Ich hab das Klavier gehört und fand es so schön, dass ich nicht stören wollte.«

Cansus Augen weiteten sich.

»Dann habe ich mich einfach hierher gesetzt ...«

»Wirklich? Komm doch rein! Als ob die Lounge nicht groß genug wäre.«

»Ach, Ben versteht nichts davon. Ich find's lieb, dass du Rücksicht genommen hast«, befand Cansu und reichte mir die Hand, um mich daran aufzurappeln.

Ben wurde ungeduldig. »Babe, ich mach mich schon mal auf den Weg. Die warten schon auf mich bei Ryans Party, okay?« Er drückte ihr einen Kuss auf die Stirn. Sie kniff das Gesicht zusammen.

»Sorry Mark. Vielleicht nicht direkt im Türrahmen sitzen, hm?« Und dann war er verschwunden.

Cansu fühlte sich sichtbar stehen gelassen »Seine Jungs sind ihm immer am wichtigsten.«

Sie sah ihm nach.

»Hast du schon lange da gesessen?«

»Na ja, du warst schon mitten in deiner Improvisation ...«

Ihre Augen verengten sich zu Schlitzen. »Mitten in meiner Improvisation?«

Ich wich ihrem Blick aus und sammelte mein Schreibzeug vom Boden auf, ohne zu antworten.

»Was schreibst du?«

Ich wollte nur noch raus aus dieser Situation.

»Nichts ... Also schon etwas.«

Sie schob ihr Kinn ein klein wenig nach vorn.

»Also das war jetzt für einen Blog. Ich schreib da für so ein Reisemagazin, also ein Travel-Blog«, stammelte ich mir zusammen.

»Über mich?« Noch während sie es sagte, merkte ich, wie ihr die Frage peinlich war.

Ich grinste. »Nein, nein.« Natürlich hätte ich ganze Bücher über sie füllen können. Wenn sie nur wüsste. »Über unsere Reise eben. Jetzt gerade über Panama.«

»Zeigst du es mir irgendwann mal?«

»Es ist noch nicht so weit. Und es ist auf Deutsch.« In dem Moment war ich froh, dass meine Aufzeichnungen nicht auf Englisch waren. Meine ganzen Auseinandersetzungen mit mir selbst und all die Zweifel. Bei dem Gedanken daran lief es mir kalt den Rücken runter. Doch für Cansu waren diese Texte in Geheimsprache formuliert.

»Hör mal, wenn dir meine Musik wirklich gefällt, dann komm ruhig rein. Ich spiele normalerweise nicht gern vor Publikum. Dann meine ich immer, es wird gleich etwas erwartet. Ich spiel einfach nur so für mich. Aber wenn du magst ...«

Sie sagte es einfach so, als wäre es nichts. Die Vorstellung, wie sie für mich spielte oder zumindest spielte und wusste, dass ich daneben saß und zuhörte, machte mich fast taub.

Doch so kam es.

FAN-MAIL

Zurück in meiner Kabine checkte ich endlich meine Mails. Eine Gewohnheit, die man schnell vergaß, wenn man so selten Internet hatte wie wir. Meine Mutter hatte geschrieben. Sie vermisste mich und schickte mir ein Foto von einem Zeitungsartikel über das Schiff mit. Die zweite Mail war von meinem Kumpel Achim. Sie bestand überwiegend aus Fragezeichen, denn er wollte alles vom Bordleben wissen. Ich schrieb ihm direkt zurück. Ich spürte einen kleinen Anflug Heimweh.

Zwischen zahllosen Spam-Mails entdeckte ich auch eine Mail vom *Travel Observer*.

> Hi Mark,
>
> danke für den Artikel. Ist super geworden. Nicht schlimm, dass er schon etwas älter ist. Der Inhalt über eure Kulturunterschiede ist zeitlos und der Stil passt super in unser Programm.
>
> Versuch beim nächsten Mal mehr Zwischenüberschriften reinzubringen. Das strukturiert den Text für die Leser und optimiert ihn für die Suchmaschinen.
>
> Weiter so!
>
> Thomas von Brest
> Founder and CEO,
> travel-observer.com

War das jetzt ein gutes Feedback oder eher nicht? Ich befand, dass es gut war, und machte mich daran, den neuesten Beitrag aus meinem Reisetagebuch abzutippen. Als ich ihn in Word überführt hatte, ließ ich es erst einmal gut sein. Ich war in Gedanken zu sehr bei Cansu, um mich auch noch auf die Textkürzungen zu konzentrieren.

HÄNDE WEG VON DER COUSINE

Am nächsten Mittag lag ich in meiner Koje und versuchte, zu lernen. Ich musste dringend Stoff aufholen. Da wurde die Tür geöffnet.

»Oh, Entschuldigung. Ich dachte, das wäre Emilios Kabine.«

»Nein, Emilio ist drei Kabinen weiter den Gang runter«, sagte ich.

»Tut mir leid.«

Da die Stimme so freundlich war, drehte ich mich zumindest aus Höflichkeit zu ihr um.

»Ach, du bist das.« Im Eingang stand Hicham, ein eleganter Araber, mit dem ich bislang nur hier und dort ein paar Worte gewechselt hatte. Er trug eine kurze Hose mit Aquarellmalereien darauf. Dazu ein schwarzes Seidenoberteil und eine golden verspiegelte Sonnenbrille, die er sich in die Haare geschoben hatte.

Wir kamen ins Gespräch und unterhielten uns eine Weile über unsere Reisepläne für das nächste Ziel, Ecuador. Inzwischen war ich so abgelenkt, dass ich mir gleich eine ausführliche Lernpause verschrieb. Am Ende war dies schließlich ein kultureller Austausch und damit der wichtigste Aspekt des Curriculums, beschwichtigte ich mich selbst. Die Bücher konnten warten. Ich lud Hicham auf einen Kaffee an Deck ein. Er schlug den Kaffee aus, aber begleitete mich gerne in die Sonne.

»Ich wusste gar nicht, dass du mit Emilio zu tun hast«, stellte ich über einen dünnen Kaffee aus den abgegriffenen Plastikbechern des Bord-Caterings fest.

Hicham machte eine abweisende Geste. »Die Dinge verhalten sich etwas anders. Ich habe üblicherweise nichts mit ihm zu schaffen. Nun hat er allerdings gestern Basma so grob angegraben, dass ich es nicht dabei bewenden lassen kann.«

Meine Lippen kräuselten sich unweigerlich zu einem unterdrückten Grinsen. Da fühlte sich jemand in seiner Ehre verletzt. Ich grinste in den Becher hinein und hoffte, mein arabischer Weggefährte würde es nicht mitbekommen. Es ging mich ja letztlich nichts an.

»Da kannst du grinsen, wie du willst.«

Mist, erwischt.

»Ich habe von meinem Onkel die Anweisung bekommen, ein Auge auf meine Cousine zu halten. Sie war bisher kaum außerhalb Tunesiens und kennt solche platten Anmachversuche nicht. Mein Onkel war von der Idee dieser Reise durchaus angetan, aber er wollte nicht, dass sie irgendeinen Unsinn anstellt, den sie später bereut. Das würde ihn sehr unglücklich machen.« Er sah zu Boden. »Und mich auch«, fügte er nach kurzer Pause hinzu.

Ich ließ das einen Moment auf mich wirken. Es war das erste Mal, dass mir bewusst wurde, wie anders sein Hintergrund war. Auf dem Schiff hatte sich ein unausgesprochenes Verständnis eingestellt, das quasi lautete »Solange sie keine Chinesen sind, sind sie wie wir.« So viel zur interkulturellen Idee des Student Ships.

»Hör mal«, sagte Hicham. »Ich bin im Moment etwas gereizt. Hoffentlich bekommst du keinen falschen Eindruck. Wir fasten seit Tagen. Da wird man etwas dünnhäutig.«

»Ihr fastet?«

»Natürlich. Tagsüber trinken und essen wir nichts. Nur weil wir uns auf dem Ozean befinden, vergessen wir doch nicht unsere Religion.«

Den Punkt vergaß ich immer wieder. Oder ich konnte mich einfach nicht hineinversetzen. Ich glaubte zwar vage an etwas, aber mit Religion hatte das nicht viel zu tun. Ich glaubte an einen lieben Gott, der bei näherer Betrachtung Anleihen vom Weihnachtsmann hatte, denn ich dachte kaum mehr als einmal im Jahr an ihn und wenn, dann kam ich mit einer Wunschliste, was sich in meinem Leben verbessern sollte. Ich hatte keine Ahnung, wie es war, sein Leben einer Religion unterzuordnen.

Hicham schmunzelte. »Du hast wirklich keine Ahnung. Und ich sag dir, Emilio hat auch keine Ahnung. Sonst wüsste er, dass Basma niemals Sex vor der Ehe haben würde. Und darum geht es doch, oder?«

Ich machte ein Gesicht, das wie eine Entschuldigung wirken sollte.

»Weißt du was, vielleicht brauche ich gar nicht mehr mit Emilio reden. Sprich du mit ihm. Trinkt ein Bier. Dabei sagst du ihm, dass er bei ihr nicht das bekommen wird, worauf er hofft. Okay?«

Na toll. Das würde ein interessantes Gespräch. Doch ich wollte diesem dehydrierten Mann den Gefallen tun und willigte ein.

DON'T SHOOT THE MESSENGER

Ich fand Emilio an die Bar gelehnt. In Gedanken spielte ich Szenarien durch, wie ich ihm Hichams Botschaft überbringen würde. Alle davon endeten damit, dass wir vor Lachen am Boden lagen.

Ich musste es zumindest versuchen.

»Hast du eine Minute, Emilio?«

»Klar. Was geht?«

»Bestellst du uns zwei Bier?«

Was sollte ich ihm sagen? »Hör mal, du wirst nicht mit Basma vögeln können. Sorry, deine Pläne zu durchkreuzen?« Oder: »Bist du bereit Basma zu lieben und zu ehren, bis dass der Tod euch scheidet?« Bizarre Vorstellung. Offiziell wusste ich ja nicht einmal, dass er ein Auge auf sie geworfen hatte.

»Hier ist dein Bier, Malaka. Sicher, dass alles okay ist? Du grübelst so laut, ich hör es knirschen.«

Ich strich die Poker-Karriere gedanklich aus der Liste meiner Karriereoptionen.

»Wusstest du, dass die Araber gerade fasten?«, versuchte ich es.

»Klar. Basma hat's mir gesagt. Verrückt, oder? Bei der Hitze. Ich könnte das echt nicht.«

»Basma hat's dir erzählt?«

»Klar. Wieso nicht? Wir reden häufiger.«

»Sie ist süß, nicht?«

»Malaka! « Er schlug mir kräftig auf die Schulter. »Jetzt weiß ich, was hier abgeht. Werd bloß nie Schauspieler, Junge! Du hättest keine Chance.«

Ich empörte mich künstlich, doch strich innerlich auch die Schauspielerei aus meinen Karriereoptionen.

»Mach mir nichts vor! Hicham schickt dich. Basma hat mir schon gesteckt, dass er ein Auge auf sie hält. Bei dir hat er natürlich leichtes Spiel.«

Jetzt war ich baff. »Und was machst du daraus?«

»Was ich daraus mache? Vergiss ihn. Basma ist Frau genug, sich davon nicht einschüchtern zu lassen.«

»Na ja, ich dachte hier mehr an dich. Du verrennst dich vielleicht. Schau dich mal um. So viele heiße Mädels und du machst dich an eine ran, die keinen Sex vor der Ehe haben darf.«

Er trank seine Dose in einem Zug aus und wischte sich zufrieden mit dem Ärmel über den Mund.

»Ich weiß schon, was ich tu. Und bitte, ich weiß, du willst Hicham einen Gefallen tun, aber das ist nicht seine Angelegenheit.«

»Wie du meinst.«

Und was sollte ich jetzt Hicham sagen?

VERLANGEN

Emilio war nicht der Einzige, bei dem sich alles um die Frauen drehte. Cansu zu sehen, versetzte mir jedes Mal einen Stich. Sie war unerreichbar und doch direkt vor mir. In Gedanken reiste ich oft zurück zu den frühen Morgenstunden in Lissabon. Damals war alles offen gewesen. Immer wieder variierte ich das Ende. Ich hätte es hinkriegen können.

Die Szene ging mir durch den Kopf, als sie sich am nächsten Abend durch die Notenleitern arbeitete. Ich hatte es mir in einem der Chesterfield-Sessel bequem gemacht und bezweifelte, dass ich schreiben können würde. Ich konnte meine Augen nicht von ihr lassen. Ab und zu drehte sie sich sogar zu mir und lächelte mich an. »Geht gleich los. Es sind nur ein paar Übungen.«

Als sie mit der Improvisation begann, schlug mir das Herz bis zum Hals. Ich hatte sie schon so oft durch die geschlossenen Türen gehört und immer nur ganz kurz durch die Scheiben geblickt, um nicht erwischt zu werden. Ihr jetzt in der leeren Lounge im Halbdunkel dabei zuzusehen, wie sie sich mit geschlossenen Augen in der Musik treiben ließ, kam mir vor, als hätte sie mir erlaubt, ihr beim Duschen zuzusehen. Ich traute mich kaum, mich zu regen.

Irgendwann geriet ich schließlich ins Schreiben und schilderte die vielen Eindrücke des Bordlebens. Ich dachte an den Moment des Erwachens, wenn die Ersten sich auf den Weg zum Sport machten, bevor das Frühstück öffnete und man die Geräusche aus den Nebenkabinen durch die Wand hörte. Das Anlassen der brausenden Dusche. Das Klackern der Bügel im Kleiderschrank. Unverständliche Sätze, die durch die Wand drangen. Erst vereinzelt und langsam, dann mit zunehmender Wachheit mehr und lebendiger.

Ich schrieb über die Gesprächskreise, die sich immer wieder spontan formten wie ein Ring Fallschirmspringer in der Luft, nur um im nächsten Augenblick wieder auseinander zu streben und sich neu zu formieren. Ich beschrieb den Rauch der Zigarre eines russischen Kommilitonen, der sich damit gerne bei Sonnenuntergang an einen entlegenen Winkel an Deck zurückzog. Jeder von uns musste solche Winkel haben. Das Bedürfnis, für sich zu sein, steckte auch in den geselligsten Menschen.

Meine Schrift glänzte auf den Seiten wie frische Fußabdrücke in feuchtem Sand. Ich merkte, wie ich zunehmend Freude beim Schreiben empfand und bei jeder Gelegenheit Zeit einräumte, um Beiträge für den *Travel Observer* zu verfassen. Ich wollte, dass sie richtig gut wurden. Ich wollte keinen Durchschnitt abliefern. Inzwischen schlug ich sogar Einladungen zum Saufen aus, um an meinen Formulierungen zu feilen oder aus den Creative-Writing-Büchern der Bordbibliothek zu lernen. Bei dem schwachen Licht brannten mir aber langsam die Augen. Es war erst früher Abend, doch so nah am Äquator ging die Sonne ganzjährig gegen sechs Uhr unter. Wir hatten schon einige Zeitzonen durchfahren. Manchmal wachte ich mitten in der Nacht auf oder wurde schon am Nachmittag müde. Bei dem Gedanken daran musste ich gähnen.

Genau in dem Moment sah Cansu zu mir rüber. Ich war noch mitten im Gähnen, sodass ich den Mund nicht schnell genug schließen konnte. Ein Ding der Unmöglichkeit. So wie der Versuch, beim Niesen die Augen offenzuhalten. Sie schaute gekränkt und ließ ihr Spiel vorzeitig ausklingen. Ich protestierte.

»Spiel bitte weiter. Ich bin nur müde von der ständigen Zeitumstellung.«

Sie zuckte mit den Achseln. »Nein, ich glaube, das war's für heute.«

Verlegen ging ich zu ihr rüber.

»Es war wie das *Köln Concert* von Keith Jarrett. Wirklich.«

Ihre Augen funkelten.

»Dann musst du mir das wohl mal vorspielen. Ich habe es noch nie gehört.«

Als wir uns auf den Weg machten, legte sie mir die Hand auf den Arm.

»Danke fürs Zuhören. Bist du mit dem Schreiben vorangekommen?«

Sie war ein sehr körperbetonter Mensch. Solange sie mich berührte, liebte ich die Eigenschaft an ihr. Wenn sie andere mit ihren kleinen Gesten beglückte, spürte ich jedes Mal ein Aufflammen von Eifersucht.

»Ich denke schon. Die Blog-Beiträge werden mir immer besser, glaub ich. Vieles ist aber auch einfach nur ein Dahintreiben und Sehen, was sich ergibt.«

Sie entgegnete nichts. Doch ich sah, wie sie lächelte. Ihr schwarzes Seidenoberteil schmiegte sich eng an ihre Brüste, die sich mir bei jedem Atemzug entgegenhoben.

»Ich spiele auch nur, was sich ergibt. Je nachdem was für ein Tag es war, klingt es völlig anders.«

»Wie ein musikalisches Tagebuch.«

Sie schmunzelte. »Ja, ein bisschen schon. Witzig. Man kann nur später nichts nachlesen.«

»Ich könnte es aufnehmen.«

»Nein, nein. Bloß nicht. Dann spiele ich nur noch für die Aufnahme.«

»Okay. Kein schlechter Einwand. Aus dem Grund mache ich oft keine Fotos von der Reise. Irgendwann siehst du einen Ausblick nur noch als Fotomotiv, anstatt ihn in dem Moment einfach auf dich wirken zu lassen.«

Sie nickte.

»Mir hilft das Klavier, vor allem wenn ich Heimweh habe.«

»Du hast Heimweh?«

»Mehr als mir lieb ist. Ich denke ständig an meine Familie. Zu Hause hatten wir immer ein Klavier. Das ist sogar mit uns nach Istanbul gezogen. Bei uns ist immer Musik im Haus. Meine Mutter spielt auch Klavier und sogar meine beiden kleinen Brüder. Du müsstest es mal sehen. Wenn man vom Klavierhocker zur Seite schaut, sieht man aus dem Fenster direkt auf den Bosporus.«

»Okay. Dann versteh ich natürlich, warum du am liebsten für dich allein spielst.«

»Naja, so schlimm ist es auch wieder nicht. Du kannst gerne bleiben. Vor dir fühlt es sich nicht seltsam an.«

ECUADOR

Rodrigo und Emilio ließen häufig das Frühstück ausfallen. Das gab mir Gelegenheit, mich auch mit anderen Menschen zu unterhalten. So sehr ich unser Dreiergespann liebte – manchmal hatte ich das

Gefühl, wir kapselten uns zu sehr ab. Daher war ich froh, am frühen Morgen mit anderen Menschen zusammenzusitzen und etwas vom neuesten Schiffstratsch mitzubekommen. Dabei ergaben sich auch hier unweigerlich wieder Grüppchen. Denise gesellte sich automatisch zu mir, wenn sie mich sah. Hin und wieder brachte sie ihre Freundin Ana mit, eine lebenslustige Puerto Ricanerin mit losem Mundwerk.

Nachdem wir inzwischen so etwas wie eine Frühstücksroutine hatten, schlug ich Ana vor, endlich mal etwas zusammen zu unternehmen. Es war verrückt. Mit manchen Leuten beschränkte sich der Kontakt rein auf die Zeit an Bord. An Land führten unterschiedliche Pläne dazu, dass man sich nur selten sah. Mit anderen war es genau andersrum. Auf dem Schiff schienen sie wie vom Ozean verschluckt. Sobald man aber an Land war, tauchten sie irgendwo aus dem Nichts wieder auf.

»Ich nehm dich beim Wort«, versprach Ana, während sie ihre pechschwarze Mähne zurück unter ihre NY-Kappe schob. Und so verbrachten wir den ersten Tag in Ecuador zusammen.

LA PLATA

An einer Straßenecke klapperte ein Stepptänzer seine metallbesetzten Fersen gegen den Bordstein und einen Laternenpfahl. Ana und ich tranken Mate-Tee durch Strohhalme, während wir das Schauspiel auf uns wirken ließen.

»Der ist wirklich gut«, befand Ana.

Der Schweiß rann dem Tänzer in Strömen über seinen nackten Oberkörper. Die Muskeln spannten und zuckten im Rhythmus.

»Ich frage mich immer, was solche Leute normalerweise machen.«

Sie schaute mich ungläubig an.

»Tío, die machen nichts Anderes. Der tanzt um sein Leben.«

»Kann man denn davon leben?«

Sie zuckte mit den Schultern. »Der verdient Touristen-Dollar. Wenn er gut ist, bekommt er vielleicht mehr zusammen als ein Fabrikarbeiter.«

Ich schaute mich um. Guayaquil war nicht gerade eine Schönheit. Mano Negra hatten es schon besungen: *Guayaquil City, Gonna Kill You, Baby*. Viele Läden waren mit Eisengittern bewehrt. Die Uni lag hinter hohen Mauern und wirkte dem Verfall nahe. Nach dem ersten Tag an Land redeten beim Dinner alle von den Slums. Die meisten von uns kannten das nur aus dem Fernsehen.

Wir warfen dem Tänzer fünf Dollar in den Hut und zogen weiter. »Ich glaube, das war viel zu viel«, lachte Ana. »Wir machen den Markt kaputt.«

Ich zog die Stirn kraus. »Entwicklungshilfe ist ein Ding der Unmöglichkeit. Du kannst es nicht richtig machen.«

Ein strafender Blick von der Seite.

»Es ist ja nicht alles schwarz-weiß«, sagte sie.

Ich war froh, als wir an einer Reihe von Marktständen mit lokalen Produkten und Fake-Markenartikeln vorbeikamen. Eine willkommene Abwechslung.

»Schau mal!« Ana hatte sich eine riesige Sonnenbrille mit kitschigen Goldverzierungen aufgesetzt und grinste.

»Schöne Brille. Siehst endlich aus, als wärst du schon 18.«

»Hier, die ist für dich«, kam prompt die Retourkutsche. Sie reichte mir eine Bootsy-Collins-Brille mit sternförmigen Gläsern.

»Die nehm ich doch glatt.« Ich legte dem Verkäufer den Betrag hin, der auf dem Aufkleber stand. Sofort erntete ich einen Ellenbogenstoß in die Seite. »Du musst verhandeln!«, zischte Ana.

»Aber der Preis ist okay für mich.«

Sie schob mich lässig zur Seite und fing an, selbst mit dem Brillenmann zu verhandeln. Es ging hin und her. Beide schienen Spaß dabei zu haben. Am Ende bekam ich das Teil deutlich billiger.

»Du machst den Markt kaputt, wenn du so viel zahlst«, erklärte sie nochmals.

»Aber die Sachen sind doch dann immer noch billig, selbst wenn sie teuer sind.«

»Überleg doch mal! Wie soll sich ein Einheimischer das noch leisten? Wenn wir so viel zahlen, verkauft vielleicht niemand mehr an die Locals. Die haben nicht so viel Plata.«

Ich hatte das Bedürfnis, hierzu die Meinung von Tim Kent einzuholen. Bestimmt gab es eine Volkswirtschaftstheorie, die das widerlegte.

»Das gibt's ja nicht!«

»Was ist?«

Ich hielt ihr ein Buch aus Bambusblättern entgegen. »Ein Freund hat mir vor Jahren exakt das gleiche Buch von einer Afrikareise mitgebracht. Das muss ich als Beweismittel heimbringen. Bestimmt kommen die alle aus Bangladesch.«

Dieses Mal wollte ich es richtig machen. Der Verkäufer sagte »Zehn Dollar!«.

»Drei!«, schoss ich verhandlungsbereit zurück.

»Hau ab!«, schimpfte er.

Der Verkäufer vom Nachbarstand kam dazu. »Was hat der Gringo angestellt?«

Sie fluchten beide auf Spanisch.

»Der will mich verarschen. Drei Dollar. Turista de mierda!«

Der Nachbar war ebenfalls schockiert. »So geht das nicht. Komm, komm, geh weiter!«, forderte er mich auf.

An den umliegenden Ständen reckten sich die Hälse.

Ich merkte, wie ich rot wurde.

»Disculpa!«, beschwichtigte Ana. »Er kann das nicht so.«

Der Verkäufer regte sich weiter auf, bis Ana ein Angebot machte, das ihn besänftigte. Sie feilschten noch eine Weile, bis sie ihm schließlich sechs Dollar gab. Strahlend überreichte er ihr das Buch, warf mir aber noch einen abschätzigen Blick zu.

»Was habe ich falsch gemacht?«

Sie atmete hörbar aus. »Du hast ihn beleidigt. Du hast viel zu tief angesetzt. So verliert er sein Gesicht. Du kannst ihn doch nicht gleich so drücken. Wenn er da ja sagt, steht er da wie ein Betrüger.«

»Aber das ist ein Schrottprodukt aus Massenherstellung. Es war zu teuer.«

»Klar war es das, aber du musst dich herantasten.«

Ich kam mir mit meiner Bootsy-Collins-Sonnenbrille auf einmal unheimlich bescheuert vor.

An einem Kiosk besorgte ich mir Platano-Chips und eine Cola. »Hier musst du nicht feilschen«, raunte Ana. Ich verdrehte die Augen. Obwohl sie mit mir schimpfte, hatte ich das Gefühl, dass sie mich gern leiden mochte.

Später am Tag gelangten wir zum Parque Seminario. Ein Park, in dem Palmen und exotische Blumen den Blick von den gesichtslosen Häuserfassaden ablenkten und Leguane, so groß wie Dackel, sich zu hunderten auf dem Rasen und in den Bäumen tummelten. Ohne es geplant zu haben, hatte es die halbe Schiffsbesatzung hierher verschlagen. Rodrigo und Emilio diskutierten angeregt mit einem Bier in der Hand.

Die hübschen Schwedinnen lagen ausgestreckt auf dem vertrockneten Rasen und sahen aus wie Schwedinnen in der Sonne eben aussehen.

Jim, unser Quoten-Hippie, saß im Kreise seiner Jünger und spielte John-Lennon-Songs auf der Gitarre. Und zwischen den

Bäumen sah ich etwas, das ich unbedingt haben musste: Jordan und Hicham hatten sich in großen, bunt gewebten Hängematten ausgebreitet.

»Geil, wo habt ihr die denn her?«

Sie beschrieben mir den Weg.

Ich sagte Ana, ich käme gleich wieder.

Ich fand die Hängematten. Ich wusste, welche ich wollte. Ich verhandelte. Und diese Mal klappte alles so, wie es sollte.

MINIBUS

Der Busfahrer hatte eine dicke Backe von den Kokablättern, mit denen er sich wach hielt. Wir waren müde von unserem Ausflug und den ersten Eindrücken Ecuadors. Im Gang drängten sich die Fahrgäste. Eine schmale Ecuadorianerin mit Militär-Top und Jeans mit glitzernden Strassapplikationen starrte gelangweilt ins Leere. Ein Mann in weit aufgeknöpftem Leinenhemd hielt sein Kleinkind auf dem Arm und drückte ihm vernarrt einen Kuss auf. Das Kind stieß mit kleinen Händchen nach ihm.

Zwei junge Soldaten in hitzestauender Uniform und tief ins Gesicht gezogenen Feldmützen lachten über etwas. Ich hielt meinen Arm aus dem Schiebefenster und genoss die Bewegung in der Luft. Wir fuhren ruckelnd an einem Markt vorbei. Marktfrauen mit seildicken Zöpfen schauten gleichmütig zwischen Bergen von Ananas, Feigen, Trauben, Granatäpfeln und Kochbananen hervor. Am Straßenrand putzte ein Kind einem Gringo die Schuhe. Zwei hochgewachsene Frauen mit weizenblonden Haaren und praktischen Stoffhosen machten Fotos von den Marktständen.

Ich wischte mir den Schweiß von der Stirn und trank noch einen Schluck von meinem Papayasaft. Seit Panama fühlte ich mich ständig latent fiebrig und mein Magen rumorte mürrisch vor sich hin.

»Woher kommst du?«, fragte mich jemand aus der Sitzreihe hinter mir. Ich drehte mich um. Ein älterer Herr mit Zähnen wie die Ruinen von Machu Picchu und Haaren wie Stahlwolle blickte mich halb neugierig, halb abwesend an. Diesen Blick musste man erst einmal meistern.

»Alemania.«

»Alemaaania«, wiederholte er und nickte vor sich hin. War das jetzt gut oder schlecht? Bevor ich ihn fragen konnte, war sein Interesse schon wieder verloschen.

An einer roten Ampel jonglierte ein Junge mit verdreckten Filzbällen. Bevor das Signal auf Grün sprang, lief er an den offenen Busfenstern entlang, um Geld einzusammeln. Ana kramte in ihren Taschen. Sie förderte einen halben Dollar zu Tage und steckte ihn dem Jongleur zu.

»Wird nichts ändern, aber wenn ich ihm nichts gebe, ändert sich auch nichts.«

»Wäre eigentlich an uns, zu überlegen, wie man was ändert.«

»Tja.«

»Tja.«

»Ich mach mal ein bisschen die Augen zu. Wenn dir was einfällt, weck mich. Ich bin zum Äußersten bereit.«

»Du nimmst mich heute nicht für voll.«

»Klar nehm ich dich für voll, Markito. Aber du wirst das Problem nicht mal eben auf einer Busfahrt lösen.«

»Irgendwo muss man ja anfangen.«

»Man müsste sich richtig zusammensetzen.«

»Wir sitzen gerade zusammen.«

Sie konnte sich ein Lächeln nicht verkneifen. Dann lehnte sie den Kopf an meine Schulter und schloss die Augen.

Natürlich kam mir keine Lösung in den Sinn. Nur kleine Ideen. Müll trennen, Wasser sparen, eine Spende an Kinder in Not überweisen. Solche Dinge eben. Aber das würde auch nicht wirklich etwas ändern. Ich schaute weiter aus dem Fenster. Wir standen im Stau.

STRASSENZIRKUS

Emilio, Ian, Cansu und ich waren vom Kai durch das kleine Zollhäuschen ins nächtliche Guayaquil aufgebrochen, bereit, uns unters Volk zu mischen. Zu meiner Erleichterung hatte Ben sich kurzfristig mit seinen Surfer-Jungs abgesetzt. Cansu hatte darüber nur die Augen verdreht, aber nicht ihr Abendprogramm geändert. Sie war keine Frau, die immer hinter ihrem Freund hinterhertrottete. Am Tag zuvor hatten wir die bunten Plakate für einen Zirkus gesehen. Dorthin machten wir uns auf den Weg und verbrachten die nächsten zwei Stunden gequetscht auf einem Bretterkonstrukt, das mit etwas gutem Willen als Tribüne durchging. Durch die Holzlatten hindurch sahen wir einheimischen Kindern beim Fangenspielen zu. In der staubigen Arena wurde gezaubert, Akrobaten bogen ihre Schlangenkörper in allerlei Verrenkungen und schließlich riss ein quäkender Clown Witze über Ecuadors Begeisterung für Handys. Vor Clowns war mir schon als Kind bange. Die übertriebene Kostümierung, das aufgesetzte Gehabe. Clowns waren so unecht, dass es mir Angst machte. Das Publikum lachte dagegen herzhaft und johlte, wenn er mit einem Scherz wieder mal den Nerv getroffen hatte.

Wir knabberten Platano-Chips mit Zwiebelsoße und tranken Pilsner aus der Dose. Alles verlief in einem langsamen Trott, der zur anhaltenden Hitze passte. Als wir aufbrechen wollten, trafen wir auf Sean, einen australischen Backpacker, der ebenfalls den Zirkus besucht hatte. Als wir ihm vom Schiff erzählten, wollte er es unbedingt sehen. Vielleicht könnten wir ihn für einen Rundgang an Bord schmuggeln, überlegten wir. Doch dann kam alles anders.

Das Taxi machte schon auf den ersten Blick einen verdächtigen Eindruck. Die Karosserie trug zahlreiche Kratzer. Die Lackierung war völlig verblichen. Stellenweise hatte sich Rost durch das Metall gefressen. Die Reifen wiesen kaum noch Profil auf. Doch ehe ich etwas einwenden konnte, stieg Cansu schon unbekümmert ein. Einen Augenblick später saß auch der Rest der Meute im Wagen. Ich schob mich wohl oder übel zu Emilio, Sean und Cansu auf die Rückbank. Ian saß vorne und redete in breitestem Schottisch auf den Fahrer ein, der uns hilfesuchend durch den Rückspiegel ansah. Der Wagen bockte beim Anfahren an jeder Kreuzung auf. Ich meinte, die lose Hinterachse unter meinem Hintern hin und herschwingen zu spüren. An der Autobahnauffahrt schaffte unser Fahrer es auf die letzten Meter, sich in den Verkehr einzufädeln. Der Wagen konnte kaum mit dem Tempo der übrigen Fahrzeuge mithalten. Aus einem rauschenden Radio spielte Reggaeton. Der Hafen konnte nicht mehr weit sein. Doch etwas stimmte nicht.

Ich bemerkte es als Erster. Der Motor gab keinen Ton mehr von sich. Cansu sah mich fragend an. Jetzt fiel es auch den anderen auf. Der Fahrer rüttelte nervös an der Schaltung.

Ein Chevy plärrte auf und rauschte mit Vollgas knapp an uns vorbei. Mein Puls ging schlagartig nach oben. Der Fahrer traktierte fluchend das Gaspedal. Doch nichts passierte. Der Motor war tot.

Einen Rettungsstreifen gab es nicht. Die Autobahn war an dieser Stelle von hüfthohen Betonbarrieren flankiert.

Von einem Moment auf den anderen blieben wir liegen. Mitten auf der Autobahn. Jetzt schrien wir uns an.

»Raus, raus!«, befahl der Fahrer. »Schieben!«

Wir kletterten so schnell wir konnten nach draußen. Cansu stemmte sich von hinten gegen den Wagen. Ich packte die B-Säule durch das offene Fenster und begann ebenfalls zu schieben.

»Venga, venga!« Der Fahrer ruckelte und schaltete und steuerte und wir schoben die alte Kiste vorwärts. Die Luft war drückend schwül. Mein T-Shirt klebte an meinem Rücken. »Go! Go! Go!«

Hätte ich bloß nicht so viel Bier getrunken. Ohrenbetäubendes Hupen. Ein Lkw zog eng an uns vorbei. Das Adrenalin ließ mich alles überdeutlich scharf wahrnehmen. Jedes Geräusch, jede Bewegung im Augenwinkel. Ich spürte das Blech unwirklich intensiv unter meinen schweißnassen Handflächen. Wir schoben mit aller Kraft. Der Wagen rollte schneller. Die Zündung keuchte. Scharfer Benzingeruch stieg mir in die Nase. Das Scheißding wollte einfach nicht anspringen.

Ein weiterer voll besetzter Pkw hupte jäh auf und riss das Steuer herum. Cansu kreischte auf. Das war haarscharf. Sie schimpfte auf Türkisch hinter ihm her. Ich wollte sie beschützen, doch kämpfte gegen meine eigene Panik an. »Los jetzt! «, brüllte Emilio. »Schiebt weiter!« Schweiß rann mir brennend ins Auge.

Der Taxifahrer schlug fluchend auf das Armaturenbrett. Mit einem Mal hustete die Zündung auf und der Motor sprang mit einem Satz zurück ins Leben. »Fuck yes!«, rief Sean. Ungläubig drehte er sich zu uns um. »Einsteigen! Vamos! Vamos!«

Wir schwangen uns ins Auto. Hysterisches Lachen. Wir klopften uns auf die Schultern, riefen aufgeregt durcheinander. Ein erneuter Tritt auf das Gaspedal und der Wagen machte einen Satz nach vorn. Wir waren wieder im Spiel. Die Szene erschien schon im nächsten Moment wie ein schlechter Traum. Ich ließ mich gegen die Rückenlehne fallen und wischte mir über die Stirn, während der Reggaeton wieder lostrommelte. Ein breites Grinsen eroberte unweigerlich mein Gesicht. Verdammt, fühlte ich mich lebendig!

Ohne Eile fuhren wir durch schwach beleuchtete Straßen. Hier waren die Laternen noch von einem orangig-gelben Licht. Es gab der Szenerie eine nostalgische Note. Ich schwieg. Die anderen unterhielten sich leise. Unser Fahrer wirkte andächtig.

»Chicos«, hob er an. »Entschuldigt das eben. Disculpame! Es ist mir mehr als unangenehm.«

»Nein, nein, ist ja noch alles gut gegangen«, versicherten wir ihm.

»Ihr seid schwer in Ordnung«, erwiderte er lakonisch. »Ich möchte euch gerne einladen.«

»Einladen? Nein, das ist wirklich nicht nötig.«

Ein paar Minuten sagte er nichts mehr. Ob wir ihn gekränkt hatten? Schweigend blickten wir aus dem Fenster, doch dann:

»Ich bin Eduardo. Und wirklich, es wäre mir eine Ehre, wenn ich das wiedergutmachen könnte.« Wir wollten gerade erneut protestieren, da grinste er uns im Rückspiegel an und fragte: »Raucht ihr eigentlich Gras?«

Eduardo lud uns ein, mit ihm nach Hause zu kommen und ecuadorianisches Gras zu rauchen.

Ein Fremder in einem klapprigen Taxi. Eine fremde Stadt mit hoher Kriminalitätsrate. Eine Gruppe Grünschnäbel ohne Handyempfang und dazu Drogen unbekannten Ursprungs. Cansu zwickte mich. »Da können wir doch nicht nein sagen.« Ich grinste in mich hinein. Sie hatte definitiv mehr Mumm als ich. Ein Häkchen mehr auf der Traumfrau-Checkliste.

Also sagten wir zu und ließen uns von Eduardo immer weiter aus dem Stadtzentrum herausfahren. Die Lichter wurden spärlicher. Im Gestrüpp verbrannte jemand Müll. Der Rauch zog durch die heruntergelassenen Fenster. Ein ausgeschlachteter Ford Bronco stand aufgebockt zwischen silbrigen Palmen am Wegesrand. Nachdem das Adrenalin abklang, fragte ich mich langsam, ob wir gerade entführt wurden. Ich flüsterte den Gedanken Emilio zu. »Hab ich auch gerade gedacht, Hermano. Aber der hätte ja gleich auf der Autobahn mit unseren Sachen wegfahren können. Danach entführt man einen doch nicht einfach.« Der Logik konnte ich mich nicht ganz entziehen.

»Vielleicht war die Idee doch nicht so gut«, stimmte jetzt auch Cansu mit ein. »Manchmal stürz ich mich in Dinge, die ich besser nicht tun sollte.«

Sie machte eine zerknirschte Miene.

Nur Sean war sichtlich zufrieden mit sich und der Welt und schaute neugierig in die Gegend.

Wir bogen in ein Wohngebiet aus unfertigen Flachbauten ein. Unser Fahrer sprach die ganze Zeit über wenig. Die Musik rumpelte leise vor sich hin. Schließlich rollte der Wagen aus und wir hielten vor einem unscheinbaren Wohnblock.

Wenig später saßen wir auf dem Fußboden der kleinen Bude unseres Taxifahrers. Ich wollte mich nicht so recht gegen die Wand lehnen, denn ich hatte den Eindruck, mit zu viel Druck bräche sie wie Styropor ein und man würde in der Nachbarswohnung rauskullern. Eduardo hatte sich eine Mundharmonika umgeschnallt, eine Gitarre auf dem Oberschenkel platziert und spielte Dylans *All Along the Watchtower*, während er uns selig dabei zusah, wie wir sein Gras rauchten. Cansu nahm genüsslich einen Zug und reichte die Tüte an Sean weiter.

»Fucking nice von ihm. Das hätte super nach Kolumbien gepasst«, kommentierte Sean, den Joint begutachtend.

»Sag nicht, du warst schon da!«

»Doch klar. Hab in Chile angefangen. Dann Argentinien, Brasilien, Kolumbien, Peru und jetzt eben Ecuador.«

»Wie lange bist du schon unterwegs?«

»Ungefähr sieben Monate.«

»Nicht schlecht.«

»Ja, aber Kolumbien war das Geilste. Musst nur immer schön auf dich aufpassen. Bin fast zwei Monate geblieben. Das Kokain ist da so billig. Hab's mir über den ganzen Körper geschüttet. Kein Scheiß. Hab Räume gesehen, da war der ganze Boden voll mit dem Zeug. So billig ist das da. Die Backpacker-Szene ist völlig drüber. Gangbangs und so'n Scheiß. Muss es sagen, wie es ist.«

Ich prustete los bei so viel Offenheit.

Emilio sah anerkennend zu mir rüber. Wir lachten Tränen.

»Gibt's nichts zu lachen Leute. Ist so. Drei Wochen als Türsteher in nem Stripclub gearbeitet, damit ich noch länger bleiben konnte. So viele gute Storys erlebt.«

Vor lauter Lachen konnte auch unser Gastgeber irgendwann kaum noch seine Mundharmonika spielen. Er sprach zwar kaum Englisch, aber für Seans derbe Sprüche brauchte man keinen großen Wortschatz.

Als wir uns vor lauter Gekiffe kaum noch auf den Beinen halten konnte, fuhr uns Eduardo zurück zum Hafen. Wir passierten den Security Check und stolperten an Bord.

»Danke für das kleine Abenteuer«, gähnte Cansu. »Mit euch kann man echt was erleben. Schlaft gut.« Sie umarmte Emilio und Ian und drückte mir einen flüchtigen Kuss auf die Wange. Dann machte sie sich auf den Weg zu ihrer Kabine. Ich sah ihr nach, wie sie den Gang hinunterging, und spürte dem feuchten Hauch ihrer Lippen auf meiner Wange nach. Was für ein Abend.

ERDÖL UND CERVEZA

Einen Tag später befanden die Jungs und ich uns auf der Suche nach einem kalten Bier. Mit dieser Mission waren wir am Hafen in den nächstbesten Bus gestiegen. Er war voll Einheimischer, mittendrin eine Ziege, die ab und an blökte.

»Wohin fahren wir?«

»Wer als erstes Stopp sagt«, schlug Rodrigo vor.

Nach einer Stunde waren wir längst weit außerhalb der Stadtgrenze. Die Landschaft war dünn besiedelt. Es wurde stickig im Bus und uns war langsam öde. Ich sagte schließlich »Stopp!«. Wir stiegen in einer kleinen Ortschaft aus, die anscheinend nur eine Straße hatte. Nachdem wir keine offene Bar finden konnten, versuchten wir es in kleinen Gemischtwarenläden.

»Tiene cerveza?«, fragte Rodrigo und beugte sich in den Eingang eines dunklen Ladens.

»No. No tenemos cerveza aqui«, kam eine Kinderstimme aus dem Innern. Ich lugte hinter Rodrigo hervor. Hinter der Kasse stand ein kleiner Junge von vielleicht sechs Jahren. Er schaute uns unsicher an. Seine dichten schwarzen Haare waren zu einem Topfschnitt gestutzt. Er trug ein altes Barca-Trikot. Hinter uns schob sich ein anderer Junge vorbei. Anscheinend der große Bruder. Ich schätzte ihn auf zehn Jahre.

»Doch, doch, natürlich haben wir Bier.« Er strafte seinen Bruder mit einem vorwurfsvollen Blick ab. »Klar haben wir Bier.«

Er schob einen Stapel Pappkartons beiseite und zog mit einem schabenden Geräusch eine Kiste Pilsener hervor. »Hier!« Er hielt mir eine Flasche hin. Ich fasste sie an. Sie war handwarm.

»Leider warm.«

»Dann nicht«, meinte Emilio.

»Wir können doch jetzt nicht einfach nichts nehmen.«

»Dann kauf halt eine Kleinigkeit.«

Ich sah mich um und fand einen Schlüsselanhänger mit einem Stofflama daran, bezahlte und wir zogen weiter. Im Weggehen bekamen wir mit, wie der Junge seinem kleinen Bruder eine Standpauke hielt.

Hundert Meter weiter kamen wir an einem Privathaus vorbei. Die Fenster standen weit offen. Im Schein des Fernsehers konnten wir eine Frau ausmachen.

»Permiso«, Rodrigo beugte sich durchs Fenster. »Wissen Sie, wo wir hier Bier bekommen?«

»Wie viele braucht ihr denn?«

»Sechs Stück.«

Sie raffte sich im Dunkel der Wohnung auf. »Momentito.« Dann verschwand sie in einen anderen Raum. Als sie wiederkam, klimperten Flaschen in ihren Armen. »Hier. Schön kalt.«

Rodrigo strahlte und reichte sie uns weiter. »Was bekommen Sie dafür?«

Sie überlegte einen Moment.

»Zehn Dollar.«

»Sechs.«

Sie nickte und Rodrigo kramte die Dollar aus seiner Tasche.

Glücklich über unseren Fund setzten wir uns auf eine Mauer am Dorfplatz und tranken das kalte Bier. Um uns herum spielten Kleinkinder im Dreck. Eines zog einem streunenden Hund die Ohren lang. Das Tier schnappte nach ihm, doch das Kind wich giggelnd aus.

»Wieso haben die hier eigentlich US-Dollar?«, fragte Emilio.

»Das hat Tim Kent uns erzählt. Bis ins Jahr 2000 hatten sie hier den Sucre. Benannt nach einem Helden im Kampf um die Freiheit der südamerikanischen Kolonien. Die Währung gab es über

100 Jahre. Ende der Neunziger steckte das Land tief in der Krise. Rieseninflation. Die Dollarisierung war die einzige Rettung und hat dann auch wirklich den Verfall abgefedert.«

Emilio hob anerkennend die Brauen. »Sieh mal einer an. Der Junge hat ja echt was gelernt.«

Ich rülpste zur Bestätigung.

»Was ist eigentlich mit dem Euro? Was haltet ihr in Europa davon?«

Ich zuckte mit den Achseln. »Ich finde ihn super, glaube ich. Macht es viel leichter. Von meiner Heimatstadt Köln ist es nicht weit nach Belgien, Frankreich und Holland. Früher mussten wir bei jedem Besuch D-Mark in die Landeswährung wechseln und an den Grenzposten vorbei. Heute ist das alles weggefallen. Halte Grenzen sowieso für Stuss.«

»Du hältst Grenzen für Unsinn?«

»Japp. Sie sind die Narben der Geschichte in der Haut der Erde. Braucht kein Mensch. Irgendwann ist jemand gekommen, hat einen Zaun um ein Stück Land gezogen und gesagt, ›das ist meins‹. Die anderen haben ihm geglaubt und damit hat der ganze Schlamassel angefangen. Schau dir nur all die Kriege an, die dafür geführt wurden. Und immer wieder verschieben sich die Grenzen. Früher mal, waren wir in Europa quasi alle Römer. Oder nimm nur Spanien. Gestern warst du noch Spanier, dann auf einmal 800 Jahre lang Maure und dann doch wieder Spanier. Und was ist mit den USA? Oder schau dir mal Australien an. Da haben ein paar Engländer eine Gefangenenkolonie aufgemacht und ein paar Generationen später fühlen sich die Enkel der Gefangenen als Australier und entscheiden, wer in ihr Land darf und wer nicht. Dabei kann doch keiner was dafür, wo er geboren wird. In Berlin hattest du bis vor 18 Jahren noch die Mauer. Da können die Leute auch ein Lied von Grenzverschiebungen und Identitätsproblemen singen. Alles Quatsch, wenn du mich fragst.

Die Erde gehört uns allen. Soll doch jeder da wohnen, wo er glücklich wird.«

»Na dann würden alle nur noch im Westen wohnen.«

»Meinst du? Ich glaube, die meisten sind mit ihrem Land und ihrer Kultur sehr happy ...«

»Aber haben kein Geld. Und wie sollen sie ihr Land und ihre Kultur lieben, wenn es ohne Grenzen ja gar keine Länder mehr gibt, hä?«

»Selber hä.«

»Lasst uns das ein anderes Mal diskutieren Jungs«, unterbrach Rodrigo. »Haltet einfach die Klappe und genießt den gemeinsamen Tag in Ecuador. Ab morgen sind wir wieder getrennt unterwegs.«

Da wir beide ohnehin keine großen Verfechter politischer Ideologien, egal welcher Art, waren, stimmten wir ihm gerne zu und beobachteten wieder die Kinder beim Spielen.

Auf dem Rückweg wurde unser Bus von einer Blockade aus brennenden Autoreifen und protestierenden Ecuadorianern mit Halstüchern vor dem Gesicht aufgehalten.

Eine alte Ecuadorianerin mit dickem Poncho und kugeligem Filzhut rief »Dale Correa«.

Emilio lehnte sich nach vorne zum Busfahrer, um mehr zu erfahren. »Die Indigenen wollen, dass Präsident Correa mehr für sie tut. Mehr Rechte und ein Ende der Ausbeutung durch den ausländischen Erdölabbau auf ihren Gebieten«, erklärte der Busfahrer knapp. Damit stieg er aus, debattierte einige Zeit mit den Demonstranten, bis sie schließlich die Reifen zur Seite schoben und uns die Straße zur Weiterfahrt freigaben.

Rodrigo brach am nächsten Morgen zu seinem akademischen Feldprogramm ins Inland auf. Bei mir gingen die Firmenbesuche wieder los. Emilio wollte den Cotopaxi besteigen. Daher befanden wir, dass wir noch gemeinsam etwas in der Stadt unternehmen müssten, bevor wir die Woche unabhängig voneinander verbringen würden.

BISSWUNDEN

Wir erreichten die Innenstadt bei Einbruch der Dunkelheit. Der Abend war noch jung und wir waren durstig.

Zwischen Rodrigo und Emilio stach ich als Europäer hervor.

»Sieh dir den an«, meinte Emilio zu Rodrigo gewandt. »Die Frauen drehen sich reihenweise nach ihm um.«

»Exotenbonus«, räumte ich mit gespielter Bescheidenheit ein.

»Musst aufpassen, Amigo. Hier träumen viele vom Reichtum der Europäer und Gringos. Du bist das Ticket hier raus.«

»Rodrigo, jetzt lass ihn doch. Ist doch ein Prachtkerl, unser Mark. Welche Frau würde sich nicht um ihn reißen?«

»Jungs, können wir mal das Thema wechseln? Ich kann bald keine Frau mehr gerade ansehen, wenn ihr ständig so einen Quatsch verzapft.«

In dem Moment lief eine Ecuadorianerin mit herrlichen Beinen an uns vorbei und wie von selbst drehten sich unsere Köpfe nach ihr um. Sie ging weiter, ohne uns eines Blickes zu würdigen.

»Aaah. Du hast recht. Jetzt haben wir ihm sein Mojo kaputt gemacht.«

»Sorry Malaka.«

»Dafür geben wir dir einen aus. Komm hier rein, hier sieht's verwegen aus.«

Wir betraten einen zwielichtigen Rocker-Schuppen, der wie gemacht war für Schlägereien und Motorrad-Gangs. Emilio steuerte geradewegs auf einen leeren Tisch zu und bestellte noch im Setzen drei Whisky Soda.

»Du legst es heute Abend drauf an.«

»Ganz recht.«

Die Tische waren niedrig. Statt Stühlen gab es Holzhocker. Überhaupt war alles aus dunklem Holz gezimmert. Pistazienschalen lagen verstreut auf dem Boden. An den Wänden hingen Filmposter von *Easy Rider* mit Dennis Hopper und *Giganten* mit James Dean. Adlerfiguren beobachteten von der Decke herab die Trinker. Die Musik war laut und schlecht.

Der Barkeeper war ein gedrungener Ecuadorianer mit schulterlangen Haaren und ärmellosem Motörhead-Shirt. Er zapfte Bier mit der rotzigen Manier eines jahrelang geübten Barkeepers. Eine Kellnerin in engen Lederhosen und Holzfällerhemd brachte unsere Drinks.

Ich sah mich neugierig um. Dabei versuchte ich, niemanden zu lange anzugaffen, um keinen Ärger auf uns zu ziehen. Ein Straßenköter kam hereingestreunt und schnupperte am Boden nach Essensresten. Davon abgelenkt hätte ich fast nicht bemerkt, wer hinten in einer Ecke der Bar saß. Doch wenn die Sinne einmal für bestimmte Reize sensibilisiert sind, dringen sie in der Regel sogar aus dem entlegensten Winkel ins Bewusstsein. Und so sah ich Ben mit Cansu und einer Dänin im Schlepptau. Er redete gerade mit ausschweifenden Gesten auf sie ein.

»Was ist mit dir los?«

»Hat der eine entdeckt?«

»Ach sieh an, da hinten sitzen ein paar von uns.«

»Und Cansu. Da wird unser Mark gleich nervös.«

»Gehen wir rüber?«

»Auf keinen Fall!«, sagte ich etwas zu schroff. Die Aussicht, Ben und Cansu beim Rumknutschen zuzusehen, stülpte mir den Magen um.

Sie machten eine Miene, als hätten sie in einer Zitrone gebissen und tauschten vielsagende Blicke aus. Dann lachten sie sich kaputt. »Haha, nimm's uns nicht übel, Mark. Aber es ist kaum mitanzusehen, wie verknallt du bist.«

»Hat damit nichts zu tun. Wir wollten doch Gas geben heute. Lasst uns lieber Locals kennenlernen, anstatt wieder übers Schiff zu reden.«

Eifersucht ist das schlimmste Gift. Sie führt zu nichts. Sie nagt und zersetzt und treibt einen nur weiter weg vom ersehnten Glück. Ich versuchte dagegen anzukämpfen. Versuchte vernünftig zu sein. Aber die Vorstellung, dass Ben Cansu haben konnte, machte mich wahnsinnig. Ben war okay. Sicher kein schlechter Typ. Aber machte es das besser?

Ich versuchte mich auf das Gespräch mit den Jungs zu konzentrieren. In dem Moment gab es ein lautes Bellen und Knurren. Ein zweiter Straßenköter war hereingestreunt und stürzte sich auf den anderen. Sie bissen wild um sich, fielen zu Boden und bäumten sich auf. In ihrer Keilerei krachten sie gegen die umliegenden Tische. Gäste kreischten auf. Cansu saß nur eine Armeslänge von den kämpfenden Tieren entfernt. Was konnte ich tun?

In dem Moment sprang Ben von seinem Hocker auf. Blitzschnell griff er den größeren der beiden Hunde, hob ihn in die Höhe und schleppte ihn ohne zu zögern weg. Der Barkeeper nutzte die Gelegenheit, um den anderen Köter nach draußen zu bugsieren. Ben hielt noch immer das große Viech in den Armen, das auf einmal lammfromm war und versuchte, ihm das Gesicht zu lecken. »Wow, das war jetzt echt beeindruckend!«, raunte Emilio. Ein Aufatmen ging durch den Laden. Ein Tisch applaudierte und orderte dem strahlenden Helden sogleich ein Bier. Und ich? Ich hatte tatenlos zugesehen.

Meine Freunde sahen mich besorgt an. Sie legten ein paar Scheine auf den Tisch und schlugen vor, aufzubrechen. Ich schlich wie ein begossener Pudel hinterher und hoffte nur, Cansu hatte uns nicht gesehen.

BANANENREPUBLIK

Anfangs waren wir noch gespannt auf die akademischen Feldprogramme gewesen. Nachdem in Portugal jedoch einige der Unternehmensführungen zu reinen Werbeveranstaltungen ausgeartet waren, versuchten viele der Business-Studenten sich um weitere AFPs zu drücken. Während die anderen reisten und Abenteuer erlebten, hatten wir uns anhören müssen, wie viel Umsatz portugiesische Supermarktketten machten oder welche Preise eine Hotelgruppe schon gewonnen hatte. Ein Trip auf eigene Faust erschien ungleich attraktiver als diese Art von Wirtschaftstourismus.

Nachdem auf der Fahrt über den Atlantik mit dem Dekan des Programms darüber diskutiert worden war, wie man das Programm verbessern könnte, waren die Erwartungen für Ecuador vorsichtig optimistisch. In dieser Stimmung holperte ich mit meiner Delegation in Jeeps über Schotterpisten mit Schlaglöchern, die unsere Fahrzeuge jedes Mal herrlich krachen ließen. Irgendwann bogen wir in eine Plantage ein und passierten endlose Bananenstauden. Dicke Blätter peitschten unsere Karosserie. Ich liebte die Fahrt in Geländewagen. Ein überschaubares Abenteuer, das im geistigen Fotoalbum tolle Bilder abwarf.

Wir gelangten auf einen runden Platz aus Schotter und rotem Sand. Ein Ecuadorianer mit Basthut nahm uns in Empfang.

Er hatte mächtig behaarte Unterarme, die unter seinem hochgekrempelten Leinenhemd zum Vorschein kamen. Ich gewann den Eindruck, vor Magnums älterem Bruder zu stehen. In seinem Brusthaar versank eine Silberkette mit Marienmedaillon. Jedes Mal wenn er lachte, hüpfte Marias Gesicht aus dem schwarzen Krauspelz auf und ab. Seine Zähne blitzen unter einem dichten Schnäuzer hervor, als er uns auf der Dole-Plantage willkommen hieß. Hier kamen also die Bananen her, die wir zu Hause verdrückten. Der Basthutmann lief mit uns in die Pflanzung und hackte dabei mit einer Machete energisch Blätter von einzelnen Stauden. Er dozierte beflissen über Bananenzucht und Fruchthandel, doch das eigentliche Thema, das uns beschäftigte, war ein anderes: Kasper, der Schwede, hatte die Nacht zuvor etwas mit Shannon gehabt. Das war eine Sensation, denn die beiden umschlichen sich schon seit Wochen wie gehemmte Tanzschüler bei der Damenwahl.

Irgendwann tauchte Hicham neben mir auf und fiel in meinen Trott ein.

»Wie geht's mit deiner Cousine?«, erkundigte ich mich.

»Es ist schwer. Danke, dass du mit Emilio gesprochen hast. Aber ich fürchte, es hat nichts gebracht. Ich fühle mich hier machtlos, weißt du. Wenn ich sie beschützen will, meint sie, ich sei rückständig. Es scheint ihr peinlich zu sein. Vor allem vor den Europäern und Amerikanern. Tue ich nichts, verliere ich mein Gesicht.«

»Was ist mit den anderen Mädels an Bord? Sie haben keinen Beschützer. Glaube kaum, dass deshalb gerade jemand sein Gesicht verliert.«

»Ach, die willst du doch wohl nicht vergleichen. Schau sie dir an! Ständig besoffen. Die sind laut und jederzeit zu haben.«

»Na ja, ständig besoffen stimmt vielleicht, aber ...«

»Nein, mal ehrlich. Das sind keine guten Frauen. Sie sind wie Huren.«

Das war zu viel! Wie konnte er so über unsere Frauen reden? Ich holte erbost zum Rundumschlag aus. Ich schlug ihm von links Simone de Beauvoir und von rechts Alice Schwarzer um die Ohren. Ich führte die Vorteile für Gesellschaft, Kultur, Wirtschaft und Wissenschaft an, die uns die Gleichberechtigung gebracht hatte. Ich rieb ihm die Entbehrungen, die seine Mutter für ihn erbracht haben musste, unter die Nase. Als dem Sündenbock schon die Tränen in den Augen standen, drückte ich seine hässliche Weltanschauung aus wie einen stinkenden Zigarettenstummel, bis er vor meinen Füßen im Bananenhain zusammenbrach und um Nachsicht winselte.

So malte ich es mir im Nachhinein aus. Tatsächlich lief das Gespräch jedoch so ab:

Hicham: »Schau dir eure Frauen an! Sie sind wie Huren!«

Ich: »Das finde ich ein bisschen krass. Also ich versuche das aus deiner Sicht zu verstehen, aber ...«

Hicham: »Was hat euch die Emanzipation gebracht?«

Ich: »Na ja, Gleichberechtigung, Freiheit, ...«

Hicham: »Ihr kümmert euch nicht um eure Frauen. Wenn ihr sie lieben würdet, müssten sie nicht arbeiten und sich von anderen Männern schikanieren lassen.«

Ich: »Hör mal, das ist jetzt aber stark vereinfacht!«

Hicham: »Stark vereinfacht? Ich vereinfache dir mal was, mein Freund: Ihr Männer im Westen habt keine Eier!«

Belustigt von seiner gelungenen Pointe trottete er davon.

Bereits auf der Rückfahrt begann ich, die Situation in meinem *Grand Voyage* zu verarbeiten. Ich versuchte herauszufinden, warum ich meine Haltung so zaghaft verteidigt hatte. Mir war die Gleichberechtigung doch wichtig. Aber ich legte auch Wert darauf, kulturell nicht unsensibel zu sein. Ein Dilemma. Wie sollte man eine Haltung im Wortgefecht verteidigen, wenn man darauf bedacht war, beide Seiten der Medaille zu verstehen?

Die Tinte spritzte nur so über die Seiten, während sich Argument und Gegenargument eine Schlacht unter Gleichen lieferten. Am Abend machte ich einen neuen Beitrag daraus und schickte ihn an den *Travel Observer*.

POLITIK

Ich lehnte meinen Kopf zur Kühlung gegen die Fensterscheibe unseres Tourbusses und überließ mich meinen üblichen Tagträumen: Cansu im nassen Bikini. Nasse Cansu ohne Bikini. Cansu am Klavier. Cansu als Diplomatin, die nach der Arbeit mit mir Sitcoms guckt. Cansu und unsere bildhübschen Kinder vor einem Haus am Bosporus ... Herrje, Mark. Um mich war es schlimm bestellt. Während ich so vor mich hinseiberte, befanden wir uns auf dem Weg zu einer Tilapia-Farm. Tilapia war ein großes Ding in Ecuador. Die Fische wurden massenweise in Antibiotika-geschwängerten Teichen aufgezogen und hatten sich von da aus zum Exportschlager hochgeschwommen. Im Bus klafften sichtbare Lücken. Ein paar Kommilitonen hatten nach der Bananen-Plantage den akademischen Teil abgebrochen. Sie pfiffen auf die Studienpunkte, um sich die Chance auf echte Abenteuer außerhalb der akademischen Welt nicht entgehen zu lassen. Ich dachte an meine Stipendiumsauflagen und beschloss, das Beste aus dem Programm zu machen.

Neben mir saß Chiara, eine aufgeweckte Römerin mit Bubikopf und Mondgesicht. Auf ihrem T-Shirt prangte Che Guevara.

Wir rauschten über kaum präparierte Straßen. Roter Staub wirbelte vor den Fenstern. Ich merkte ihr an, wie sie nach Konversation gierte.

»Ganz schön viel los hier in Ecuador«, versuchte sie schließlich einen Vorstoß.

»Ähm, was meinst du?«

»Na der Kampf um die neue Verfassung. Unter welchem Stein hast du denn die letzten Tage gelebt? Das ist doch gerade DAS Thema.«

»Ich hatte bisher den Eindruck, keiner glaubt so recht an einen Wandel. Die Verfassung wird hier doch ständig geändert.«

Sie musterte mich inquisitiv.

»Hast du eine politische Sache? Irgendwas wofür du dich einsetzt?«

»Puh, eine Sache? Politik ist immer so kompliziert. Ich wüsste gar nicht, wo ich anfangen soll.«

»Dann überlässt du die Dinge einfach irgendwem und hoffst, dass es schon gut geht?«

»So ähnlich.«

»Und, läuft es gut?«

Sie hatte mich völlig auf dem falschen Fuß erwischt. Meine Ahnung von Politik war im besten Falle beschränkt.

»Also in Europa, da geht es ganz gut.«

»Das sah beim G8-Gipfel im Juni aber anders aus. Noch nie so viel Polizei gesehen.«

»Du warst da?«

»Klar. Wenn sich die wichtigsten Politiker der Welt hinter Millionen Euro teuren Sicherheitszäunen verschanzen, um die Zukunft zu verhandeln, muss man doch wenigstens zeigen, was man von ihnen erwartet. Gerade wenn Bush dabei ist und so Verbrecher wie Mubarak oder Systemsprösslinge wie Sarkozy. Die machen die Globalisierung einfach ohne uns.«

Ich versuchte, dem Gespräch zu entkommen. Es war mir ein Rätsel, warum Chiara mit ihrer alternativen Prägung ausgerechnet Business studierte.

»Hör mal, ich will dir echt keinen Monolog halten, aber ein bisschen politische Teilhabe stünde dir ganz gut. Wenn du mal eine große Nummer in der Wirtschaft wirst, musst du dir doch überlegen, wofür du das machst und welchem System du damit dienst.«

Wenn ich ihr jetzt noch gesagt hätte, dass ich vor allen Dingen etwas Seriöses aus mir machen wollte, wäre sie mir vermutlich an die Gurgel gesprungen. Stattdessen nickte ich nur zustimmend. Sie hatte ja recht. Mir fiel mal wieder auf, wie viel ich nicht wusste und wie wenig Haltung ich bezog. Meine Profillosigkeit kotzte mich an. Um ihrem Verhör bis auf Weiteres zu entkommen, versuchte ich es mit einem anderen Thema: »Magst du eigentlich Tilapia?«

FLIEHKRÄFTE

Der Zeitplan stieß uns bald über die Ränder Südamerikas auf den Pazifik hinaus. Es standen uns zwei Wochen ohne Land bevor. Das Hamstern begann. Jeder deckte sich mit Vorräten ein. Schnaps und Zigarettenstangen wurden an Bord geschmuggelt. Gras und Dollar tauschten die Besitzer. Ich deckte mich wie in jedem Hafen mit lokalen Musikproduktionen ein.

Als wir wieder an Bord gingen, war ich sehr mit mir selbst beschäftigt. Zur Abwechslung waren es aber keine Sorgen, die mich umtrieben. Es ging um nichts Geringeres als die Erschaffung meines neuen Ichs. Die letzten Wochen hatten mir gut getan. Die Gespräche mit Locals und Kommilitonen. Die Begegnung mit Ovilio. Die Armut und gleichzeitige Lebensfreude der Menschen. Der südamerikanische Alltag in Provisorien und die befreiende Unordnung. All diese Begegnungen und Erlebnisse hatten mein altes Weltbild ordentlich durchgespült. Es war, als hätte man in meinem Innern die Fenster weit aufgerissen und einmal kräftig durchgelüftet. Ich fühlte mich frisch und klar im Kopf.

Jetzt wollte ich nach Leibeskräften mein neues Selbst zur Blüte bringen. Doch dann kehrte Rodrigo von seinem AFP zurück. Seine Stirn war übersät mit fiebrigen Schweißperlen. Er stützte sich zittrig auf die Schulter eines burschikosen Mädchens, das ich bisher nur vom Speisesaal kannte. Michaela oder so hieß sie. »Ostía«, fluchte er aus blutleeren Lippen. »Da hat es mich ordentlich erwischt.«

Ich hatte ihn noch nie so gesehen. Alle Kraft war aus ihm gewichen. Der müde Rest war damit beschäftigt, die Grundfunktionen seines Körpers am Laufen zu halten. Der unbesiegbare Mexikaner war in sich zusammengekrümmt. Die Augen hatten sich wie Muränen in ihre Höhlen zurückgezogen und seine Haut hatte eine ungesund fahle Farbe angenommen.

»Was ist passiert?«

Das Mädchen, das sich doch als Marta herausstellte, schilderte schnaufend, was geschehen war. Zusammen mit seiner AFP-Gruppe hatte Rodrigo die Woche in einem indigenen Dorf verbracht und dort beim Bau einer Schule ausgeholfen. Zum Abschied hatten die Dorfbewohner ein Fest bereitet, bei dem sie Fische aus dem angrenzenden Fluss servierten. Beglückt von so viel Gastfreundschaft hatte mein Freund reichlich zugelangt. Er wollte die indigenen Gastgeber nicht vor den Kopf stoßen, indem er ihre Kost verschmähte. Ein fataler Fehler.

Marta war noch mitten in ihrer Schilderung der Ereignisse als die russische Krankenschwester den Korridor auf uns zu eilte. »Hinlegen!«, forderte sie bestimmt. Nahe der Rezeption gab es eine leer stehende Kabine. Seitdem ein Kommilitone sie entdeckt hatte, wurde sie gerne für One-Night-Stands genutzt. Jetzt schleppten wir unseren kranken Freund dorthin, der sich sogleich auf dem Feldbett zusammenkauerte und vor Schmerzen stöhnte. Die Krankenschwester klappte ihr Köfferchen auf und wies uns derweil an, kalte Waschlappen zu besorgen. Im Badezimmer fanden wir nichts außer ein paar aufgerissenen Kondompackungen. Ich versuchte es ein Stockwerk tiefer in meinem Zimmer, riss im Bad die Handtücher vom Bügel und tränkte sie, so gut es ging, mit Wasser. Der Strahl war schwach und wollte einfach nicht kalt werden. Mit Ekel stellte ich fest, dass alle Handtücher voll gelb-brauner Flecken waren, die Casey und seine Clique hinterließen, wenn sie den Rauch in die Tücher ausatmeten, um nicht den Feueralarm auszulösen. Es half nichts. Ich hatte so schnell nichts Anderes zur Hand. In einer anderen Verfassung würde Rodrigo wahrscheinlich darüber lachen. Ich stürmte den Gang zurück zu der Kammer, in der wir unseren Freund abgeliefert hatten. Doch die Tür war verschlossen. In einigen Metern Entfernung druckste Marta rum. Sie sah betreten zu Boden. »Was ist los? Rodrigo braucht die Waschlappen!«

»Sie hat gesagt, er braucht sofort Ruhe. Sein Zustand ist sehr ernst.«

»Aber ich sollte doch die Handtücher holen.«

»Ich glaube, sie wollte uns nur Aufgaben geben, damit wir die Behandlung nicht stören«, sagte sie und machte sich verlegen aus dem Staub. Mein neues Selbst stand verunsichert und nutzlos vor verschlossener Tür. Der Mut tropfte lauwarm aus den triefenden Lappen in meinen Händen.

48 STUNDEN

In den ersten zwei Tagen sah ich Rodrigo nur ein einziges Mal. Vor der Kabine patrouillierte inzwischen César, der normalerweise für die Sauberkeit in den Kabinen auf unserem Gang zuständig war. Er sollte dafür sorgen, dass Rodrigo genügend Ruhe bekam. Ich konnte ihn überreden, mich dennoch reinzulassen. »Okay. Aber mach schnell«, meinte er. »Wenn die bemerken, dass ich dich reingelassen habe, bin ich meinen Job los. Auf einen Haitianer wie mich gibt der Veranstalter gar nichts. Die holen gleich den Nächsten und ich bin raus.«

In der Kabine schlug mir ein saurer Gestank entgegen, der erahnen ließ, wie es um Rodrigos Magen bestellt war. Mein Freund lag blass und schwitzend auf dem Bett. Um seine geschlossenen Augen hatten sich dunkle Ringe gebildet.

Ich setzte mich auf das leere Bett ihm gegenüber.

»Hey Amigo.« Er versuchte zu grinsen. »Du hast zwei Minuten, bevor ich mich hier vollscheiße. Was gibt's Neues von Cansu?«

»Alles beim Alten. Ich geb nicht auf.«

Er beäugte mich aus Zeitlupenpupillen. »Siehst gut aus, mein Freund. Irgendwas ist anders. Kommst du vielleicht langsam mit dir ins Reine?«

»Wer weiß. Aber wie geht es dir?«

Er ächzte. »Wollte dich fragen, ob wir gleich noch in den Pool springen.«

Ich blickte die Kabinenwand an.

»Hey, mach dir keine Sorgen. Ich werd schon wieder. Die Krankenschwester ist eigentlich ganz nett. Eine Schande, dass ich so eine erbärmliche Figur abgebe.«

Dann packte ihn ein erneuter Krampf und er drehte sich mit schmerzverzerrtem Gesicht auf die andere Seite.

»Cool von dir, dass du vorbeigekommen bist. Bekomme hier nicht so viel Besuch. Ich glaube, die Schwester will mich für sich allein. Schau bald wieder vorbei.«

Ich schloss leise die Tür hinter mir. César atmete erleichtert auf. »Ich hab doch gesagt, nur kurz.«

»Sorry, dachte, es wären maximal fünf Minuten gewesen.«

»Schon gut. Aber bring mich bitte nicht noch mal in die Situation.«

HELIKOPTER

Das Leben auf dem Boot ging weiter, als wäre nichts gewesen. Ein paar Leute erkundigten sich nach Rodrigo. Es schien mir, als wäre es eher willkommener Tratsch als echte Anteilnahme. Nur Emilio zeigte sich ähnlich besorgt wie ich.

Die Sonne schien aus einem hellblauen Himmel. Unser größter Reiseabschnitt auf offener See lag vor uns. Er führte Non-Stop von Ecuador bis nach Tahiti. Neben der Vorfreude auf die Trauminseln dominierte die Vorbereitung auf die Mittsemesterprüfungen unsere Tagesthemen. Dem ein oder anderen wurde langsam bewusst, dass er bisher noch nichts getan hatte. Um die Lernerei noch etwas aufzuschieben, wurde in allen Kabinen mächtig aufgeräumt und Wäsche gefaltet. Samanthas Bibliothek wurde zunehmend belagert. An Bord ploppten überall dicke Lehrbücher auf. Sie lagen neben den Liegestühlen, auf den Frühstückstischen oder wurden unterm Arm spazieren geführt.

Am dritten Tag auf See kursierten beim Frühstück Gerüchte, dass jemand evakuiert werden sollte. Auch dieses Mal hörte ich keine Besorgnis, sondern viel mehr Sensationslust angesichts einer echten Rettungsaktion heraus. Ich fand Emilio mit einem Teller voll Banana Pancakes und Ahornsirup in der Sonne sitzend.

»Hast du von der Evakuierung gehört?«

Er ließ sein Besteck fallen.

»Shit. Lass uns sofort zu ihm runter.«

Als wir vor seiner neuen Kabine ankamen, standen der Schiffsdirektor, der Kapitän und die Krankenschwester eng beieinander und diskutierten angespannt die Lage.

»Sind Sie sich absolut sicher, dass das notwendig ist? Bedenken Sie nur die Kosten und die Unruhe unter den Studenten, die das verursacht. Ganz zu schweigen von der Presse ...«

»Das Einzige was zählt, ist der Patient. Und für den kann ich keine Verantwortung mehr übernehmen. Sein Zustand hat sich rapide verschlechtert. Er verliert zu viel Flüssigkeit und wird immer wieder bewusstlos.«

Emilio und ich sahen uns ungläubig an. Das sollte Rodrigo sein? Unser lebensfroher Freund, der immer vor Energie strotzte und für jede noch so bescheuerte Aktion zu haben war?

Der Direktor wandte sich an den Kapitän.

»Wie läuft so etwas ab? Haben Sie überhaupt schon einmal eine Evakuierung gemacht?«

»Wir kriegen das hin. Wir müssen die Entscheidung nur rasch treffen. Wenn wir zu weit vom Land entfernt sind, schafft es der Rettungshubschrauber vielleicht nicht mehr bis zu uns und wieder zurück.«

Der Direktor seufzte schwer.

»Dann müssen wir es tun. Sie haben mein Okay!«

Und damit gingen sie auseinander. Er sah uns im Weggehen und murmelte halbherzig: »Keine Angst, ihr zwei. Euer Freund wird schon wieder.«

Die Krankenschwester wollte uns zuerst nicht in die Kabine lassen, doch wir protestierten so lange, bis sie uns Zugang gewährte. Rodrigo war bei Bewusstsein, sah aber noch schlechter aus als am ersten Tag.

»Hey Jungs, habt ihr das gehört? Ich fliege Helikopter.«

»Du Glückspilz«, gratulierte Emilio aufmunternd.

Ich wollte auch etwas beisteuern, doch Rodrigo kam mir zuvor. »Mark, bevor du wieder fragst, wie's mir geht – das wird schon. Ich lass mich doch nicht von so einem gekochten Goldfisch kaputt machen.« Er lachte heiser.

Damit war alles gesagt.

Am Nachmittag standen hunderte Menschen an Bord, um Rodrigo zu verabschieden. Alle 200 Studenten, die komplette Dozentenschar, die Kabinen-Crew und die Kellner. Die Menschen lehnten auf dem höher gelegenen Aussichtsdeck, standen an die Reling gedrückt und tummelten sich auf den Treppenaufgängen, als in der Ferne ein schwarzer Punkt am Himmel erschien. Schließlich kreiste der Helikopter über dem Achterdeck. In dem Moment wurde Rodrigo in seinem Bett in die Sonne geschoben. Ein riesen Jubel brach aus.

Wir winkten ihm zu und riefen »Teufelskerl!« und »Gute Besserung!« und »Du schaffst das!«. Er hob seinen Arm unter der Decke hervor und salutierte so gut er konnte in die Runde. Ein Seil löste sich aus der Helikopter-Silhouette. Ein Mann glitt daran herunter. In seinem olivfarbenen Overall und dem weißen Helm sah er aus wie Tom Cruise in *Top Gun*. Das Manöver musste zweimal abgebrochen werden. Darauf wurde schon vorher hingewiesen. Eine Rettungsaktion von einem fahrenden Schiff stellte ein kniffliges Manöver dar. Schließlich gelangten der Sanitäter und die Rettungsbare an Deck an. Rodrigo wurde auf die Bare geschnallt und bekam ein paar Instruktionen.

Dann wurde die Seilwinde angezogen und er hob sich in die Höhe.

Völlig unwirklich baumelte er mitsamt der Bare in der Luft. Noch einmal winkte er der johlenden Menge zu und schließlich verschwand er im Bauch des Helikopters.

DAMALS IN ECUADOR

Cansu stand während der ganzen Rettungsaktion neben mir an der Reling. Wir schauten dem Helikopter so lange nach, bis er gänzlich vom Horizont verschluckt war. Ich erzählte ihr ein paar meiner liebsten Geschichten, die ich mit Rodrigo erlebt hatte. Mir fiel wieder ein, wie wir uns in den wirren Gassen von Lissabon verlaufen und dabei die tollste Zeit erlebt hatten.

»Das Schöne am Reisen ist, dass man immer eine Aufgabe hat. Je schlechter man darin ist, sie zu lösen, desto besser wird die Geschichte«, bemerkte Cansu.

Ich musste lächeln. »Lustige Feststellung.«

»Nicht wahr? Ist mir heute Nacht gekommen, als ich nicht lernen konnte.«

»Wie geht's dir mit dem Heimweh?«, fragte ich.

»Nicht so gut. Jetzt haben wir bis Tahiti nicht einmal mehr Internet oder Telefon. Wie soll ich irgendwann mal Diplomatin werden, wenn ich so bin?«

Ihr Blick verwässerte sich und sie schaute geradeaus aufs Wasser.

Ich versuchte die Stimmung rumzureißen.

»Ecuador war toll, oder?«

Ihre Augen leuchteten wieder auf. »Ja, genial. Am besten war der Abend beim Taxifahrer.«

»Sean war eine Granate.«

Sie machte ein verkniffenes Gesicht. »Nee. Findest du wirklich? Der war mir zu fies.«

»Ich fand ihn witzig.«

»Männerhumor«, stellte sie fest und knuffte mir in die Seite. »Ich glaub, ich hab dir noch gar nicht erzählt, dass wir an einem Abend fast von wilden Hunden gebissen worden wären.«

Ich verstummte augenblicklich. In mir spannte sich alles an. Versuchte sie mich zu testen?

»Ehrlich. Wir waren in dieser Bar und auf einmal laufen diese beiden riesigen Hunde rein und fangen an zu kämpfen.« Sie schaute mich prüfend an. Oder bildete ich mir das nur ein?

»Ist was passiert?«

»Nein, die wollten ja niemanden beißen. Aber beim Raufen sind sie überall gegen gestoßen und hätten fast unseren Tisch umgerissen. Ben ist in letzter Sekunde dazwischen gegangen.«

»Was hat er denn gemacht?«

Sie erzählte mir, was ich ohnehin live miterlebt hatte.

»Mutig«, attestierte ich dem Helden.

»Ja, mutig. Aber danach ist uns der Barkeeper den ganzen Abend nicht mehr von der Seite gewichen. Er fand es sooo cool, wie Ben den Hund im Griff hatte. Die beiden haben sich gleich angefreundet. Am Ende sind wir ohne Ben nach Hause gefahren.«

Ich wusste nicht recht, was ich daraus machen sollte. Ich hatte mir schon ausgemalt, wie er nach der Aktion in Cansus Kabine seine Muskeln spielen ließ. Am liebsten hätte ich Rodrigo davon erzählt. Ich blickte zu der Stelle am Horizont, wo der Helikopter eben noch zu sehen gewesen war.

NEUE FREUNDE

In der darauffolgenden Zeit bemerkte ich, wie sehr Rodrigo, Emilio und ich längst zu einem eingeschworenen Team geworden waren. Ohne ihn verlor die Dynamik zwischen Emilio und mir an Fahrt. Umso mehr versuchten wir, uns an die alte Konstellation zu klammern. Leider hatten wir mitten auf dem Pazifik jeglichen Empfang verloren. Unsere Handys waren nutzlos. Der Kontakt mit Rodrigo war unweigerlich unterbrochen. Gemeinsam bearbeiteten wir die Krankenschwester, sie solle über Funk Neuigkeiten in Erfahrung bringen. Wir fingen sie bei jeder Gelegenheit ab, bis sie endlich Nachrichten aus Ecuador für uns bereithielt. Rodrigos Zustand hatte sich verbessert. Er würde aber noch mindestens eine Woche im Krankenhaus bleiben müssen. Wenn alles gut ging, würde er in Auckland wieder zu uns stoßen.

»Oh Mann, bin ich erleichtert, dass es ihm besser geht.«

»Aber überleg mal, er verpasst Tahiti«, ärgerte sich Emilio. »Das wird ihn total anfressen.«

»Ich glaube, er ist vor allem froh, dass er über den Berg ist.«

Emilio warf mir einen seltsamen Blick zu. Für ihn musste es außer Frage gestanden haben, dass Rodrigo es schaffen würde. Er dachte vor allem daran, wie viel Spaß er verpasste. Ich überlegte derweil, was es für Rodrigos Studium bedeutete, wenn er die Mittsemesterprüfungen verpasste. Eine Sorge, die Emilio offensichtlich fremd war. Für ihn gab es an Bord keine Klausuren. Er musste nur seine dämlichen Wasserproben im Labor untersuchen.

So drifteten Emilio und ich zwar nicht völlig auseinander – bemerkten jedoch immer deutlicher, wie unterschiedlich wir eigentlich waren.

Durch die Loslösung von unserem eingeschworenen Dreiergespann wurde ich wieder für andere Leute empfänglich. Ich hatte den Eindruck, um mich seien auf einmal mehr Studenten als vorher. An einem Abend lernte ich Tom in der Schlange zum Speisesaal kennen. Wir warteten darauf, dass die Türen geöffnet wurden und wir uns die Teller mit Nudeln vollladen konnten. »Man entwickelt so eine Hassliebe auf das Bordessen«, meinte er. »Du kannst die Gerichte nicht mehr sehen und gleichzeitig hast du jeden Tag schon am Nachmittag Bock auf diese blassen Nudeln mit Tomatensoße.«

Ich musste lachen. »Endlich sagt es mal jemand.«

»Klar. Wir hätten nur miteinander reden müssen. Witzig, wie man schon Monate auf dem gleichen Schiff ist und noch immer nicht alle Namen kennt. Tom«, stellte er sich vor. So teilten wir an dem Abend den gleichen Tisch mit seinen Leuten und schon stand ich mit einem Fuß in einem neuen Freundeskreis. Manchmal läuft das Leben eben doch noch wie im Kindergarten. Eine simple Gemeinsamkeit reicht als Startpunkt für eine Freundschaft.

PHILOSOPHIESTUNDE

Das Meer lag schon den ganzen Tag so glatt da, als könne man darauf laufen. Die Quellwolken spiegelten sich perfekt im glasigen Wasser. Die Grenze zwischen Meer und Himmel zerfloss ins Surreale. Dalí hätte seine helle Freude an der Szenerie gehabt. Nur die Bugwelle gab einen Anhaltspunkt, wo oben und unten war. Ich lehnte mich über die Reling. So musste sich das Leben nach dem Tod anfühlen. Ewig zeitloses Dahintuckern. Wie in Trance.

Ich roch ihre Zigarette bevor ich sie sah.

»Na, du Philosoph?«

»Hi Denise.«

»Verrückter Ausblick heute«, stellte sie fest.

»Ja, irre.«

Wir schwiegen. Sie reichte mir die Zigarette.

»Ob man im Himmel rauchen darf? Ich meine, man ist ja eh tot. Da müsste rauchen doch kein Problem mehr sein. Wahrscheinlich hat man gar keine Lungen. Vielleicht nicht mal einen Körper.«

»Und womit rauchst du dann, Honey?«

»Hm ... mit dem Geist?«

»Spinner. Glaubst du überhaupt an so was? Gott, Jesus, du weißt schon.«

»Tja, schwer zu sagen. Ich glaub ja. Aber ich denk ich nur selten daran.«

Sie zog an der Zigarette, kniff die Augen zusammen und schien mit meiner Antwort nicht zufrieden.

»Ich könnte das nicht so halbherzig«, murmelte sie in den Wind und rieb sich das Psalm-Tattoo auf ihrem Unterarm.

Ich zuckte mit den Achseln. »Macht es einen Unterschied?«

»Es macht den ganzen Unterschied. Wie wenn man halbherzig lebt. Kennst du das?«

Ich ging einen Moment in mich. Im Grunde hatte ich mein bisheriges Leben reichlich halbherzig geführt. Seit dem Absturz meines Bruders ging ich immer auf Nummer sicher. Ich hielt mir alle Optionen offen und ging keine Risiken ein. Ernüchtert durch die Einsicht nickte ich langsam.

»Und wie fühlt sich das an?«

Ich zuckte mit den Achseln.

»Siehst du. Und dabei bleibt's auch, wenn du dich nicht traust, voll und ganz an etwas zu glauben.«

»Das sagst du so. Aber was, wenn ...«

»Aber wenn du am Ende enttäuscht wirst? Dann was? Ist es besser, nur so vor sich hin zu leben? Du musst doch an etwas glauben.«

Jetzt war ich es, der die Augen zusammenkniff.

»Versuch's mal! Es entspannt.«

In dem Moment kam Ana vorbei. Ich war dankbar, dem Thema zu entkommen. Sie freute sich sichtlich, mich zu sehen und strich mir zu Begrüßung über den Rücken. Doch so leicht ließ Denise das Thema nicht fallen.

»Hey Kleine, wir sind hier gerade mitten in einer interessanten Konversation. Gut, dass du da bist. Woran glaubst DU denn eigentlich?«

Ana war völlig überrumpelt von der Frage. Nervös schob sie sich eine Haarsträhne hinters Ohr und suchte nach Worten.

Ich lehnte mich zurück und genoss, wie sie sich wand.

BUCHCLUB

Samantha brachte gerade ein neues Schild in der Bibliothek an. »Leaders are Readers«, stand in blauer Handschrift auf einem weiß getünchten Brett. Sie versuchte, es an einer Säule in der Mitte des Raumes zu befestigen. Ich ging hinein und half ihr bei der Ausrichtung.

»Links ein Stückchen runter, dann hängt es gerade.«

Samantha ging ein paar Schritte zurück, um ihr Werk zu betrachten. Zufrieden stemmte sie die Hände in ihre knochigen Hüften.

»Was meinst du, Mark? Macht sich gut, oder?«

»Schöner Spruch. Macht Lust, sich gleich in die Bücher zu stürzen. Unser Dekan Mr. East hat erzählt, dass er eine Privatbibliothek von über zehntausend Büchern hat. Und er hat sie fast alle gelesen. Dabei dachte ich schon, ich lese viel.«

Sie rückte ihre Brille zurecht und runzelte einen Moment die Stirn.

»Da sagst du was. Ich hab dir im letzten Hafen doch extra etwas besorgt.«

Samantha kramte in einer Tragetasche hinter ihrem Empfangstisch.

»Da ist es ja. «

Sie reichte mir ein Büchlein.

»Natalie Goldberg. *Freeing the Writer Within.* Das passt zwar eigentlich nicht in unser Programm. Aber bei den vielen Bücherkäufen fiel das eine Buch nicht weiter ins Gewicht. Ich hatte den Eindruck, es könnte dir weiterhelfen.«

»Wow! Ich weiß gar nicht, was ich sagen soll.«

Ich blätterte durch die Seiten.

Nach einer Weile stupste sie mich an. »Setz dich doch.«

»Ja ... klar ... gern.« Meine Vorlesungen für den Tag waren vorbei. Es war früher Nachmittag. Wieso nicht eine Weile lesen?

»Das ist ja echt cool.«

Ich las im Gehen weiter und setzte mich versunken in den Text an einen der Rundtische.

»Hey. Was liest du denn da so konzentriert? «

Irritiert blickte ich auf. Direkt in die schwarzen Augen von Cansu. Sie funkelte mich belustigt an. Sofort schoss mir die Hitze in die Glieder.

»Freeing the writer within«, las sie vom Buch-Cover ab. »Mit dem Schreiben ist es dir ernst, was?«

»Na ja, also ... Samantha hat mir das gekauft.«

Als hätte sie es gehört, nickte die Bibliothekarin mit mütterlichem Lächeln zu uns rüber. Ich betrachtete dümmlich meine Finger.

»Lass dich von mir nicht stören«, sagte Cansu. »Ich muss selbst gerade für einen Essay recherchieren.«

Das Buch, das vor ihr lag, war mit bunten Klebenotizen gespickt.

»Was liest du denn?«

»Wahrnehmung und Fehlwahrnehmung in internationaler Politik.«

»Und, hast du schon was daraus gelernt?«

»Ja. Ich hab gelernt, dass mein Weg, eine Diplomatin zu werden, noch seeehr lang ist.«

»Oje! Dann halte ich dich besser nicht weiter ab.«

So saßen wir die nächsten Stunden beisammen, beide vertieft in unseren Lesestoff. Ab und an schielte ich zu ihr rüber und beobachtete, wie sie sich konzentrierte. In schwierigen Passagen klemmte sie die Zungenspitze zwischen die Vorderzähne und zog die dichten Augenbrauen zusammen. Ich fröstelte. Der Raum war gefühlt auf Minusgrade herunterklimatisiert. Cansu trug einen beigen Kaschmir-Pullover, der ihr regelmäßig von den Schultern rutschte. Gedankenverloren zupfte sie den Ausschnitt wieder über die Rundung ihrer nackten Schultern. Als ich mich räuspern musste, sah sie auf. Ihre Augen blieben fünf lange Herzschläge auf mich geheftet. Als sie wieder in ihr Buch schaute, schmunzelte sie und schenkte mir dann noch mal einen raschen Blick.

Hinter meiner Stirn kribbelte es. Wie sollte ich jetzt noch lesen?

Eine Weile wippte ich fahrig auf meinem Stuhl vor und zurück. Doch die Schreibtipps in meinem neuen Buch waren so spannend, dass sie mich bald wieder in den Bann zogen.

»Darf ich dich was fragen?, « fragte Cansu schließlich.

Ich las den Satz zu Ende und pausierte. »Klar. Worum geht's?«

»Können wir das bald noch mal machen?«

»Was denn?«

»Na, zusammen lernen. Ich bin heute super vorangekommen. Wenn du dabei bist, denk ich nicht die ganze Zeit daran, was ich draußen verpasse.«

Sie schaute auf ihre Cartier.

»Acht Uhr. Schon vier Stunden. So lang schaff ich es sonst nicht, am Stück zu lernen.«

Ich stutzte. Mir kam es vor, als hätte ich mich eben erst hergesetzt. »Vier Stunden? Bist du sicher?«

»Ja. Ich hab um vier Uhr angefangen. Kurz danach bist du schon an meinen Tisch geschlafwandelt.«

Ich prustete bei der Bemerkung.

»Abgemacht. Aber ich glaube, jetzt sollten wir uns beeilen, damit wir noch etwas zu essen bekommen.«

Sie klappte ihr Buch zu, holte tief Luft und sprang dann blitzschnell auf.

»Komm! Wer als Erstes da ist.«

Und schon rannte sie los.

THEORIE

Ich konnte es mir einfach nicht merken. Außenhandelstheorie war spannend und zugleich verursachte sie mir Knoten im Kopf. Ich musste unbedingt mehr Zeit in die wichtigen Bücher investieren, statt stundenlang in Schreibratgebern zu blättern. Im Schein der Nachttischlampe kritzelte ich Spiralen in mein Lehrbuch. Es kam mir alles reichlich abstrakt vor – reine Gedankenkonstrukte, die in Wirklichkeit jederzeit zusammenstürzen konnten. Wer konnte schon voraussagen, wie sich eine Wirtschaft entwickelte oder wie sich neue Freihandelszonen auf Dauer auf ihre Akteure auswirkten?

Ich skribbelte eine Fontäne aus Pfeilen in die weißen Flächen zwischen Diagrammen und Lehrtext. Schaffte mehr Handelsfreiheit nicht zwangsläufig mehr Chancen für alle?

Und wenn ja, was machte man mit all den Chancen? Welche Möglichkeiten sollte ein Staat nutzen und welche sollte er besser meiden? Ich konnte ja nicht mal für mich alleine entscheiden. Was sollte ich mit all den Möglichkeiten anstellen, die das Leben mir bot? Was wurde aus den Wegen, die ich nicht ging? Meine Unsicherheiten stellten sich immer mehr als Angst vor der falschen Entscheidung heraus. Ich seufzte. Am Ende des Lebens würden noch viel zu viele Chancen und Abenteuer ungenützt bleiben. Egal wofür ich mich entschied. »Ist das alles kompliziert«, brummte ich.

Also klappte ich das Buch zu, knipste die Nachttischlampe aus und versank im Ozean.

SPALTER

»Was denkst du darüber, wenn man etwas mit jemandem anfängt, der schon in einer Beziehung ist?«, fragte Casey durch die Dunkelheit. Es war mitten in der Nacht. Ich konnte mal wieder nicht schlafen. Casey offensichtlich auch nicht. Er lag auf dem Rücken in seiner Koje und hatte die Arme hinter dem Kopf verschränkt. Der Mond lag auf seinem Gesicht wie weißer Puder. Ich war verdutzt über seine Frage, doch hatte dazu eine klare Meinung.

»Das geht gar nicht, finde ich.«

»Aber wenn die andere Person in einer unglücklichen Beziehung ist?«

Ich zögerte. Nina, meine erste richtige Freundin, hatte mich damals mit diesem Beraterarsch betrogen. Ich war danach fix und fertig. Wie habe ich diesen Typen gehasst. Und sie hasste ich auch, weil sie sich von ihm hatte blenden lassen. Mit einigen Jahren Rückblick konnte ich aber sicher sagen, dass die Beziehung eigentlich nie das Richtige für uns war. Mit sechzehn gab es so viele unmögliche Pärchen, von denen jedes auf Anhieb meinte, es sei füreinander bestimmt. Ich stellte mir vor, wie es wäre, wenn wir zusammengeblieben wären und erschauerte dabei.

»Nicht so leicht, oder?«, deutete Casey mein Schweigen.

»Ich finde es in jedem Fall mies, sich zwischen eine funktionierende Beziehung zu schieben.«

»Woher weißt du, ob die Beziehung funktioniert? Vielleicht bist du überzeugt, dass sie ein riesen Fehler ist.«

Ich dachte an Cansu und fragte mich, ob ich mich aktiv zwischen sie und Ben drängte. Ihr Verhältnis zu ihm schien mir recht distanziert. Ich sah ihn häufiger mit seinen Freunden als mit ihr. Doch ich wusste zu wenig, um etwas über den Stand ihrer Beziehung zu sagen. Mit meinem gestörten Selbstwertgefühl war ich mir nicht einmal sicher, ob ich die bessere Wahl für sie wäre.

»Bist du noch wach?«

»Ja, ja. Bin noch am überlegen. Ich denke, man müsste es von Fall zu Fall beantworten.«

Casey gluckste.

»Was gibt's da zu lachen? «

»Tja, ich frage mich gerade, ob du alles nur mit dem Kopf entscheidest.«

Manchmal überraschte mich Casey. Trotz unserer oberflächlichen Freundschaft traf er mit seinen Beobachtungen hin und wieder ins Schwarze.

»Dacht ich's mir«, stellte er nüchtern fest, als meine Antwort ausblieb.

»Kannst du auch nicht mehr schlafen?«

»Film?«

»Ja gern.«

»*Superbad*?«

»Gute Wahl!«

»Hab mich in Ecuador mit jeder Menge Fake-DVDs eingedeckt. Das können wir jetzt jeden Abend machen.«

ARSCHLOCH

Die Flip-Flops schnalzten munter gegen meine Fußsohlen. Ich war mit dem Lernen ordentlich vorangekommen und lief nun gut gelaunt quer durch das Schiff zum Swimmingpool. Unterwegs begegnete ich Basma mit ihren Freundinnen. Sie wirkte fix und fertig. Als sie mich sah, lächelte sie mir schwach zu, doch ihr verschmiertes Make-up sprach eine andere Sprache. Eine Vorahnung beschlich mich. Meine gute Stimmung war dahin. Ich fühlte mich wie ein frisch gewaschener Wagen, der gerade einen Vogelschiss abbekommen hatte. Grübelnd lief ich weiter. Das musste ja passieren. Hicham hatte recht gehabt, als er mir seine Bedenken mitgeteilt hatte. Emilio war unverbesserlich.

Ich entdeckte den Täter im Pool inmitten einer grölenden Meute. Sie spielten Marco Polo. Emilio hatte die Augen zugekniffen und rief »Marco, Marco«. »Polo« echoten die anderen und versuchten seinen fuchtelnden Armen auszuweichen, mit denen er nach und nach alle erwischen musste. Als er prustend aufgab und aus dem Pool kletterte, warf ich ihm einen fragenden Blick zu. Er tapste zu seiner Liege, um sich das Handtuch zu greifen, und bedeutete mir mitzukommen. Über die Reling gebeugt, starrten wir auf den Pazifik.

»Mann, du hattest absolut recht. Ich hab's nicht geglaubt«, begann er.

Ich ließ ihn ausreden.

»Du kommst übers Knutschen nicht hinaus. Keine Chance, wenn du mehr willst. Ich hab sie echt nicht gedrängt, aber irgendwann hab ich sie einfach gefragt, was los ist.« Er zupfte geistesabwesend an den Bändchen seiner Boardshorts herum.

So viel »Feinfühligkeit« machte mich sprachlos.

»Du hast was?«

»Klar, ich hab sie gefragt, ob alles in Ordnung ist. Und sie hat es überhaupt nicht gecheckt. Kein Sex vor der Ehe, hat sie gemeint. Das kann sie mit ihrem Gewissen nicht vereinbaren. Sie tat mir irgendwie leid. Aber ich dachte, ich vergeude nur ihre Zeit, wenn es das ist, was sie sucht. Ich hatte keine Wahl.«

Wir nannten unser Schiff inoffiziell längst das »Love Boat«. Doch inzwischen war es zu einem verdammten Heartbreak Hotel verkommen.

»Manchmal bist du ein echtes Arschloch.«

Er riss den Kopf herum.

»Ich bin das Arschloch? Ich hab ihr keine falschen Hoffnungen gemacht. Sie mir schon. Na toll, und jetzt bin ich auch noch das Arschloch. Fuck you very much, Malaka.«

»Wirklich, Emilio. Lass mich einfach in Ruhe! Ich blick längst nicht mehr durch bei deinen ganzen Frauengeschichten. Erzähl mir nichts von tiefen Einblicken in ihre Seele und all dem Scheiß. Du bist einfach notgeil. Macht es dich zufrieden? Hast du eine Punktzahl im Kopf, die du erreichen musst? Sieh dich mal an! Du kannst dich kaum noch frei auf dem Schiff bewegen vor lauter offener Baustellen.«

Während sich seine Miene verdüsterte, drehte ich mich um und ging. Es war kein gutes Gefühl, einem Freund die Meinung zu geigen. Ich war über mich selbst erstaunt.

TREIBGUT

Ich wurde wach. Durch das Bullauge fiel erstes Tageslicht in die Kabine. Ich schaute zu Casey rüber. Er schlief noch. Also drehte ich mich noch einmal um. Nach einer Viertelstunde stellte ich fest, dass es nichts mehr brachte. Ich war hellwach. Dann wollen wir mal den Tag angehen, dachte ich. Ich stapfte die vier Schritte ins Bad, schloss die Tür und das Surren der Abzugsanlage setzte ein. Ich putzte die Zähne und betrachtete mich im Spiegel. Bin ganz schön braun geworden, dachte ich. Ich spuckte aus und stieg in die Plastikbadewanne, um zu duschen. Casey hatte das gesamte Shampoo auslaufen lassen. Gleichgültig griff ich zu dem Stück Seife, das noch dort lag, schäumte es zwischen meinen Händen auf und rieb es mir in die stoppeligen Haare. Das fühlte sich einfach verkehrt an. Ich merkte jetzt schon, wie die Haare stumpf wurden und die Kopfhaut zu jucken begann. Als ich mit der Prozedur fertig war, streifte ich mir ein Quiksilver-Shirt über, griff Block und Buch für die erste Vorlesung und marschierte zum Frühstück an Deck. Ich kaute auf meinem Banana Pancake herum, aß einen Apfel wegen der Vitamine und trank ein Glas Wasser, das weiterhin nach Chlor schmeckte. Als es Zeit für die International-Trade-Vorlesung war, fiel mir auf, dass ich das falsche Buch dabei hatte. Hastig spurtete ich zurück zur Kabine, in der Casey inzwischen ein tolles Durcheinander veranstaltet hatte. Die Klamotten aus seinem Koffer lagen wild über den Kabinenboden verstreut. Überall Kleinkram. Hier ein MP3-Stick, da eine Schlafmaske, eine Kompaktkamera, eine aufgerissene Packung Skittles, eine fake Ray-Ban-Aviator-Brille – aber nirgends eine Spur von meinem Buch. Ich fluchte leise. Er kam aus dem Bad.

»Was suchst du?«

»Mein International-Trade-Buch«, schnaufte ich.

»Moment, das hab ich eben noch gesehen.« Er stakste unbekümmert über die Kleidung und Kleinteile, zupfte ein nasses Handtuch vom Boden und hob das Buch auf.

»Hier.«

»Alter!«, presste ich nur hervor, griff das Buch und eilte zur Vorlesung. Im Unterricht brauchten wir das Buch natürlich gar nicht. Ich wippte in meinem Schreibtablett-Stuhl vor und zurück und folgte nur mühselig den Ausführungen von Tim Kent.

Später unterhielten wir uns mit ein paar Leuten über irgendetwas. Ich glaube Fußball. Am Nachmittag eine weitere Vorlesung. Ich machte halbherzig Notizen. Emilio war nirgends zu finden. Vermutlich war er mal wieder im Labor. Seit Ecuador zog er sich immer öfter dahin zurück. Vor dem Dinner rauchte ich schweigend eine Zigarette mit Denise. Das heißt, sie rauchte und ich schwieg.

Am Buffet gab es Pommes mit Chicken Nuggets, eine Minestrone, Roastbeef mit Julienne-Kartoffeln und Reis mit Kidneybohnen. Ich nahm Brot und Tomaten. »Du isst wie ein Vögelchen«, kommentierte eine Amerikanerin die mickrige Portion auf meinem Teller. Dann noch eine Dose Bier an der Bar. Heute

Abend war wenig los. Steffi spielte an der Anlage rum und wühlte in einem Stapel Hed-Kandi-Compilations nach dem nächsten Stück. Emilio unterhielt sich an die Bar gelehnt mit Casey. Neben Casey standen bereits fünf leere Dosen. Er blickte ins Leere, während Emilio gestikulierte. Zwei Chinesinnen spielten Schach und lachten sich kaputt, als eine der Figuren vom Brett fiel. Hicham saß mit ein paar Leuten um einen Laptop und klickte Fotos vom letzten Hafen durch.

Auf dem Weg zur Kabine lief ich Ana in die Arme.

»Na du schaust ja verdrießlich aus. Alles okay, Markito?«

»Seekoller«, entgegnete ich nur und konnte es kaum erwarten, ins Bett zu kommen.

STURM

Stand ich auf einmal wieder am Anfang meiner Suche? Das Gedankenkarussell lief auf Hochtouren. Die ganze Seriositätsnummer war doch lachhaft. Nur eine Ausflucht, um mir nicht eingestehen zu müssen, dass ich überhaupt keine Ahnung hatte, was ich im Leben wollte. Ich versuchte nur, mich an erprobte Rollen zu halten. Da waren sie wieder, die alten Fragen: Was will ich machen mit meiner Zeit? Wohin mit meiner Energie? Mein Kopf ein Hamsterrad, das sich schneller und schneller drehte, während mein Selbst festgeschnallt gegen die Innenseite meiner Gedanken gepresst wurde und nichts tun konnte, als einen Fixpunkt zu suchen, um nicht zu speien.

Im einen Moment war ich stark, wuchs über mich selbst hinaus, ergab ein Ganzes und sah glasklar die Möglichkeiten. Im nächsten Moment befand ich mich im freien Fall. Ich warf Ideen aus mir heraus, wie eine Zeichentrickfigur, die endlos Gegenstände aus ihrer Tasche produziert. Einen Amboss, eine Dampflock, eine Hupe. Das waren die schlimmsten Momente. Ich hatte mehr als ich je brauchte und konnte genau damit nichts anfangen. Meine Welt schwankte.

»Uoh!«, hörte ich Casey aufrufen. Ich griff aus der Traumgeleemasse in die Wirklichkeit und bekam mein Handy zu fassen. Die Displaybeleuchtung weckte mich endgültig. 4.20 Uhr. Mitten in der Nacht.

»Crazy shit! Das musst du dir ansehen!«, meinte Casey, auf dem Feldbett kniend, das Gesicht gegen das Bullauge gedrückt. Ich rappelte mich auf, kippte aber sogleich gegen die Kabinenwand. Hier war etwas in Bewegung. Das Bullauge blickte einen Moment tief ins Wasser, und rollte dann schwerfällig hoch zum Nachthimmel. Gischt explodierte vor der Scheibe. In der Nachbarkabine knallte etwas unsanft zu Boden.

»Geil, Sturm!«

Ich spürte das Abendessen in meinem Magen hin und her schwappen und bemühte mich, es drin zu behalten. Auf die Grundbedürfnisse reduziert, verabschiedeten sich meine schwarzen Gedanken schneller als Erste-Klasse-Passagiere von der sinkenden Titanic.

THE DOORS

Die nächsten 48 Stunden waren eine einzige Berg- und Talfahrt. Das Schiff rollte von Backbord nach Steuerbord und wieder zurück. Wellen krachten über das Deck. Die rabenschwarze Wolkendecke senkte sich immer tiefer auf uns herab. Kommilitonen aller

Nationen eilten auf der Suche nach der nächsten Toilette mit blassem Gesicht an mir vorbei. Egal welcher Herkunft, kotzend waren wir alle gleich.

Ich aß nur noch trockene Cracker. Alles andere wäre früher oder später wieder hochgekommen. Trotz des schweren Wellengangs fanden die Vorlesungen planmäßig statt. So sollte verhindert werden, dass Unruhe aufkam. Im Trade-Kurs musste ich eine Präsentation über Ecuadors Wirtschaftsfaktoren halten, während meine Zuhörer mit ihren Stühlen quer durch den Raum rutschten. Einmal warf es mich samt Flipchart zu Boden.

Am Abend war das Schlimmste vorbei. Doch die See war noch immer aufgewühlt. Auf dem Weg zur Caribe Bar begegneten Emilio und ich dem verrückten Schotten, Ian. Der hatte wie immer das irrsinnige Funkeln in den Augen.

»Wie sieht's aus, Compadres?«

»Keine besonderen Vorkommnisse. Aber was führst du schon wieder im Schilde?«

»Kommt mit und ich zeig's euch.«

»Hey!« Cansu stand auf einmal hinter uns. »Was auch immer ihr vorhabt, ich will mitkommen.«

Ian grinste dämonisch. »Ich glaube, das ist eine Nummer zu heftig für dich.«

Cansu schürzte die Lippen. »Das kann ich selbst entscheiden!«

»Ehrlich gesagt, wissen wir selbst nicht mal, was Ian vorhat«, räumte ich ein.

»Dann finden wir's halt heraus!«

Ian zeigte sich beeindruckt. »Die ist so tough, sie könnte eine Schottin sein.«

»Warten wir's ab.«

Cansu wirkte aufgebracht. Sie war wie ausgewechselt.

»Alles okay bei dir?«, flüsterte ich.

»Alles bestens. Was soll schon sein?«, entgegnete sie schroff.

Ich zuckte zurück.

»Okay, Ian, sag uns, wo's hingeht!«

»Dann schnallt euch mal an. Da lang!«

Den ganzen Tag über waren die Stahltüren zum Deck fest verschlossen, damit niemand an Deck und im Sturm über Bord gehen konnte. Doch Ian hatte eine Tür entdeckt, die unverriegelt war. Die Metalltreppe darunter glänzte vor Nässe. Der Schotte drehte sich um und sah uns mit irrem Blick an. Er wollte raus. »Seid ihr dabei?«

Wir haderten eine Sekunde. Ich atmete tief durch. Dann stiegen wir Ian hinterher und drückten die Tür auf. In dem Moment neigte sich das Schiff auf die Seite. Ian griff ruckartig nach einem Handgeländer, das die Außenwand entlangführte. Emilio, Cansu und ich taten es ihm nach und hangelten uns nach draußen. Die Tür schlug zu. Wir waren allein auf dem stürmenden Pazifik. Die Panik schoss mir in die Knochen. Was für eine bescheuerte Idee. Gischt peitschte uns um die Ohren. Der Wind zerrte an den Kleidern. Ich sah auf das brodelnde Meer hinaus. Der Bug neigte sich in die Höhe.

»Festhalten!«, brüllte Ian, ehe es wieder bergab ging und das Schiff in ein Wellental krachte. Die Kompression drückte uns in die Knie. Wir johlten und klammerten uns noch fester an das Geländer. Ich sah rüber zu Cansu. Sie schaute starr geradeaus. Ich meinte, Tränen in ihren Augen zu sehen, aber das konnte auch Wasser sein.

»Komm schon!«, rief sie den schwarzen Wellen zu.

Von steuerbord sahen wir einen Brecher heranrollen. Beim Aufprall riss es uns von den Füßen. Das Salzwasser klatschte über Deck.

»Fuck!«, brüllte ich vollgepumpt mit Adrenalin. Ich sah wieder rüber zu Cansu. Sie schaute weg. Aus den Gewitterwolken kam ein dumpfes Grollen.

»Die wird geil!«, brüllte Emilio. Es ging wieder bergauf. Meine Zähne klapperten. Es ging wieder bergab. WUMM. Gischt fetzte uns ins Gesicht. Ich schluckte Salzwasser. Und schon ging es wieder bergauf. Mir war schlecht vor Angst. Gleichzeitig war ich berauscht von der Kraft der Elemente. Wir maßen uns mit dem Ozean. Welle um Welle. Zahn um Zahn.

Plötzlich sprang die Stahltür auf. Ein Matrose brüllte uns an. »Sofort reinkommen!«

Wir leisteten keinen Widerstand und schafften es, uns zum Eingang zu hangeln, ohne bei dem Manöver von Deck gespült zu werden. Zwei weitere Matrosen warteten nervös auf der Treppe. Sie zogen uns zu sich herein. Dann stemmten sie sich gemeinsam gegen die Tür und drehten das Verschlussrad kräftig zu.

»Überprüft noch einmal alle Türen!«, befahl der wütende Matrose. Seine Kollegen hasteten los und ließen uns triefend zurück.

Er schüttelte ungläubig den Kopf. »Ihr seid wohl verrückt geworden.« Er taxierte uns mit finsterem Blick. Wir senkten die Köpfe. Schließlich machte er ohne ein weiteres Wort kehrt und lief seinen Kollegen hinterher.

»Aber es war schon geil«, raunte Ian mir zu. Und damit machten wir uns triefend auf den Weg in unsere Kabinen. Ich drehte mich nach Cansu um, doch sie war längst verschwunden. Was war bloß mit ihr los?

REGENTANZ

Am zweiten Abend hatte sich der Wellengang beruhigt. Dafür prasselte jetzt der Regen in Strömen herab, als wäre ein Damm

im Himmel gebrochen. Einige Studenten wagten sich langsam wieder nach draußen. Die tief gebräunte Haut nahm nach wochenlangem Sonnenschein jeden Tropfen gierig auf. Ich stand in der Dunkelheit an Deck und genoss es, mich bis auf die Knochen durchweichen zu lassen. Die Unterteilung in gutes und schlechtes Wetter war im Laufe der Reise ad absurdum geführt worden. Für die dürregebeutelten Regionen Portugals bedeutet Regen Hoffnung. Für Mittelamerika gehört der Regen dagegen genauso zum täglichen Ritus wie die schwüle Hitze.
Wie wenig wir uns in Deutschland bewusst machten, wie klimatisch privilegiert wir waren. Ich erinnerte mich an die dunklen Wintermorgen, die ich als Jugendlicher im kalten Nieselregen auf den Schulbus wartend verbracht hatte, immer das Ziel vor Augen, irgendwann einmal in einem sonnigen Land zu leben.

Jetzt stand ich bester Dinge in der Traufe und fühlte mich großartig. So sehr von dem Moment vereinnahmt, bemerkte ich Ana zunächst nicht. Sie sah mich mit einer seltsamen Mischung aus Bestimmtheit und Neugier an. »Schön, dich hier zu treffen«, sagte sie nur. Nasse Strähnen klebten ihr im Gesicht. Ihr Top hatte sich so eng an ihren Körper gesaugt, dass ich deutlich die Brustwarzen und sogar ihren Bauchnabel darunter ausmachen konnte. Der Anblick machte mich völlig irre. Sie genoss es merklich, zu sehen, wie mir die Luft wegblieb. Dabei kam sie noch einen Schritt näher heran. Ehe ich mich versah, glitten ihre Hände unter mein T-Shirt, während ich mein Gesicht in ihrem Nacken vergrub und ihre glitschige Haut roch. Sie zog mich mit sich in eine geschützte Ecke unter dem Schiffsschlot. Hungrig zerrten wir uns die Kleider vom Leib, drängten uns dichter in die Ecke und führten unseren eigenen entfesselten Regentanz auf. Ich fühlte mich voller Energie. Ana keuchte mir schwer ins Ohr. Die Lebenslust explodierte in jeder Faser meines Körpers. Sie warf den Kopf in den Nacken und ließ ein befreites Stöhnen erklingen. Wir ließen erst voneinander, als wir vor lauter Regen ganz taub und besinnungslos waren.

Als wir schon längst froren, rollten wir uns auf den Rücken und kniffen die Augen zum Schutz vor den Milliarden kleiner Tropfen zusammen. Wir sagten kein Wort, lachten nur dann und wann ungläubig. Ich ahnte, dass dies keine Liebe, sondern reines Verlangen war. Doch reines Verlangen fühlte sich nach der langen Warterei auf die große Liebe unfassbar leicht und gut an. Vielleicht hatte Emilios Lebensstil doch etwas für sich.

Ana legte ihren Kopf auf meine nackte Brust. In diesem Moment spielte keine der Fragen, die uns umtrieben, eine Rolle. Wir waren zwei junge Menschen mitten im Regen auf dem Pazifik. Die Zukunft offen vor uns. Unsere alten Persönlichkeiten langsam von uns lösend.

PRÜFUNGSPHASE

Die Mittsemesterprüfungen standen an. In den letzten Tagen war es an Bord spürbar ruhiger geworden. Eine Glocke der Konzentration lag über dem Schiff, das schnurgerade durch den Pazifik glitt. Auf den Fluren hockten Studenten in Grüppchen zusammen und fragten sich gegenseitig ihr Wissen ab. Die Rundtische der winzigen Bibliothek waren ständig belegt. Während der Lernphase fielen mir die chinesischen Kommilitonen wieder besonders auf. Im Alltag gingen sie im Dröhnen und Lärmen der anderen Kulturen weitestgehend unter. Sie tranken nicht und tanzten nicht. Doch die Prüfungsphase war ihre große Stunde. Mit stoischer Disziplin lasen sie von morgens bis nachts in den Büchern und arbeiteten die Beispielfragen durch.

In der Kabine machten mich das Hin-und-Her-Wiegen des Schiffs und das eintönige Brummen der Dieselmotoren immer benommen. Außerdem war das Bett ohnehin kein idealer Ort, um zu lernen. Es ist erstaunlich, wie viele Ausreden einem einfallen, wenn es ans Lernen geht. Die Umgebung muss blitzeblank aufgeräumt sein. Man muss erst mal gegessen haben – nicht zu wenig, aber auch nicht zu viel. Ich brauchte Musik, aber nur Instrumentals, bloß nichts mit Vocals. Am besten waren die Beats von DJ Premier geeignet. Genau mein Rhythmus für eine intensive Lernsitzung.

An diesem Tag jedenfalls entsprachen die Bedingungen in der Kabine keinem dieser Ansprüche. Casey hatte sich mit ein paar Freunden zum Hot-Boxen im Badezimmer eingeschlossen. Dafür ließen sie so lange die Dusche mit heißem Wasser laufen, bis das kleine Kunststoffbadezimmer komplett mit Dampf gefüllt war. Dann zündeten sie sich eine Tüte so groß wie ein Ofenrohr an und ließen sie kreisen, bis keiner mehr stehen konnte. Ich hörte sie hinter der Tür bekifft kichern und tiefsinnig debattieren. Dabei dachte ich an all die ungelesenen Kapitel, die ich noch nachholen musste. Also nahm ich die Bücher unter den Arm, legte mir meine Schalenkopfhörer um den Hals und begab mich auf die Suche nach einem ungestörten Ort.

Unser Flur war belagert von Lerngruppen. Ich schaute bei Samantha in der Bibliothek vorbei, aber die Tische waren bis auf den letzten Platz von den chinesischen Studenten besetzt. Sie schlug mir vor, es im Theater zu versuchen. Also trottete ich weiter. Das Theater schien leer zu sein. Doch dann sah ich in einer der hinteren Sitzreihen Cansu und Ben in ein Gespräch vertieft. Ein kurzer Piks in meiner Brust. Jetzt bloß kein Emotionskino. Ich zog weiter. Die Auswahl unter Deck wurde immer beschränkter. Raus wollte ich eigentlich auch nicht, denn dort machte einem die Hitze zu schaffen und das gleißende Tageslicht blendete beim Lesen. Ich würde es wohl oder übel in Kauf nehmen müssen. Konzentration fiel in der Kölner Unibibliothek mit ihrem tristen Innern und dem hellen Rauschen der Lüftungsanlage so viel leichter.

Ich trat hinaus in die warme Luft. In dem Moment flitzte Tom in Badeshorts an mir vorbei und sprang mit einer Arschbombe in den Pool. Die Mädchen im Pool kreischten, als ihnen die nasse Explosion über die Köpfe klatschte.

Als sie mich sahen, riefen sie mir zu. Ich sollte bei ihrer Pool-Session mitmischen. Die Versuchung war gigantisch. Ich atmete tief durch und wiegelte ab. »Ich muss das hier noch alles lesen.« Zur Unterstreichung hob ich die Bücher in die Luft.

»Ach komm schon! Lernen kannst du nächstes Semester! Das hier gibt's nur einmal im Leben!« Aber ich blieb hart. Unter Buhrufen trollte ich mich Richtung Achterdeck. »So German«, spotteten sie. Ich drehte mich um, griff mir einen Stapel Handtücher und belegte damit alle Liegestühle rund um den Pool. »Das sind jetzt meine!«, sprach der Deutsche.

Ich legte mich auf eine der Liegen und fing an, halbherzig die verpassten Kapitel in Marketing nachzuarbeiten. Wie soll man im Leben bloß etwas zuwege bringen bei so vielen Versuchungen?

MULTIPLE CHOICE

Es war leicht, auf dem Schiff den Anschluss zur Welt zu verlieren. Wir waren unser eigener kleiner Kosmos mit eigener Zeitzone und eigenen Regeln.

Ich versuchte weiter herauszufinden, wer ich war und wie man sich im Leben zurechtfindet. Ich tastete mich vor wie durch Blindenschrift. Ab und zu meinte ich, etwas verstanden zu haben. In unserer durchzechten Nacht in Guayaquil war ich über ein Bier an einen Astronomen aus Chile geraten, der Nacht für Nacht in der Atacama-Wüste das Universum erforschte. Er erzählte mir, wie sie aus Farben Informationen gewannen und wie jede Farbe ihren eigenen Schatten hat. Eine schöne, abstrakte Vorstellung. Vielleicht warf das Leben ja auch einen Schatten, aus dem sich die Kontur des eigenen Daseins erkennen ließ. Ich sollte mal Cansu davon erzählen.

Erschrocken bemerkte ich, dass ich schon wieder völlig abgedriftet war. Dabei saß ich mitten in der International-Finance-Prüfung. Ein Blick auf die Uhr zeigte, dass nur noch eine von drei Stunden blieb. Ein Blick auf meinen Testbogen zeigte, dass das niemals reichen würde, um es bis zum Ende der Multiple-Choice-Fragen zu schaffen.

Neben mir zischte Francesco. Er tippte mit dem Finger auf Frage 43 und zuckte hilflos mit den Schultern. Ich konnte ihm nicht helfen. Da flatterte zu seiner Linken ein erlösendes Papier zu Boden. Es kam offensichtlich von der Münchnerin, Steffi. Sie war gut mit Zahlen. Sie musste gesehen haben, dass seine Testbögen noch völlig leer waren. Auf ihren Zettel hatte sie die Antworten der meisten Fragen gekritzelt. Francesco übertrug genüsslich die Ergebnisse auf sein Blatt. Als ich zu ihm rüber zischte, er solle mir die Antworten auch geben, schaute er mir tief in die Augen, zerknüllte feierlich das Papier und schob es so weit wie möglich von mir weg.

Ich kochte innerlich. Doch ich riss mich wohl oder übel zusammen und wrang mein Hirn nach Leibeskräften aus, um wenigstens noch ein mittelmäßiges Ergebnis hinzubekommen.

Nach der Klausur wollte er Steffi auf einen Drink einladen. Sie war völlig überrumpelt.

»Hast du einfach alle Antworten übernommen?«, fragte sie.

»Klar. Die kamen wie gerufen. Bei Multiple Choice kommen sie nie drauf, wenn du abschreibst.«

»Du weißt schon, dass sie verschiedene Bögen verteilen und nicht alle Fragen gleich sind, oder?«

»Fuck. Wieso hast du mir dann überhaupt den Bogen rüber geworfen?«

»Hab ich nicht. Der ist mir runtergefallen. Das waren einfach Notizen. Hab es gar nicht mitbekommen.«

Francesco machte ein langes Gesicht.

In dem Moment rannte Tom mit einem lauten Jauchzer an mir vorbei. Ich schnitt Francesco eine Grimasse, warf meine Flip-Flops ab und rannte hinterher. Auf halber Strecke holte ich Tom ein. Ich riss mir im Rennen das T-Shirt vom Leib. »Wer zuerst drin ist!« Wir kamen zeitgleich an und sprangen in den Pool. Ich ließ mich bis auf den Beckenboden sinken und hörte so lange dem Klickern des Wassers zu, bis meine Luftreserven aufgebraucht waren. Als ich aufstieg, wog die Prüfung nur noch halb so schwer.

WACHSTUMSSCHMERZEN

Kann man sich selbst beim Wachsen zusehen? Ich versuchte das schon eine ganze Weile herauszufinden. Wenn ich zehn Jahre zurückschaute, hatte ich mich natürlich verändert. Gar keine Frage. Mein 14-jähriges Selbst kam mir naiv und idealistisch vor. An manche peinliche Episode erinnerte ich mich lieber gar nicht. Aber in der Zwischenzeit hatte es sich nicht wie Entwicklung angefühlt. Es gab keinen Moment, in dem ich dachte »Aha, jetzt hab ich's begriffen. Ab ins nächste Level.« Persönlichkeitsentwicklung erschien mir mehr wie ein schleichender Prozess. Jetzt war ich schon seit einer gefühlten Ewigkeit auf dem Boot. Ich hatte Menschen aus Ländern kennengelernt, in denen ich nie zuvor war. Ich war mit diesen Menschen durch den Dschungel gestapft und habe mit einem Taxifahrer Gras geraucht. Ich hatte mich durch Vorlesungen gequält und seit Abfahrt bestimmt tausend Seiten gelesen. Das musste doch Spuren hinterlassen haben. Ich erwartete eine profunde Veränderung in mir. Aber immer wenn ich meinte, sie greifen zu können, verflüchtigte sie sich. Die befreite Stimmung, die mich in Panama begleitet hatte, war wieder verpufft. Ernüchtert dachte ich, dass ich noch genau der Gleiche war wie am Tag der Abfahrt.

Ich musste Denise fragen. Sie würde so was wissen. Also rollte ich mich aus meiner Koje und durchquerte das ganze Schiff auf dem Weg zu meiner weisen Freundin aus DC. Ihre Kabine lag weit vorne im Bug. An Tagen mit Wellengang konnte einem dort leicht übel werden. Die Bewegung wirkte sich hier stärker aus als im Heck oder mittschiffs.

Ich fand Denise mit einem Buch auf ihrem Bett liegend. Sie freute sich, mich zu sehen. Ich legte mich zu ihr.

»Was ist los, Sweetie?«

»Findest du, ich entwickle mich?«

»Wir entwickeln uns jeden Tag.«

»Schon. Aber merklich meine ich. Habe ich mich verändert?«

Sie grunzte. »So lange kenne ich dich doch gar nicht.«

»Alle meinen, dass das hier eine lebensverändernde Erfahrung ist.«

»Ganz bestimmt.«

»Aber ich merke keine Veränderung.«

»Vielleicht kommt sie verzögert. Im Moment haben die Eindrücke noch zu viel Staub aufgewirbelt. Der Staub muss sich erst legen, bis du klar erkennen kannst, wo du stehst.«

»Und wenn ich nachher erkenne, dass ich noch immer an derselben Stelle stehe?«

»Dann hast du die Chance nicht genutzt, dich zu bewegen, Sweetie«, sprach sie und strich mir mütterlich über den Kopf.

Ich atmete langsam aus. »Irgendwann muss man doch mal bei sich ankommen.«

Denise schmunzelte. »Ich schätze, mit jedem Ankommen entdeckst du wieder neue Fragen.«

ANA

Seit der Nacht im Regen kam es mit Ana noch weitere Male zu ähnlichen Begegnungen. Jedes Mal schliefen wir mit einer Inbrunst miteinander wie Ertrinkende, die sich ans Überleben klammern. Einmal hatten wir Sex im Schiffstheater. Lange nach Mitternacht, als nur noch die Notbeleuchtung brannte, spielten wir in jeder einzelnen Sitzreihe hitzige Szenen und kamen schließlich unter der großen Leinwand zum Abspann.

Abends lauschte ich weiterhin Cansus Musik und schrieb dabei in mein lieb gewonnenes *Grand Voyage*. Meine Gefühle für sie hatten sich nicht geändert. Auch wenn Cansu in letzter Zeit etwas abwesend wirkte, waren meine Gefühle sogar noch stärker geworden. Und das irritierte mich. Wie konnte ich mir bei ihrem Klavierspiel eine gemeinsame Zukunft in den familienfreundlichsten Details ausmalen und nur wenige Stunden später Anas Jeans mit zittrigen Händen aufknöpfen?

War ich am Ende keinen Deut besser als Emilio? Tappte ich in die gleichen Fallen wie Rodrigo? Was war mit meinen hehren Idealen, auf die ich mir so viel einbildete?

Nach fast zwei Wochen auf dem Schiff flirrte mir der Ozean vor Augen. Lichtreflexe zuckten selbst vor meinen geschlossenen Lidern umher. Beim Frühstück schwankte mir der Boden unter den Füßen, obwohl das Student Ship eben wie eine Wasserwaage auf dem Pazifik lag. Seriosität und Freiheit, Verliebtheit und Verlangen, Absturz und Höhenflug vermengten sich zu einem hochprozentigen Cocktail in meinem Kopf. Ich wusste mal wieder nicht, wer ich war. Dabei war ich doch nach Südamerika so kurz davor gewesen, es zu begreifen. Das Schreiben half mir immerhin, meine Gedanken zu ordnen. Doch selten brach eine wesentliche Erkenntnis durch, die ich praktisch für mich nutzen konnte. So reihten sich die unreifen Gedanken in meinen Aufzeichnungen auf wie ungeschlüpfte Störeier an einer Schnur.

Ich entschuldigte mich mit Schwindelgefühlen von den Vorlesungen des Tages und zog mich in die kühlende Kabine zurück.

SCHLUSSPUNKT

Am nächsten Tag suchte ich Ana auf. Unterwegs traf ich Emilio und konnte ihm kaum in die Augen sehen. Ich warf ihm seit der Sache mit Basma ein Verhalten vor, das ich inzwischen selbst ausübte. Immerhin sprachen wir wieder miteinander. Doch die Gespräche waren hölzern und offensichtlich beiden Seiten unangenehm. Es musste sich etwas ändern. Es war an der Zeit, etwas zu tun.

Vor Anas Kabine übte ich meinen Text. Ich würde standhaft bleiben. Wichtige Entscheidungen taten oft weh. Das war der Beweis dafür, dass sie wichtig waren. Ich klopfte an ihre Tür.

»Komm rein! Es ist offen.«

Ach, dieser Latina-Akzent. Ich atmete tief durch. Dann trat ich ein.

Ana grinste, als sie mich sah. Ich könnte es gleich hier im Stehen tun. Könnte es geradeheraus beenden.

Ich beäugte sie. Ich spürte keine tieferen Gefühle als Freundschaft. Aber ich hätte sie am liebsten auf der Stelle ausgezogen.

Da ich nichts sagte, fragte sie, ob alles in Ordnung sei.

Ich bereute schon, hergekommen zu sein. Ich hatte noch nie eine Beziehung beendet. Zumindest nicht direkt. Statt eine Entscheidung zu treffen, meldete ich mich einfach kaum noch, wurde ausweichend und verhielt mich distanziert. Ich brachte es schlichtweg nicht übers Herz. Doch hier stand ich nun. Sie war süß.

»Ana, hör mal, ich mag dich, aber das mit uns muss aufhören.«

Sie schaute mich verwirrt an.

»Du meinst der Sex?«

»Ja, der Sex. Das Ganze eben.«

»Welches Ganze eben? Wir haben doch nur Sex, Markito.«

»Ja, und er ist gut und er ist ... er ist verdammt gut.«

»Also?«

Ich balancierte auf einem hauchdünnen Drahtseil, das hin und her wogte. Ich fühlte mich innerlich mit den Armen rudern. Ich könnte sie hier und jetzt ausziehen und es würde fantastisch sein. Mein Rücken verkrampfte sich.

»Nein. Ich will das nicht. Ich bin das nicht.«

»Ich hör nur ›ich, ich, ich‹. Also mir gefällt es sehr gut. Und ICH will sehr gerne, dass wir diese Dinge weitermachen.« Sie stand auf. Ich spürte ihre Nähe. Jetzt wurde es gefährlich. Ich musste sofort die Kurve kriegen. Ein zweites Mal brächte ich nicht den Mut auf.

»Ich liebe eine andere. Leider weiß sie das noch nicht, aber ich kann mir selbst nicht ins Gesicht gesehen, wenn ich bei ihr bin und du mir noch unter den Fingern brennst.«

Sie wich einen Schritt zurück und besah mich mit neuen Augen. Sie musterte mich von Kopf bis Fuß als gäbe es etwas zu entdecken, das bisher nicht dagewesen war.

»Es tut ein bisschen weh. Das muss ich zugeben. Zurückweisung fühlt sich nie gut an.«

Ich sah ihr die Kränkung an. So sehr sie auch versuchte, die Fassung zu bewahren. Ich hätte sie am liebsten in die Arme genommen.

»Aber ich finde, es ist ein mutiger Entschluss und ich bewundere dich dafür. Ich wünschte, alle Männer hätten so viel Rückgrat.«

Als ich schließlich ihre Kabinentür hinter mir schloss, schnappte ich nach Luft. Ich musste dringend an Deck. Was sich auf dem Hinweg wie ein Damoklesschwert angefühlt hatte, knallte jetzt wie ein Feuerwerk in mir. Ich wollte vor Erleichterung loslachen. Am liebsten wäre ich direkt zu Cansu gerannt und hätte es ihr erzählt. Wie ich über mich hinausgewachsen war. Wie ich die Entscheidung wie eine Kanone in der Hand gehalten und abgedrückt hatte. Ich war kein Fuck-up!

Doch leider wäre es Cansu egal. Sie war vergeben.

BOUNTY

Es war ausgerechnet Ben, der den Vorschlag für ein unwiderstehliches Abenteuer auf Tahiti machte. Ich hatte gedacht, dass er auf jeden Fall die berüchtigte Welle Taehupoo surfen wollte. Doch Emilio erklärte mir, die Welle sei nur für die besten Surfer der Welt. Er und Ben waren dagegen gerade mal Hobbysportler. »Da machen wir uns lieber gar keinen Stress und genießen einfach die Inseln.«

»Aber nicht wie alle«, ergänzte Ben. »Die Strände sind bis zum letzten Zentimeter in Privatbesitz und mit Hotels für Honeymooner bebaut.« Ich war mir sicher, dass er damit übertrieb. Wir erwarteten unberührte Strände, ungezähmte Tiere und Emilio hoffte innig auf unverheiratete Insulanerinnen. Wie einst die Meuterer unter Fletcher Christian kamen wir mit den edelsten Motiven. Binnen achtundvierzig Stunden mussten wir so viel Paradies in uns aufnehmen, wie irgend möglich.

Mir hätte Ben alles Mögliche vorschlagen können. Selbst ein Pauschalhotel mit plärrenden Kleinkindern und Eltern in Adiletten hätte ich in Kauf genommen. Denn solange er den Ton angab, bedeutete es auch, dass Cansu dabei war.

Ben wies auf die winzige, unbewohnte Insel Motu Fareone, die etwa zweihundert Meter vor Moorea lag. Er hatte die Karte vor uns auf dem Tisch ausgebreitet.

»Das kann man leicht schaffen. Stellt euch vor: Samtig weißer Sand, in dem wir die ersten Fußabdrücke hinterlassen ...«

Wir hockten auf dem Kabinenflur, um uns zu beraten. Wie sah es mit Haien aus? War es wirklich so leicht, wie Ben es versprach? Emilio war in Nicaragua nur wenige Kilometer vom Karibischen Meer aufgewachsen. Er surfte und schwamm wie ein Delfin. Für ihn gab es kein Zögern. Cansu vertraute auf Bens Urteil und sah es als beschlossene Sache. Ich hatte ein ungutes Gefühl. Aber da mir keine handfesten Gründe dafür einfielen, wagte ich keinen Widerspruch.

Rodrigo fehlte noch immer in unserem Team. Wir hatten häufig gemeinsam über die Südseeinsel geredet und Pläne geschmiedet. Seine Abwesenheit war heute mit Händen zu greifen. Auf keinen Moment der Reise hatten wir uns so sehr gefreut wie diesen. Die Entfernung von zu Hause schien maximal. Seit einer gefühlten Ewigkeit hatten wir nichts als das Meer gesehen. Nicht mal ein Frachtschiff hatte ich erspäht. Wir waren losgelöst vom Rest der Welt in diesem fremden, blauen Universum unterwegs. Der nächste Planet: Tahiti.

Dann und wann kam jemand vorbei und fragte, ob wir schon Pläne für Tahiti hätten. Da wir niemanden einweihen wollten, drucksten wir herum. Noch nichts Konkretes. Mal sehen. Das entscheiden wir spontan.

Wir wollten unsere Einsatztruppe bewusst klein halten. Alles andere hätte den Vibe zerstört. Am Ende würden wieder Nackenkissen und Schminkkoffer mitgebracht. Unsere Chance auf das Paradies wäre verflogen.

Wir stellten uns vor, wie es gewesen sein musste, früher als Entdecker mit einem Segelschiff hier anzulanden. Die Haut gegerbt von der Sonne und die Augen rot von Wind und Salzwasser. Ständig die Angst an Bord, dass die Vorräte nicht reichen. Die Angst, dass kein Land mehr kommt und das Meer einen verschluckt.

»Wartet einen Moment!«, blinzelte Emilio uns verschwörerisch zu und eilte den Gang hinunter. Ich war froh, dass wir wieder etwas gemeinsam unternahmen. Wenig später tauchte er mit einer Flasche Rum wieder auf.

»Flor de Caña«, strahlte er. »Vielleicht das Beste, was meine Heimat zu bieten hat. Ich habe ihn schon bei der Abreise an Bord geschmuggelt und zwar genau für einen Moment wie diesen.« Er war sichtlich stolz.

»Schade, dass Rodrigo nicht da ist. Wäre mal was anderes als Tequila für ihn.«

Die bernsteinfarbene Flüssigkeit schmeckte nach Abenteuer und Meuterei.

Am Abend vor unserer Landung in Moorea begegnete ich Cansu bei einem Spaziergang an Deck. Sie lächelte, als sie mich sah. Der Wind spielte mit ihren Haaren, als habe er selbst eine kindliche Freude an ihr. Ich schaffte es, meine Sinne genügend beisammen zu halten, um in ganzen Sätzen zu sprechen.

»Wir sind fast da«, sagte sie. »Ich kann's kaum glauben.«

Eine Böe pfiff mir um die Ohren. Ich hätte ihr gerne von Ana erzählt und ihr gesagt, dass ich frei und geläutert war. Stattdessen schoben sich Bilder von ihr und Ben vor mein inneres Auge. Zwei Tage mit ihr waren himmlisch. Zwei Tage mit ihr in Bens Armen waren höllisch. Wieso war sie eigentlich mit ihm zusammen? Besonders innig schienen sie nicht miteinander zu sein.

»Du bist heute so nachdenklich. Machst du dir Sorgen wegen der Strecke morgen?«

»Irgendwie habe ich ein mulmiges Gefühl dabei.«

»Wir müssen das nicht machen. Es gibt bestimmt auch andere schöne Plätze auf Tahiti. Ben wäre enttäuscht, aber ...«

»Nein, nein. Wir machen das. Er kennt sich ja aus mit so was. Seltsam. Ich bin der Einzige von uns, der nicht am Meer groß geworden ist.«

Sie strich mir über den Arm. »Wir schauen es uns einfach mal an, okay?«

Am nächsten Morgen standen wir zu viert an Deck und übersahen die letzten Seemeilen bis zum Anlegen. Emilio trommelte mir vor Freude mit den Handflächen auf den Rücken.

NOA NOA

Wir nahmen alle Eindrücke begierig auf. Die Farben der Südsee. Das trockene Rascheln der Kokospalmen im Wind. Den Klang der sanften Brandung und die Luft, die parfümiert war von Tiaré-Blüten und Hibiskus.

Wir hatten extra abgewartet, bis alle von Bord waren, damit uns keiner folgte, und schlenderten zur Sicherheit noch eine Runde durch Papeete, das größte Dorf von Tahiti. In unseren Rucksäcken trugen wir nichts als zusammengerollte Hängematten, die wir in Ecuador gekauft hatten, sowie Handtücher und Sweater, falls es am Abend kühl würde.

In einer offenen Markthalle entdeckte Emilio einen Stand, an dem Bier ausgeschenkt wurde. Der Verkäufer reichte uns gleich vier Flaschen Hinano Tahiti aus dem Kühlschrank. Auf dem Etikett war eine kniende Tahitianerin abgebildet. Wir befanden uns am Ziel meiner Träume. Mitten in der Südsee. An den Ständen um uns herum wurden bunte Tücher und Taschen und dicke Stränge von Muschelketten, Bananen, Mangos und weitere heimische Gewächse angeboten. Die Menschen in Papeete strahlten eine so tiefe Gelassenheit aus, wie sie nur von einem Leben im Paradies geformt sein konnte.

Das Bier prickelte angenehm. Die Welt schien zu schweben. Ich konnte es förmlich in meinen Füßen fühlen. In dem Moment gesellte sich ein älterer Herr mit weißem Kraushaar, obligatorischem Aloha-Hemd und beeindruckendem Bronze-Teint zu uns.

»Na, meine Lieben. Gerade erst angekommen?«

»Ja! Es ist umwerfend.«

»Nicht wahr? Ich stelle mich immer an den Hafen, wenn ein neues Schiff anlegt, um mir die ungläubigen Gesichter anzusehen.« Er lächelte mild. »Wie lange sind Sie hier?«

»Nur knapp zwei Tage.«

»Nur zwei Tage? Was machen Sie da so lange in Papeete? Hier gibt es doch nichts zu sehen. Sie verpassen ja das Beste.«

»Wir nehmen die nächste Fähre rüber nach Moorea.«

»Oh ja, Moorea. Gute Wahl. Das ist die schönste unserer Inseln. Wo wollen Sie denn übernachten?«

»Wir nehmen uns einfach einen Roller und sehen, wo es uns gefällt.«

Tatsächlich hatten wir uns noch keine Gedanken um die Übernachtung gemacht. Vermutlich würden wir am Strand unserer einsamen Insel, Motu Fareone, schlafen.

»Einen Roller wollen Sie leihen? Da sind Sie spät dran. Wenn ihre Mitreisenden mit der ersten Fähre voraus sind, sind die Verleihstationen sicher schon leergefegt.«

Wir machten lange Gesichter. Moorea war nicht groß. Wir hatten gelesen, dass man die Insel innerhalb einer Stunde umfahren konnte. Wenn wir aber bis zu der Stelle im Norden laufen mussten, von der wir losschwimmen wollten, wäre schon der halbe Tag rum.

»Mein Enkel betreibt drüben an der Fährstation eine Werkstatt. Da hat er vielleicht noch ein oder zwei Roller rumstehen, die er euch vermieten kann, bevor sie die Eigentümer abholen.« Er zwinkerte uns zu. Wir wollten es versuchen.

KORALLEN

Als wir in Moorea von Bord der Fähre gingen, konnte ich kaum stillhalten. Emilio und ich stachelten uns in unserer Euphorie gegenseitig an. Moorea ragte wie ein ferner Traum aus dem Wasser. In der Mitte erhob sich ein großer Berg, der aussah wie ein

Vulkan. Alles war leuchtend grün und fiel von der Bergspitze in spektakulären Steilhängen und kleineren Bergen bis zum weißen Sandstrand ab. Auf der Insel angekommen, liefen wir, wie von dem tahitianischen Opa beschrieben, an der leer gefegten Verleihstation vorbei zu dem Haus seines Enkels. Aus dem schmucklosen Flachhaus klangen die scheppernden Akkorde von Jane's Addictions *Jane Says*. Der Enkel erwartete uns bereits. Er trug ein buntes Wickeltuch um die Hüften und stellte einen beeindruckend tätowierten Oberkörper zur Schau.

»Mein Großvater hat schon angerufen. Ihr wollt die Roller abholen, richtig?«

Ohne auf Antwort zu warten, ging er ums Haus und brachte zwei abgetakelte Scooter zum Vorschein. »Da hat uns der Opa etwas viel versprochen«, stellte Ben fest.

»Ich find die ganz cool. Solange sie fahren, haben wir doch alles, was wir brauchen. Die Strecken hier sind ja recht kurz.« Cansu nahm den ersten Roller entgegen und drehte eine Proberunde. »Fährt doch. Los geht's, Jungs!«

Unsere fahrbaren Untersätze bockten und stotterten auf der Fahrt über die einzige Straße der Insel. Wir johlten bei jedem Knall des Auspuffs auf und genossen den Moment. Ich wollte die Welt umarmen. Stattdessen umarmte ich meinen Chauffeur, Emilio, während Ben seine Arme um Cansus Hüfte geschlungen hielt. Ich versuchte, mir davon keinen Strich durch die Stimmung machen zu lassen und saugte die Umgebung auf. Zwischen Mangobäumen und wild wachsender Vanille flatterten schillernde Vögel.

Schließlich streckte Emilio den Arm aus, um uns auf etwas aufmerksam zu machen. »Das muss es sein.« Wir stiegen gespannt von unseren Scootern und begutachteten die Lage. Die Distanz zur Insel war schwer abzuschätzen.

»Kurze Distanz. Pah. Glatte Lüge, Ben. Das sind mindestens tausend Meter«, stellte Emilio fest.

»Nein, so weit sieht das nicht aus«, schätzte Cansu.

Das Wasser wies unterschiedliche Färbungen von Türkis und Grüntönen auf, die auf halber Strecke in ein dunkles Blau wechselten. Dort musste eine Rinne verlaufen.

Wir ließen uns in den Sand plumpsen und peilten die Lage.

»Ist das ein Boot?« Emilio deutete auf einen bunten Streifen am Strand der Insel.

»Könnte sein. Vielleicht ist schon jemand dort. Aber ich kann niemanden sehen. «

»Kommt, wir machen's einfach.« Ben zog sich bereits sein T-Shirt aus.

»Ich weiß nicht.« Mit seinen lockigen, schwarzen Haaren und seinen bunten Boardshorts sah Emilio aus, als wäre er an diesem Strand geboren. Trotzdem zögerte er.

Ich rechnete derweil zusammen, wie viele Meter ich früher im Hallenbad geschafft hatte. Eine Zeit lang hatte ich das Schwimmen als Sport für mich entdeckt und war mehrfach in der Woche zwischen Rentnern mit Badehauben die Bahnen abgeschwommen. Ich war ein halbwegs geübter Schwimmer. Aber das hier war etwas anderes.

Cansu biss sich auf die Unterlippe. »Gibt es hier Haie?«

»Ich denke, die warten weiter draußen«, verunsicherte uns Emilio.

Ich war das Hadern leid. Wir waren für Abenteuer gekommen. Ich gab mir einen Ruck und lief zu meiner eigenen Überraschung voraus.

»Er macht es einfach«, hörte ich Ben sagen.

»Schau dir unser Greenhorn an. Als würde er den ganzen Tag nichts anderes machen.«

Sie applaudierten und pfiffen. »Los Mark!«

Im Augenwinkel tauchte Cansu auf. »Warte auf mich!«

Und so liefen wir nebeneinander in das herrlich warme, türkise Wasser. Ein Netz aus Sonnenlicht waberte auf der Oberfläche. Papageienfische warfen ihre Schatten auf den weißen Sandgrund. Wir waren schon ein ganzes Stück voraus, als Emilio und Ben hinterherstürmten. Wir drehten uns zu ihnen um.

»Haut ab! Wir kommen als Erstes zur Insel«, rief Cansu und zog mich am Handgelenk. Dann quiekte sie auf.

»Schaut euch das an!«

An ihren Beinen glitt ein graues Etwas hoch.

»Rochen!«

Ich musste daran denken, wie der Crocodile Hunter, Steve Irwin, ausgerechnet von einem Rochen erstochen worden war.

»Von denen hab ich gelesen. Man kann sie sogar streicheln«, erklärte Cansu. Und tatsächlich, als zwei weitere Rochen hinzukamen und neugierig um meine Beinen schwammen, waren meine Bedenken verflogen. Die Jungs schlossen zu uns auf. Es war einer dieser Momente, in denen ich uns aus der Luft sehen konnte, wie wir mitten im Pazifischen Ozean am Rande von Moorea standen. Umgeben von Rochen, polynesischer Sonne und Südsee bewegten wir uns in einer Welt aus Perlmutt. Ich tauchte unter, harkte mit den Fingern durch den Sand und hielt die Luft so lange an wie ich konnte.

Als ich wieder auftauchte, waren die anderen ein gutes Stück voraus.

Irgendetwas stimmte nicht. Die Akustik des Meeres hatte sich spürbar verändert. Cansu reichte das Wasser inzwischen bis zur Brust. Ich versuchte aufzuholen, watete schneller durch das tiefer werdende Wasser. Da gefror mir das Blut in den Adern.

Cansu schlug panisch mit den Armen und war binnen Sekunden weit von dem Punkt entfernt, an dem ich sie soeben noch gesehen hatte. Eine Strömung hatte sie vor unseren Augen gepackt. Emilio und Ben erstarrten in der Bewegung – unfähig, etwas zu tun. »Fuck, Fuck, Fuck! Was machen wir denn jetzt?«. Cansu riss es immer weiter von uns fort. Mein Herz schlug bis zum Hals. Wir taten einen Schritt zurück, um nicht auch in die Strömung zu geraten. Die Gedanken rasten.

Und dann ging alles blitzschnell. Ich blickte zur Insel hinüber. Wie schon vom Ufer aus vermutet, lag dort ein Langboot im Sand. Unsere einzige Chance, schoss es mir durch den Kopf. Bevor ich wusste was ich tat, stürzte ich mich in die Strömung. Emilio brüllte mich an. »Mark, was zum Teufel machst du?«

Sofort zerrte die Strömung an mir. Doch ich wurde ganz still und klar. Die Geräusche verschwanden. Ich war vollkommen fokussiert. Mit kräftigen Zügen schwamm ich schräg gegen die Strömung an. Ich kämpfte um jeden Meter. Einen Moment saß ich der Täuschung auf, alles unter Kontrolle zu haben. Dann riss mich ein Sog nach unten.

Ich sah flackernde Blautöne. In Panik strampelte ich so wild, dass der Sauerstoff in meinen Lungen in Windeseile aufgebraucht war. Das Meer rauschte in meinen Ohren. Ein stechender Druck hinter meinen Augen setzte ein. Die Lungen brannten. Das Herz hämmerte. Ich war kurz davor, mich zu übergeben. War hier und jetzt alles vorbei?

Mit einem kräftigen Stoß gegen den sandigen Grund kam ich los und durchbrach die Wasseroberfläche. Ich hörte mich schrill nach Luft schnappen. Cansus Schreie klangen aus der Ferne. Mein Schädel wummerte wie kurz vorm Zerplatzen. Doch jetzt sah ich den rettenden Strand näher als zuvor.

Als er zum Greifen nahe war, zog und robbte ich mich ausgelaugt aufs Trockene und stolperte die Meter zu dem Boot. Jemand kam den Strand entlang gerannt. Mein eigenes Keuchen klang fremd. Ich gestikulierte der Person wild zu und zeigte in die Richtung, in der ich Cansu vermutete. Er sah mich entsetzt an und eilte zum Boot. Mit letzter Kraft half ich ihm, das Gefährt ins Wasser zu ziehen, und sprang selbst mit hinein. Er warf den Außenborder an und peitschte das Boot mit Höchstgeschwindigkeit über die Dünung. Die Hand über die Augen geschürzt, suchte ich Cansu. Sie musste auch unter Wasser gedrückt sein. Der Motor röhrte auf. Im nächsten Augenblick brach ihr Kopf durch die Wasseroberfläche. «Da!« In einem ruckartigen Manöver bockte das Boot auf.

Als wir so nah waren, dass ich Cansus Gesicht erkennen konnte, schlug sie mit den Armen und rang nach Luft. In ihren Augen nackte Panik. Der Fahrer musste höllisch aufpassen, dass das Boot in der Strömung nicht ins Strudeln geriet und Cansu in die Antriebsschraube zog. Er musste den Moment sekundengenau abpassen, in dem ich sie packen und an Bord ziehen konnte. Er brüllte mich an. Ich kniete im Boot und lehnte mich mit dem Oberkörper hinaus, um Cansu zu greifen.

»Cansu, gib mir deinen Arm!« Ich fürchtete, dass sie vor Panik nicht reagieren würde. Doch dann riss sie einen Arm aus dem Wasser. Ich griff danach. Daneben! Wieder brüllte mich der Fahrer an. Ich fuchtelte noch mal ins Leere, dann bekam ich sie zu fassen. Ich packte Cansu fest mit beiden Händen am Unterarm und zog mit aller Kraft. Ihr Oberkörper kam ein Stück aus dem Wasser und ich bekam sie besser zu greifen. Das Boot wackelte gefährlich. Mit Müh und Not schaffte sie es an Bord und sofort lenkte uns der Tahitianer gekonnt aus der Strömung.

Ich war gottfroh und zugleich völlig kaputt. Ich drehte Cansu auf die Seite. Sie spuckte Wasser. Als sie sich ausgekotzt hatte, drehte sie sich erschöpft auf den Rücken. Ich kniete neben ihr.

Unter dem ruhigen Blubbern des Außenborders fuhren wir in die Flachwasserzone ein und kamen schließlich unweit von Emilio und Ben zum Stehen. Sie hasteten zu uns herüber und schauten ins Boot.

Cansu zitterte noch am ganzen Körper. Wir trugen sie an Land und legten sie in den warmen Sand.

»Verfluchte Scheiße!«, schimpfte der Tahitianer. »Ihr seid diesem bescheuerten Travel Guide gefolgt.« Wir schauten Ben an. Er wich den Blicken aus. »Die schreiben doch nicht umsonst, dass die Strömung gefährlich ist. Jedes Jahr fische ich die Leute da raus. Ihr glaubt gar nicht, was hier los ist. Dort wo ihr rein seid, zieht die Strömung schwache Schwimmer schonungslos raus aufs Riff und dann aufs offene Meer.«

Bei dem Gedanken musste ich mich setzen. Ich merkte wie meine Knie nachgaben. Dieses Schicksal hätte uns beiden fast geblüht. Emilio sah mich ehrfürchtig an. »Hast du das gehört? Du hast euch beide da rausgeholt.«

Ich schaute Cansu an und redete ihr gut zu. Als sie mich schließlich erschöpft anlächelte, fühlte ich vor allem eines: Wachstum.

OFFENBARUNGEN

Als sich der Tag dem Ende neigte, war Cansu bereits wieder bei Kräften. Sie und Ben stritten sich heftig. Wie sich herausstellte, hatte er von der Strömung gewusst und uns nichts davon gesagt.

»Ich dachte, das wird schon nicht so schlimm. Ihr wärt ja sonst doch nicht mitgekommen«, argumentierte er scharfsinnig.

Cansu wäre ihm für den Kommentar fast an die Gurgel gesprungen. Ben wiederum konnte mit der Kritik nicht umgehen. Er warf ihr vor, sie sei hysterisch. »Es ist doch alles gut gegangen. Warum machst du jetzt so einen Terror?«

Ihre Augen blitzten gefährlich. Es war höchste Zeit für Ben, Leine zu ziehen. Und so zog er ab wie ein geprügelter Hund. Er würde die Nacht notgedrungen woanders verbringen müssen. Emilio hätte ihm gerne geholfen. Ben war schließlich sein Kumpel. »Aber Cansu hat recht. Er hätte sie fast umgebracht mit seiner idiotischen Idee, uns nichts von der Strömung zu erzählen.«

Nachdem sich die Wogen geglättet hatten, zerfloss die Sonne im Meer als wäre eine dünne Membran, die die Sonnenkugel zusammenhielt, zerplatzt. Orange und Rosatöne traten aus und bedeckten den ganzen Horizont. Wir schaukelten in unseren Hängematten, die Emilio fachmännisch zwischen den Palmen gespannt hatte, und erzählten uns Geschichten. Es waren größtenteils Episoden der letzten Monate. Ungläubig bemerkten wir, wie sich ein Kaleidoskop aus hunderten kleiner Geschichten ergeben hatte. Jeder hatte andere Blickwinkel erlebt. Wir waren mit unterschiedlichen Menschen unterwegs gewesen, hatten unterschiedliche Speisen probiert und verschiedenste Orte entdeckt. Ich stellte mir vor, wie sich Bücher mit all den kleinen und großen Abenteuern füllen ließen. Jeder von uns hätte seine eigene Wirklichkeit schildern können.

Der Nachthimmel glitzerte durch die Palmwedel. Irgendwann hörten wir entfernte Musik aus einem Hotel, das seinen elektrischen Lichtkegel in die Dunkelheit warf.

»Ich vermisse Rodrigo. Musste heute oft an ihn denken.«

»Ich weiß, mein Freund«, stimmte Emilio ein. »Mir geht's genauso«.

»Ihr drei seid schon ein tolles Gespann«, befand Cansu. »Gesucht und gefunden.«

»Apropos gesucht und gefunden. Was wird denn jetzt aus dir und Ben?«, zerriss Emilio die seidige Stimmung.

Hatte er das wirklich gefragt? Wieso fing er jetzt wieder mit Ben an? Ich versuchte, nichts mehr zu hören. Ich wollte jetzt absolut nichts von Ben wissen. Die Nacht hatte so gut begonnen. Doch sie sollte noch besser werden.

»Ben hat es dir doch sicher schon erzählt«, wunderte sich Cansu.

»Was erzählt?«, fragte Emilio. Wusste er etwas, das ich nicht wusste?

»Es ist vorbei.«

Meine Ohren waren mit einem Schlag weit offen.

»Hm, tut mir leid das zu hören«, sagte Emilio mit belegter Stimme. Ich brauchte nicht hinzusehen, um zu wissen, dass seine Stimme nicht aus Mitleid belegt klang, sondern weil er sich das breiteste Grinsen verkneifen musste. Der Kerl wusste genau, was er da tat.

»Mir tut es auch leid. Vor allem er.«

»Er tut dir leid?«

»Na ja. Er ist ja völlig durcheinander dadurch.«

»Ich glaub, wir können dir nicht folgen.«

Ich hörte, wie sie sich in der Hängematte aufrappelte.

»Aber das weiß doch inzwischen das ganze Schiff, dachte ich.«

»Das ganze Schiff weiß was?«

Sie schluckte.

»Na, dass er nicht auf Frauen steht.«

Das Meer hielt den Atem an. Die Palmen standen still. Ich traute meinen Ohren nicht. Gleich musste ich aufwachen. Ich zwickte mich.

»Du musst es doch wissen, Mark.«

Ich klappte den Mund auf und zu wie ein Fisch auf dem Trockenen. Emilio bohrte nach.

»Puh. Na wie erklär ich das jetzt ... Ihr erinnert euch an den Sturm. An einem Tag waren die Wellen so hoch, dass ich mich kaum auf den Beinen halten konnte, als ich Ben suchte. Doch ich fand ihn nirgends. Dann dachte ich, er ist bestimmt bei dir, Emilio. Aber deine Kabine war leer. Also zählte ich eins und eins zusammen und meinte, ihr wärt vielleicht alle bei Mark.«

In meinem Kopf fügten sich die Rädchen zusammen.

»Ich war absolut sprachlos. Als ich die Tür aufmachte ...«

Sie hielt einige Sekunden inne.

»Als ich die Tür aufmachte, lagen Ben und Casey zusammen im Bett und ...«

Ich hielt die Luft an. Eine Weile sagt keiner von uns mehr irgendetwas.

»Und dann bist du mit uns an Deck, um die Wellen über dich krachen zu lassen.«

Sie schluckte.

»Ich war so wütend.«

Unsere Hängematten schaukelten still in der lauen Abendbrise.

PERFEKTION

Die Holzpanelen knackten. Die Dieselmotoren stampften. Der Horizont schwankte. Meine Ohren rauschten.

Cansu. Die See. Das kreischende Dschungelgrün. Schwüler Dampf. Klebriger Nektar. Meine Ohren rauschten.

Leitplanken. Grüne Krümel auf feuchtem Tabak. Schweißnasse Stirn. Cansu. Schreiende Fernlichter. Lila Rauchschwaden. Meine Ohren rauschten.

Herzschlag. Fokus. Herzschlag. Fokus.

Stille im Kopf. Ich drehte mich um und schlief weiter.

Mitten in der Nacht wurden wir aufgeweckt.

Emilio rüttelte aufgeregt an unseren Hängematten.

»Wacht auf, Leute!«

Ich hatte wild geträumt und war noch völlig benommen. In der anderen Hängematte räkelte sich Cansu.

»Was ist los, Emilio? Lass uns schlafen!«

»Raus jetzt. Kommt mit! Und nicht nach oben schauen!«

Wir kamen auf die Füße und folgten ihm pflichtbewusst mit gesenkten Häuptern. Er lief den Strand entlang. Immer wieder drehte er sich prüfend nach uns um. Dann blieb er stehen.

»Und jetzt schaut nach oben und sagt: ›Danke Emilio, dass du uns geweckt hast!‹«

»Wow!«, brachte Cansu nur noch hervor. Weit über uns sprühte ein Sternenhimmel, wie ich ihn noch nie gesehen hatte. Die Milchstraße wirkte zum Greifen nahe. Das Meer leuchtete in einem fluoreszierenden Blau. Und so standen wir da. Die Füße im kühlen Sand. Die Köpfe nach oben gereckt. Sternschnuppen schossen durch die Nacht. Wir zählten dutzende von ihnen. Doch uns waren längst die Wünsche ausgegangen.

TECHNOJÜNGER

»Mann, bin ich froh, euch zu sehen!«

Ich schreckte hoch und drehte den Kopf in alle Richtungen. Hatte wer was gesagt? Nachdem wir stundenlang die Sterne beguckt hatten, waren wir in den frühen Morgenstunden in unsere Hängematten zurückgekehrt und seelenruhig eingeschlafen. Jetzt starrte ich auf einmal in das sonnenverbrannte

Gesicht von Ian. Er strahlte bis über beide Ohren, während er seinen Rucksack ablud und sich neben mir in den Sand plumpsen ließ.

»Das war vielleicht ein Trip. Mann, Mann, Mann. Wuhuu.« Er legte sich auf den Rücken und machte mit den ausgebreiteten Armen Schneeengel in den Sand.

Emilio lugte aus seiner Hängematte hervor. »Ian? Bist du das? Was macht denn der Schotte hier?«

Ian blickte selig gen Himmel. »Wenn ich euch das jetzt alles erzähle. Mann, Mann, Mann. Ich bin gestern viel zu lang durch Papeete gestromert. Am Ende habe ich noch so eben die letzte Fähre erwischt. Aber als ich auf Moorea angekommen bin, war es schon stockdunkel. Ich dachte, ich leih mir einfach ein Auto und fahr dann zu einem Hotel, wo die anderen sind. Aber als ich ankam, waren die Verleihstationen schon zu. Also was mach ich?«

Cansu war inzwischen auch aufgewacht und hörte belustigt zu. »Erzähl! Was hast du dann gemacht?«

»Das will ich dir wohl sagen. Ich bin einfach losgelaufen. Ich dachte, so groß kann die Insel schon nicht sein. Bin einfach der Straße gefolgt. Aber da gab es keine Laternen oder sowas. Nur den Mond und über mir das ganze Gestrüpp aus Palmen und Mangos und so. In Papeete hatte ich schon ein paar Bier getrunken und war jetzt nicht mehr ganz so fit. Irgendwann dachte ich, wieso kommt da immer noch kein Hotel? Vielleicht sollte ich mich erst mal schlafen legen, versteht ihr?«

Wir setzten uns zu ihm in den Sand. Ian lag noch immer auf dem Rücken und arbeitete an seinem Schneeengel.

»Irgendwann hörte ich diese bescheuerte Technomusik. Ich denk mir, vielleicht sind da Leute, die mir weiterhelfen können. Ich lauf also weiter, aber ich kann niemand finden. Dann bemerk ich, dass die Geräusche aus dem Dschungel kommen.«

»Wie viel hattest du denn getrunken?«, wollte Emilio wissen.

Ian hielt einen Moment inne und schaute beleidigt drein.

»Schon ein paar Bier. Aber sicher nicht genug für Halluzinationen, wenn du das meinst.«

Wir sahen uns belustigt an. Ian verdrehte die Augen.

»Denkt doch was ihr wollt. Wo war ich denn jetzt? Ach ja. Die Geräusche kamen aus dem Dickicht. Ich lauf also da rein. Irgendwann wird alles so leuchtend grün. Sah krass aus. Die Musik wird lauter und dann seh ich endlich Leute. Die hatten sich Lichter in die Bäume gehangen und machten einen Radau, als wär da eine riesen Party am Start. Dabei waren es gerade mal fünf Leute. Einer hatte einen Wickelrock an und der ganze Oberkörper war tätowiert. Ein anderer grinste mich völlig stoned an, als er mich entdeckte. Der hatte den ganzen Mund voll Blech und seine Pupillen waren groß wie Schallplatten. Die machten da tatsächlich ihren privaten Mini-Rave.«

Ian machte eine Atempause und setzte sich auf. »Hat jemand von euch was zu trinken? Ich hab vielleicht einen Brand.«

Emilio kramte eine Flasche aus seinem Rucksack hervor.

»Hier. Da ist noch ein bisschen Wasser drin. Wir sollten uns bald mal nach einem Kiosk oder etwas in der Art umsehen.«

»Okay, okay. Aber lass mich erst noch die Geschichte zu Ende erzählen.« Ian trank die Flasche leer.

»So, zurück zum Rave«, sagte er. »Boah, ich hasse Techno! Bei der Musik treff ich immer ganz komische Leute. Einer wollte mir gleich LSD andrehen. Aber die Typen sahen mir zu kaputt aus. Wer weiß, was das war. Eh ich mich verseh, tanzen schon zwei Frauen aus der Gruppe um mich rum.« Er runzelte einen Moment die Stirn, während er sich das Bild in Erinnerung rief.

»Bei genauerem Hinsehen waren das aber auch Typen.« Er nickte vor sich hin. »Ja, ganz sicher Typen.«

Das konnte durchaus stimmen. Ich hatte schon im *Lonely Planet* darüber gelesen, dass es in Tahiti eine Tradition gab, Jungen als Mädchen aufzuziehen, wenn eine Familie mehrere Kinder hatte.

»Jedenfalls – und jetzt kommt der Hammer – habe ich da so eine Weile mit denen rumgetanzt, bis die meinten, sie brechen auf und ich solle unbedingt mitkommen. Auf einmal stapfen die los, noch tiefer in den Wald. Ich denk, mir, was hab ich noch zu verlieren. Verrückter kann es nicht werden. Also bin ich ihnen nach und weiter rein in den Wald. Das war vielleicht eine Tour. Wir sind den Berg da hinter mir rauf.«

Er drehte sich um. Wir schauten den Berg rauf, der von der Fähre ausgesehen hatte wie ein Vulkan.

»Wir sind genau bei Sonnenaufgang da oben angekommen und konnten über die ganze Insel sehen. Ich glaube, wir waren bestimmt eine Stunde auf der Spitze. Die Jungs fingen auf einmal an, so ein Lied zu summen. Wunderbar, sag ich euch. Die summten wie die Engel. Hab richtig Gänsehaut gekriegt. Die waren so dicht, das muss für die ein krasser Trip gewesen sein ... Von oben sieht man übrigens auch perfekt, wo das Riff langgeht. Da ist dieser fantastische hellblaue Ring rund um die Insel. Dann kommt die weiße Wellenlinie und dann – nur noch Pazifik, soweit das Auge reicht. Der Wahnsinn, sage ich euch. Der beste Ausblick der ganzen Tour. Wirklich. Da kann bisher nichts mithalten. Und dann noch dieses Gesumme. Mmmh-mm-mhhh.«

»Wow. Das klingt fantastisch«, meinte Cansu und schlang sich gleichzeitig schützend die Arme um die Brust. Ob sie daran dachte, dass sie fast hinter das Riff geraten und auf den Pazifik getrieben wäre?

»Moment, bin gleich fertig. Die Sonne geht auf. Ich seh runter auf die Insel und entdeck auf einmal die ganzen Hotels rund um die Insel. Lauter so hübsche Bungalows auf Stelzen.« Während er das sagte, formte er die Finger zu einer Pinzette, als ob er damit die kleinen Stelzenbungalows greifen könnte.

»Der Strand hier schien von da oben leicht erreichbar. Also hab ich mich von den Techno-Jungs verabschiedet und bin runtergekraxelt. Und auf einmal seh ich euch. Und jetzt ist alles gut.« Damit ließ er sich wieder rücklings in den Sand fallen. Jetzt fiel mir auf, dass seine Arme und Beine mit lauter Kratzern übersät waren, die er sich im Gestrüpp zugezogen haben musste.

»Du hast dir dein Frühstück echt verdient«, sagte ich. »Wie wär's, wenn wir mal in dem Hotel da hinten schauen, ob wir dort schon etwas zu essen bekommen?

»Super Idee!«, stimmte Cansu zu.

Und damit brachen wir auf.

SALZ UND GOSPELS

Es war einer dieser Tage, an denen der Ozean Billionen kleiner Wellen warf. Tahiti war längst außer Sicht. Die Erfahrungen hingen unwirklich über dem Wasser. Eine düstere Wolkendecke verhüllte den Himmel. Denise und ich drehten bei steifem Wind eine Runde über das Deck. Die Reling war feucht. Die Holzplanken glänzten vor Nässe. Das Student Ship arbeitete sich durch das brausende Meer. »Ich fühl mich inzwischen schon selbst wie ein Fisch«. Ich leckte an meinem Unterarm. »Sogar meine Haut schmeckt nur noch nach Salz.«

Wir redeten über Religion. Ihr Lieblingsthema. Denise war auf eine Weise christlich, die ich nur aus amerikanischen Spielfilmen kannte. Ich stellte mir vor, dass ihre Mutter in einem Gospelchor sang und ihr Vater aus der Bibel zitierte, wenn er sie zurechtweisen wollte. Ob sie in diesem ganzen Geflecht aus Andacht und Schuldgefühlen gefangen war? Als Kind war ich häufiger in der Kirche. Für ein paar Monate hatte ich mich sogar als Messdiener versucht. Ich habe meine Kirchgänge bis zur Konfirmation durchgehalten. Dann wurden andere Dinge wichtiger – Feiern, Mädchen, Musik. Was jedoch hängenblieb, war ein ständiges Reuegefühl. Auch heute noch habe ich oft den Eindruck, als müsse ich mich für alles Mögliche schuldig fühlen.

Ich schaute auf den Pazifik. »Auf die Gefahr hin, dass ich wie ein Abreißkalender klinge, mir kommt es manchmal so vor, als wären wir wie die Milliarden kleiner Wellen um uns herum. Jede führt ihr Eigenleben. Keine gleicht der anderen. Aber alle stammen aus dem gleichen Meer und wenn sie in sich zusammenfallen, gehen sie wieder ein in die große Wassermasse.«

Denise schaute nur unbestimmt geradeaus. Also redete ich weiter. »Ist doch irgendwie beruhigend. Wir sind alle eins. Eine Summe aus Wassermolekülen und Schwingungen. Wir lösen uns nie daraus und wir sterben nie so richtig. Wir verändern nur die Form.«

Denise sagte lange nichts. Also liefen wir schweigend nebeneinander her und setzten Salz an.

»Für mich sind das alles unnötige Vergleiche«, brach sie endlich ihr Schweigen. »Ich glaube an Gott und Jesus, seinen Sohn.«

»Und ist Gott ein alter Mann mit weißem Bart?«, fragte ich halb im Spaß, halb aus Neugier.

»Wahrscheinlich nicht«, überlegte sie. »Aber die Vorstellung hilft mir.«

Religion war wirklich etwas Seltsames. Seit jeher schlugen sich die Menschen die Köpfe darüber ein. Wieso konnte nicht einfach jeder seinen eigenen Glauben haben? Ich war überzeugt, dass in den Grundzügen alle ohnehin das Gleiche wollten: Freiheit, Liebe,

Ehrlichkeit und solche Dinge eben. Könnten sich die Religionsführer nicht auf gemeinsame Werte einigen? Vielleicht brächte das Ruhe in die ewigen Deutungskonflikte. Für mich blieb der Glaube ein vages Gefühl.

»Seltsam, dass es einem ein Gott so schwer macht, wenn er sich doch einfach zu erkennen geben könnte.«

Ich seufzte. Der Wind pfiff mir um die Ohren. Die Luft roch intensiv nach See. Ein Geruch, der mir inzwischen sehr vertraut war. Nach so langer Zeit unterwegs erschien er mir wie ein alter Freund.

Ich sah auf die aufgewühlten Fluten und erahnte einen Moment die Weite um uns, aus der bald Neuseeland mit seinen Millionen Schafen und schneeweißen Bergen aufragen würde. Hinter uns lag Tahiti in seinem Farbenrausch. Zwischen uns und Athen lag die halbe Welt. Ich schüttelte mich vor Staunen.

Denise stieß mich sanft an.

»Gibt er sich wirklich so schwer zu erkennen?«

AUCKLAND

Wir hatten Rodrigo einmal kurz vor Abreise von Papeete gesprochen. Mit dem Handy auf Lautsprecher gestellt, lehnten Emilio und ich über dem Gerät und waren völlig überdreht, als wir die Stimme unseres Freundes hörten. Es ging ihm wieder besser. Er würde schon vor uns in Auckland eintreffen und uns dort in Empfang nehmen. Als wir ihm erzählten, was am Riff passiert war, lachte er ungläubig.

»Mierda, hombres. Man kann euch einfach keine Minute aus den Augen lassen.«

Wir begannen sofort, Pläne für Neuseeland zu schmieden. »Wir wollen die Südinsel machen. Wasserfälle runterspringen in Queenstown, über Gletscher steigen, an illegalen Straßenrennen in Christchurch teilnehmen ...«

»Klingt genial.«

»Das ist auch genial.«

»Aber leider ohne mich.«

»Was?«, riefen wir ungläubig. »Du bist doch rechtzeitig wieder da.«

»Ja, das schon. Aber ich bin mehr als zwei Wochen im Stoff hinterher. Der Dekan hat mir angeboten, nach Neuseeland die Mittsemesterprüfungen nachzuholen. Nicht, dass ich scharf darauf wäre. Aber wenn ich die Chance bekomme, muss ich sie nutzen.«

»Na klar. Ist doch kein Problem. Du kommst einfach mit uns und lernst auf der Fahrt. Ist ja eine lange Strecke, wenn wir die ganze Südinsel abfahren wollen. Da hast du jede Menge Zeit.«

»Jungs, eure Gutgläubigkeit in allen Ehren, aber ihr wisst genau, dass dabei nichts rumkommen wird. Schätze, dass ihr eure Aktivitäten vor den Klausuren auch etwas zurückgefahren habt.«

Wir schauten uns an. Ich musste an die Nächte denken, in denen wir scharenweise mit unseren Büchern um den Pool gesessen und gelernt hatten. Da wir nichts entgegneten, sagte Rodrigo »Seht ihr. Also hier ist mein Plan: Ich nehme mir in Neuseeland eine günstige Hütte an einem abgelegenen Strand und außer den Büchern kommt nur ein wenig Gras ins Gepäck.«

Das klang tatsächlich nach einem Programm, das Rodrigo gefallen könnte.

»Ich werde als demütiger Schüler hinausgehen und mit einer komplett neuen Perspektive aufs Leben zurückkehren«, witzelte er.

»Okay«, gaben wir enttäuscht zurück und wussten nichts mehr zu sagen.

»Lasst den Kopf nicht hängen. Sobald die Klausuren aus dem Weg sind, starten wir wieder durch. Versprochen!«

Als wir in Auckland anlandeten, hatten wir immerhin ein paar Stunden Zeit, mit Rodrigo ein Pint zu trinken, bevor wir zum Flughafen fahren und nach Queenstown fliegen würden. Vor unserem Aufbruch checkte ich noch schnell meine E-Mails. Noch immer keine Nachricht vom *Travel Observer*.

Ich schickte ihm trotzdem meine neuesten Beiträge, in der Hoffnung, dass sie den Empfänger erreichten. Ich schickte sogar eine Ladung Bilder nach. Die hatte ich mir extra von der Dänin Reggae besorgt. Sie machte tolle Fotos und freute sich, wenn jemand Verwendung dafür hatte. Dass keiner von uns Geld für den Einsatz erhielt, störte sie nicht weiter. »Die Bilder verkümmern sonst eh nur auf meiner Festplatte.« Ich versprach ihr Ruhm und Anerkennung, auch wenn ich überhaupt nicht wusste, ob je einer der Beiträge gelesen wurde. Immerhin fand ich die letzten Berichte auf der Website des *Travel Oberserver*.

Das Wiedersehen mit Rodrigo war ein ausgelassenes Umarmen und Sprücheklopfen. Wir tauschten uns über die Erlebnisse der letzten zwei Wochen aus. Unser Freund hatte in Guayaquil weit mehr erlebt, als wir in 14 Tagen ohne Kontakt zur Außenwelt. Er berichtete von dem Helikopterflug, um den wir ihn insgeheim beneideten. Er erzählte von den langen Tagen im Krankenhaus, um die wir ihn wiederum keineswegs beneideten. Sein Bruder, der in Valparaíso wohnte, war extra raufgeflogen, um nach ihm zu sehen.

»Das war die schönste Überraschung. Er hatte meinen kleinen Neffen, Tiago, dabei. Der Junge ist ein Wunder. Aufgeweckt und an allem interessiert. Nach zehn Minuten kannte ihn schon das ganze Krankenhauspersonal. Ein echter Womanizer. Hättet ihr sehen sollen. Und ihr glaubt's nicht: Tiago ist gerade sechs Jahre alt und fährt schon Skateboard wie ein Großer.« Man sah ihm den Stolz an.

»Genial«, bestätigte Emilio.

Rodrigo witzelte: »Wenn du mal Kinder hast, müssen die auch Skateboardfahren lernen. Überleg mal! Tiago kann es ihnen beibringen.«

Ich lachte. Die Vorstellung von Emilio mit einem Kind ging unweigerlich mit der Frage einher, wie viele Mütter es dazu geben würde. Er schien es allerdings nicht so lustig zu finden.

»Wenn es bei Mark so weitergeht, ist er auch bald reif.«

Rodrigo war verwirrt. »Seid ihr jetzt endlich zusammen?«

»Nein, nein. Aber sie kommt mit uns auf die Südinsel.«

Sofort hatte der kräftige Mexikaner mich gepackt und rubbelte mir freudig über den Kopf. »Das gibt's ja nicht. Das sind gute Neuigkeiten!«

»Tahiti hat unsere kleine Gruppe zusammengeschweißt, verstehst du?«, beugte sich Emilio vor und zwinkerte ihm verschwörerisch zu.

»Ganz so kuschelig ist es auch wieder nicht. Jordan und Tom sind auch dabei«, protestierte ich. »Cansu meinte, wenn ihre Eltern wüssten, dass sie alleine mit einer Gruppe von Kerlen durch die Wildnis reist, würden sie nicht mehr ruhig schlafen.«

»Na, das wird ja spannend«, lachte Rodrigo.

»Tja, sie hat eben ihren eigenen Kopf«, gab ich zurück und bestellte noch ein schnelles Pint für alle.

Und dann war es auch schon an der Zeit, aufzubrechen. Wenig später saß ich mit Cansu, Emilio, Jordan und Tom im Flieger Richtung Queenstown. Wir hatten einen fantastischen Ausblick auf die Cookstraße und die verschneiten neuseeländischen

Alpen. Kobaltblaue Wassertümpel sprenkelten die Schneefelder. Aus der Luft fiel auf, wie dünn die Gegend besiedelt war. Ich hielt Ausschau nach den Bergen, über die Gandalf und die Hobbits während der Dreharbeiten zu *Herr der Ringe* gezogen sein mussten.

JUCY

Die Südinsel begrüßte uns in leuchtenden Klarfarben. Während in Europa der Herbst die Blätter fallen ließ, keimte hier erst alles auf. Die Wiesen trugen ein sattes Grün. Die kristallklare Luft und das harte Licht ließen alle Konturen und Schatten übernatürlich scharf hervortreten. Morgens konnte man den eigenen Atem sehen.

Am Flughafen liehen wir uns für die nächsten zehn Tage einen Jucy Van – ein knallgrüner Bulli mit lilafarbenen Streifen, der Platz für zwei Personen zum Reisen und Schlafen bot. Hinter den Vordersitzen befanden sich zwei zueinander gewandte Rückbänke. In der Mitte war ein Tisch montiert, der sich mit ein paar Griffen absenken ließ. Die Rückpolster der Bänke legte man über den abgesenkten Tisch und hatte so eine Schlaffläche. Ich ahnte, wie eng wir zusammenrücken mussten, um für fünf Personen Platz zu haben. Zwei von uns müssten auf den Vordersitzen übernachten und drei müssten sich auf die umgeklappte Rückbank quetschen. »Alles im Interesse des interkulturellen Austauschs«, zwinkerte Emilio mir zu. Jordan legte sich schon mal Probe und schaute dabei drein wie ein Pharao im Sarkophag. »Na ja. Unserer Reisekasse wird es gut tun. Neuseeland und Australien werden teuer.«

Queenstown galt als Mekka für Extremsportler aus aller Welt. Von Skitouren über Speedboat-Fahren bis hin zu Canyoning oder Bungee-Jumping, warteten alle möglichen käuflichen Abenteuer darauf, unseren Adrenalinspiegel nach oben zu treiben. Wir mussten mit unserem Budget haushalten und überlegten, welche der zahllosen Angebote wir wahrnehmen wollten.

Am Morgen nach unserer Ankunft ging es schließlich früh raus. Wir fuhren zum Canyoning. Mit Neoprenanzug, Helm und Abseilgeschirr ausgestattet brachte uns unser Guide in eine schroffe Klamm. Das Wasser brauste durch das Gestein. Trotz des Neos war es eiskalt. Ich fühlte meine Körpertemperatur herabschnellen. Wir starteten in einem kleinen Felsbecken, von dem aus das Wasser einen länglichen Kanal in das nächste Becken hinunter rauschte. An der Kante spürte man den Sog.

Cansu zögerte, als sie an die Stelle gelangte. Vielleicht war diese Aktion so kurz nach dem Schock auf Tahiti eine völlig bescheuerte Wahl. Doch dann schaute sie mich an, zwinkerte und sprang ohne weiteres Zögern in den Kanal. Unter lautem Gebrüll folgten Tom, Jordan, Emilio und ich. Die nächsten Stunden wurden wir immer mutiger. Wir seilten uns in stockdunkle Felslöcher ab, an deren Grund der Bach weiterfloß. Wir tauchten durch das eisige Gebirgswasser unter herabgestürzten Bäumen her und hüpften von glitschigen Felsen aus zwei Metern Höhe in Gruben, die eine Tiefe von kaum mehr als einem Meter hatten.

Alles ging gut, bis wir an den bis dahin größten Felsvorsprung gelangten. Das Wasser fiel hier senkrecht herab und krachte weit unter uns in ein natürliches Felsbecken.

»Fünfzehn Meter«, grinste der Guide. »Wer traut sich? Ihr könnt euch auch abseilen.«

Wir lugten über den Felsvorsprung. Mein höchster Sprung war von einem Fünfmeterturm gewesen. Das hier war Irrsinn. Jordan pfiff respektvoll. »Da muss ich mich erst noch überwinden. Ich spring, wenn ihr springt.«

»Keine Chance«, sagte Tom. Seilt mich ab.«

Ich hatte das gleiche Gefühl, das mich immer am Rande von großen Abhängen überkam: Die Tiefe zog mich magisch an. Meine Angst war nicht, versehentlich auszurutschen und abzustürzen. Meine Angst war, aus einem Reflex heraus zu springen.

Ich wich ein paar Meter zurück.

»Das kannst du dir in deinen Lebenslauf schreiben.«

»Halt die Klappe Tom«, lachte Jordan. »Danach hast du keinen Lebenslauf mehr. Das kann man nur noch auf den Grabstein meißeln.«

Das Wasser rauschte. Der Wind frischte auf. Ich fröstelte in dem nassen Neoprenzeug.

Und dann
sprang
ich.

SUPERMAN

Nach dem Sprung fühlte ich mich stundenlang völlig übersteuert. Mein Körper schoss mit Endorphinen nur so um sich. Als wäre ich bis unter die Schädeldecke mit Knisterbrause gefüllt.

Neuseeland faszinierte mich in diesen Tagen wie kein anderes Land. Alles zuvor war mit einem Mal zweidimensional. Cansu strahlte, wann immer wir uns sahen. Sie ließ sich von meiner Hochstimmung mitreißen. Alles erschien komisch und überecht. Ich fühlte mich zwei Köpfe größer und schaute stolz von oben auf mich herab. Wenn es so etwas wie einen Astralkörper gab, zeigte er sich in dieser Zeit fast täglich und sah mir wohlwollend dabei zu, wie ich mit löchrigen Schuhen durch Queenstown lief, ohne zu zögern eisige Wasserfälle herabsprang, über Gletscher stapfte und unter ausgeworfenem Sternenhimmel an wilden Lagerfeuern schlief.

Wenn wir wieder einmal endlos durch die Lande fuhren und das Radio nur Mist spielte, machte sich nur ein entscheidendes Problem bemerkbar: Unser Van verfügte nur über ein Kassettendeck. Bluetooth oder CD-Player – Fehlanzeige. Der Radioempfang war unzuverlässig. Erst als wir unmöglich noch mehr Landschaft in uns aufsaugen konnten, inspizierten wir aus Neugier die verborgenen Fächer unseres Vehikels. Unsere Ausbeute brachte eine abgelaufene Packung Skittles, eine Handvoll Flusen und ein leeres Feuerzeug zu Tage. Und eine Kassette!

Anscheinend hatte sie ein Vormieter im Wagen vergessen. Das handbeschriebene Etikett war so abgegriffen, dass fast nichts mehr zu lesen war. Nur das Wort »Demo« prangte noch in verblasstem Edding darauf. Wir jubelten. »Mach rein! Vielleicht entdecken wir einen Star.«

Cansu schob die Kassette ins Deck. Es klackte. Der Player gab ein paar prüfende Geräusche von sich. Die Spulen rasteten ein, spulten eine Drehung vor und eine zurück. Ein erneutes Klacken und das Band glitt über den Tonkopf.

Die meisten Songs übersteuerten stark. Reiner Krach. Doch ein Stück war besser abgemischt. Zuerst jaulte eine E-Gitarre. Dann setzte ein schepperndes Schlagzeug ein. Der Bass war zu leise. Nach acht Takten Intro hielten die Instrumente die Luft an. Pause. Dann setzten sie auf einen Schlag zusammen mit dem Gesang ein. Eine hohe, markante Männerstimme erklang. In der Strophe gingen die Lyrics im Rattern des Schlagzeugs unter. Im Refrain wechselte es in ein spärlicheres Setup über, das vor allem von der Ride Cymbal getragen wurde. Die Band sang unisono: »You've got to love yourself, before you love someone else.« Der Song ging so sehr ins Ohr, dass wir ihn auf unserem Trip immer wieder spielten und irgendwann lauthals den Refrain mitsangen. Das Stück war unausgegoren und der Sänger nicht immer in Tune. Aber er war roh und echt. Der perfekte Sound zu unseren Abenteuern. Fünf Freunde im Maori-Land, ging es mir durch den Kopf. Wir sollten ein Hörspiel daraus machen. Ich war wirklich etwas drüber in diesen Tagen. Ein gutes Gefühl. Ich hatte den Eindruck, ich könnte jeden Moment in eine Telefonzelle rennen wie Clark Kent und die Welt retten.

BREAKFAST CLUB

Über dem Ausschwenkherd unseres Jucy Vans kochten wir starken Kaffee. Die letzte Nacht hatten wir direkt am Strand verbracht. Tom begab sich mit seiner Nikon auf Motivsuche. Emilio balancierte auf einem angeschwemmten Baumstamm. Jordan wälzte sich mit Rotweinkater auf der Rückbank.

Cansu kramte in unseren Einkäufen, um Frühstück zu machen. Auf einem Picknicktisch stellte sie Butter und Käsepackungen, Paprika und Schinken, Gurken und eine Schale gekochter Eier auf. Geschirr klapperte. Salz- und Pfefferstreuer wurden zu Tage befördert. Dann legte sie vier oberarmdicke Baguettes dazu und machte sich an die Arbeit. Da sie unsere Hilfe abgewehrt hatte, machte ich einen kleinen Strandspaziergang. Ich nahm mir einen verkokelten Ast aus den Resten unseres Feuers vom Vorabend und strich damit durch den Sand. Ich betrachtete Cansu aus der Ferne und überlegte, wie verstörend das ganze Erlebnis mit Ben für sie sein musste. Als es passierte, kämpfte sie ohnehin schon mit heftigem Heimweh, das sie nicht wahrhaben wollte. Es machte ihren Traum, Diplomatin zu werden, zunichte und nahm der Reise die Unbeschwertheit. Und als hätte Ben ihr nicht schon genug zugemutet, hatte er sie auch noch wissentlich in Lebensgefahr gebracht.

Ich bewunderte ihre Stärke, während ich sie jetzt so beobachtete. Es war beachtlich, wie schnell sie sich ohne Selbstmitleid von ihrem Nahtoderlebnis in der Strömung erholt und Ben mit einem mächtigen Wutausbruch in die Wüste geschickt hatte und wie sie hier völlig unbeschwert mit uns unterwegs war, von Wasserfällen sprang, beim Lagerfeuer half und ohne zu murren in dem engen, unbequemen Van schlummerte.

Nach all diesen Erlebnissen stilisierte ich sie endlich nicht mehr als zart-zerbrechliche Schönheit aus dem Orient. Ich konnte auf einmal neben ihr sein, ohne mich zu verkrampfen. Ich fühlte mich in ihrer Gegenwart nicht mehr unbeholfen und unsicher. So konnte ich sie erstmalig wirklich kennenlernen. Denn wenn ich ehrlich zu mir war, war ich davor immer so sehr damit beschäftigt, eine gute Figur abzugeben, dass ich erschreckend wenig von ihr wusste.

»Essen ist fertig!«, rief sie über den Strand und hielt riesige, bunt belegte Baguettes in die Luft.

Man sagt, auf Reisen schmeckt alles besser. Der billigste Fusel erscheint einem wie edler Jahrgangswein. Ein simples Tomatenbrot wird zur einmaligen Delikatesse. Aber ich wette, diese Baguettes hätten jedem Realitätstest standgehalten. Sie waren das Beste, was ich je gegessen hatte. Cansu strahlte, als wir uns mit Appetit in die Baguettes versenkten. Die Morgensonne wärmte uns auf. Wir schälten uns nach und nach aus unseren Outdoor-Jacken, zogen die Mützen vom Kopf und mampften glücklich das reichhaltige Frühstück.

Emilio stieß mir in die Seite. »Guter Geschmack, Mark.«

SWEET BAMBI

Manchmal hatte ich den Eindruck, wir hätten Neuseeland für uns allein. Wir waren seit Tagen unterwegs, ohne jemandem zu begegnen. Der Kies knirschte unter den Reifen, als wir in ein weites, leeres Flussbett abseits der Straße einfuhren. Die klare Luft füllte die Lungen. Tom zündete sich eine Zigarette an. Jordan schickte Emilio, Cansu und mich auf Holzsuche. »Nur trockene, abgestorbene Äste!«, wies er an.

Um uns reckten sich knorrige Bäume und Sträucher aus der Erde. Da ich in der Stadt aufgewachsen bin, hatte ich nie gelernt, die einfachsten Pfadfinder-Tricks zu meistern. Ich hatte in Ferienlagern Stockbrot über Lagerfeuern gebacken und Flitzebogen aus Weidenrouten gebaut. Doch immer nur unter Anleitung und selbst dann ging es mir nicht leicht von der Hand. Ich hätte mich gerne als Abenteurer gesehen, der wochenlang allein in der Wildnis aushielt, sich von wilden Beeren und selbst gefangenem Fisch ernährte. In Wirklichkeit war mein einziger Angelversuch mit der Schnur in einem Baum geendet und Erdbeeren am Wegesrand mochte ich nicht essen, weil ich Angst vor dem Fuchsbandwurm hatte. Ein Freund aus der Grundschule hatte mir davon erzählt. Seitdem machte ich einen Bogen um wilde Beeren. Umso mehr genoss ich jetzt das archaische Gefühl der trockenen Äste in meinen Armen. Ich suchte nach den perfekten Hölzern und fühlte mich frei.

Durch eine Reihe kahler Sträucher sah ich Emilio gedankenversunken mit einem Fuß im Kies scharren. Er machte alles mit und hatte offensichtlich Spaß bei unseren Aktionen. Doch sobald es ruhiger wurde, zog er sich zurück. Ich hatte die ganze Reise über noch keinen Spruch zu den Backpackerinnen in Queenstown oder den sportlichen Kanu-Verleiherinnen am Milford Sound von ihm gehört. Überhaupt hatte ich in seiner Gegenwart noch nie so viel Stille erlebt. Irgendetwas war faul.

Jordan zeigte sich mit der Ausbeute sichtlich zufrieden und wies uns an, wie wir sie aufzustapeln hatten. Er legte einen Ring aus größeren Steinen ringsum. »Damit wir hier keinen Waldbrand anrichten.«

Tom baute sein Stativ auf, um Langzeitaufnahmen zu machen. Die Nacht senkte sich tiefblau auf uns herab. Am Horizont ein weißes Glühen des letzten Sonnenscheins. Tom setzte sich zu uns.

Zu meiner Freude hielt er die Gitarre in den Händen. Vor Abfahrt hatten wir zusammengelegt und sie im einzigen Plattenladen in Queenstown gekauft. Sie war eigentlich nur Dekoration und der Verkäufer hatte uns gewarnt, sie sei vermutlich nicht besonders gut. Für unsere Zwecke reichte sie aber allemal.

Tom stimmte die Saiten und fing an, Jack-Johnson-Songs zu spielen. Der Soundtrack der Surfer, Backpacker und Strandliebhaber. Für mich war seine leichte Akustikmusik bezeichnend für eine Zeit, die unbeschwerter nicht hätte sein können. Als Tom die Songs ausgingen und wir feststellten, dass die Rotweinreserven aufgebraucht waren, kam der Hunger. Wir träumten von dem unvergleichlichen Fergburger in Queenstown. Ich hatte mir die gesamte Speisekarte gemerkt.

»Jetzt ein Sweet Bambi«, schwärmte ich.

»Was war das noch?«

»Hirsch-Burger mit Pflaumenkompott und Rotweinzwiebeln.«

»Aaalter«, pfiff Tom. »Das wär jetzt der Hammer.«

»Vergesst es, Jungs. Queenstown ist drei Stunden Fahrt von hier.«

Ich überschlug es im Kopf. »Das könnten wir schaffen. Wir wären um Mitternacht da. Ferg hat mindestens bis 1.00 Uhr auf.«

Der Samen war gesät. Wir blickten uns verschwörerisch an.

»Nein, das können wir wirklich nicht bringen.«

»Überleg mal, so dekadent sind selbst wir nicht.«

»Auf gar keinen Fall.«

Der Kies, den wir über das Feuer geworfen hatten, bedeckte die Reste der glühenden Asche, als die Scheinwerfer unseres Vans den Weg zur Straße zurückleuchteten.

»Ich glaube nicht, dass wir das wirklich tun.«

»Ach Cansu, hab dich nicht so. Es ist schließlich ein Fergburger.«

»Mmmh«, machte sie. »Aber trotzdem ...«

»Welchen nimmst du denn?«

»Den Classic Cheese«, gab sie zurück und grinste in den Rückspiegel. Ich lenkte den Wagen auf festen Boden und die Fahrt ging los.

Die Jungs unterhielten sich auf den Rückbänken. Sie lagen mit ausgestreckten Beinen da und blickten durch das extra große Panoramadach.

Tom zupfte ein paar Akkorde auf der Gitarre. Cansu erzählte mir eine Geschichte aus der Türkei. Sie liebte Istanbul und redete davon, wie sich die Stadt im Aufschwung befand.

»Das wird die coolste Stadt Europas«, zeigte sie sich überzeugt.

»Meinst du denn, dass der Beitritt genehmigt wird?«

»Wenn es nur um Istanbul ginge, bestimmt. In anderen Teilen des Landes haben wir noch einiges aufzuholen. Ich trage zum Beispiel kein Kopftuch, ich will Diplomatin werden und sehe, dass es möglich ist. Aber das ist längst nicht in allen Teilen der Türkei selbstverständlich. In vielen Positionen sind Frauen noch immer eine Seltenheit. Erfolgreiche Frauen bedeuten für manch einen Rebellion. Aber ich glaube, wir sind auf einem guten Weg.«

Ich mochte die Türkei. Erdogan hatte sie anscheinend zu einem modernen Land entwickelt. Der Mix aus osmanischer Tradition und westlicher Moderne machte sie tatsächlich zu einem der spannendsten Orte, die ich kannte. Allen voran Istanbul. Als ich das erste Mal durch die Dämmerung, die Menschenmassen, die orientalischen Gerüche von Straßengrills und Bosporus gelaufen war und der Muezzin über die Lautsprecherboxen die Stadt zum Gebet rief, war ich von dieser magischen Stimmung überwältigt gewesen.

»Ihr müsst mich unbedingt besuchen, wenn wir zurück sind«, lud sie uns ein.

Von der Rückbank kam keine Antwort mehr. Die Gespräche waren von heiterem Geplapper in leises Gemurmel und schließlich in Stille übergegangen. Die Jungs schliefen den Schlaf der Glückseligen. Wir glitten durch die Nacht wie ein Raumschiff. Aus dem Autoradio strömte eine sanfte Flut elektronischer Musik. Cansu machte es sich auf dem Beifahrersitz bequem und umschlang vor ihrer Brust die Knie mit den Armen. Wir trieben dahin. Weit und breit kein Licht außer dem unserer Scheinwerfer und des Mondes.

HÄRTETEST

Zurück in Queenstown war es auf einen Schlag vorbei mit der Weite und Stille des Hinterlands. Backpacker streunten besoffen durch die Straßen. Viele davon bekannte Gesichter. Ich erkannte Shannon und ihre Kalifornierinnen. Aaron demonstrierte im Laternenlicht einen afrikanischen Tanz zu House-Musik, die aus einer Bar drang. Ian redete auf einen Rotschopf ein, den er im Schwitzkasten gefangen hielt.

Wir stellten unseren Jucy Van unter einer großen Weide am Seeufer ab und mischten uns unter die feiernde Meute. Mit frischen

Fergburgern im Bauch waren wir bereit, es mit der Nacht aufzunehmen. Jordans Gesicht glänzte vor Fett und Burgersoße. Ich reichte ihm ein kaltes Bier und versuchte, mich auf die neue Situation einzustellen.

Wir fanden Denise in einer Gruppe vom Schiff vor dem prasselnden Kaminfeuer einer Bar. Ich fühlte mich in eine Blockhütte im tiefsten Kanada versetzt. Die Wände waren aus Baumstämmen gezimmert. Die Theke bestand aus rohem Naturstein. Dicke Teppiche und schwere Ledergarnitur komplettierten das Bild.

Wir setzten uns zu ihnen und bestellten eine Runde Whisky. Die urige Atmosphäre verlangte nach vollmundigen Getränken. Cansu suchte sich einen Rotwein aus.

Aus dem Augenwinkel sah ich noch jemanden dazustoßen. Es war Ana.

Sie grüßte in die Runde und strich mir zärtlich über den Kopf. Meine Haare waren inzwischen wieder auf einer durchwuschelbaren Länge. Cansu streifte mich mit einem flüchtigen Blick.

Die kleine Puerto Ricanerin ließ sich neben mir auf der Sofalehne nieder. Ich hielt den Atem an. Zuletzt hatten solche Situationen immer keuchend und schweißüberströmt an den absurdesten Orten auf dem Schiff geendet.

Wir plauderten ein wenig über Neuseeland. Im Subtext schwang dabei etwas ganz Anderes mit. Sie testete mich aus. Mit zufälligen Gesten – ihr Bein an meinem, entblößte Unterarme, die meine Haut berührten, ihr Mund zu nah an meinen Ohren – lockte sie mich aus der Reserve. Cansu spürte, dass etwas in der Luft lag. Ihr Blick streifte mich wie das vereinzelte Aufblinken eines Leuchtturms.

Später waren wir alle angetrunken. Die Nacht war klirrend kalt. Cansu und Ana liefen auf offener Straße neben mir. Die Wölkchen unseres Atems vermischten sich in der Luft.

Cansu erzählte gerade von unserer Canyoning-Tour, da flüsterte Ana mir zu:

»Komm, nimm mich in den Arm Markito. Mir ist kalt.« Dabei schmiegte sie sich im Laufen an mich. Ich zischte sie an.

Sie wich einen Schritt zur Seite und sah mich verwundert an.

Ich nickte so unauffällig wie möglich mit dem Kopf Richtung Cansu. Ich hatte Ana doch schon gesagt, dass es eine andere gab.

Sie brauchte einige Sekunden, um zu schalten. Dann huschte ihr ein verschmitztes Grinsen über die Lippen. Sie formten ein lautloses: »Ist es die?«

Ich nickte.

Sie betrachtete Cansu aufmerksam, die noch immer mit ihren Händen tief in die Taschen ihrer Canada Goose vergraben von der Canyoning-Tour erzählte.

Ana spitzte anerkennend die Lippen. »Ich hatte schon Angst, es wäre eine der Kalifornierinnen. Die ist ja süß.«

»Hey, hört ihr überhaupt noch zu?«, schaltete sich Cansu ein. Sie lachte. »Ich rede und rede aber ich glaube, ihr seid gerade ganz woanders.«

Ana gähnte. »Ich habe Mark nur gerade gesagt, dass ich mich verabschieden werde. Es ist schon spät ...«

»Bist du sicher? Bleib doch noch ein bisschen.«

Doch da löste Ana sich schon aus unserem Dreierverbund und ging in eine Richtung davon, in der vermutlich nicht mal ihre Unterkunft lag. Ich liebte sie für die Geste.

»Macht's gut. Wir sehen uns.«

Cansu und ich berieten uns, ob wir es auch für heute gut sein lassen wollten. Und so spazierten wir langsam zu unserem Van unter der Weide am See. Das Wasser schwappte beruhigend gegen das grasbewachsene Ufer.

Tom und Jordan lagen bereits in raumgreifenden Verrenkungen auf der ausgeklappten Schlafstätte. Ich weckte sie, damit sie uns Platz machten.

»Ist Emilio gar nicht bei euch?«

Jordan sah mich schlaftrunken an. »Nein, der hatte irgendwas zu erledigen. Ich glaube, er will morgen mit dem ersten Flieger zurück nach Auckland.«

Ich versuchte, die Information zu verarbeiten, doch war zu müde, um Sinn daraus zu machen.

Also kletterten Cansu und ich zu den anderen auf die Matte und machten es es uns so gut es ging gemütlich. Im Auto war es so kalt, dass wir in voller Montur einschliefen.

EMILIO

Der Abschied aus Neuseeland fiel mir schwer. Ich hätte für immer dortbleiben können. Ich hätte mich von einem mächtigen Maori von Kopf bis Fuß tätowieren lassen, hätte Rugby gelernt und mich die restliche Zeit mit Cansu um eine Schafherde gekümmert.

Rodrigo war inzwischen aus seiner einsamen Hütte zurückgekehrt und auf dem Weg in die ersten Prüfungen. Wieder an Bord des Student Ships wirkte er gut gelaunt und optimistisch, die Klausuren mit Bravour zu meistern.

Ich packte gerade meinen Rucksack von der Reise aus und stellte mir mein Leben als Auswanderer in Neuseeland vor, da trat Emilio zu mir in die Kabine. Er sah über die Schulter und verschloss die Tür von innen. Ich musterte ihn skeptisch.

»Na da bist du ja. Auf einmal warst du weg. Den einen Tag hättest du noch warten können. Dann wären wir doch eh zusammen geflogen.«

Er hörte mir gar nicht zu.

»Alles okay, Emilio?«

Er wirkte niedergeschlagen. Sein Gesicht war eingefallen. Meinen lebenslustigen Freund so zu sehen, war verstörend. Er lief in der Kabine auf und ab.

»Komm, setz dich mal hin!«

Er schlug beide Hände flach gegen die Wangen und zog sie langsam hinunter. Er schob den Unterkiefer vor und atmete schwer aus. Sein Brustkorb bebte. Ich stand auf. Es kam mir unangemessen vor, einfach sitzen zu bleiben. Ich merkte auch, dass jetzt nicht der Moment war, ihn zu löchern. Er musste das Gespräch eröffnen. Also stand ich ratlos da und lehnte mich vorsichtig an die Kabinenwand.

Seine Augen bewegten sich schnell nach links und rechts. Er zog die Stirn kraus. »Lass uns raus hier!« Er schloss die Tür auf und spähte um die Ecke auf den Gang. »Komm!«

Mir war mulmig zumute. Wir stiegen die Treppen hinab in das Kona-Deck und von da aus ins Orca-Deck und schließlich ins Azuro-Deck. Bis hierher war ich die ganze Reise noch kein einziges Mal vorgedrungen. Es hatte schlicht keinen Anlass dazu gegeben. Emilio ging den kurzen Gang entlang, öffnete zielstrebig eine Tür. Dahinter lag ein kleiner dunkler Raum. Es war das Labor, in dem die Wasserproben untersucht wurden!

Auf einem Aluminiumschreibtisch standen ein Mikroskop und ein Computer. In einem Schrank waren zahlreiche Becher mit Proben aufgereiht. An den Wänden hingen Datenblätter. Emilio knipste eine Schreibtischleuchte an.

»Krass, hier bist du also immer, wenn wir in der Vorlesung sind«, bemerkte ich.

Er ließ sich mit dem Rücken gegen die Wand fallen und sank zu Boden.

»Sandy und ich haben uns hier manchmal getroffen, um ...« Er beendete den Satz nicht.

Etwas war mächtig aus dem Ruder gelaufen. Mich beschlich eine dunkle Vorahnung.

Wir schwiegen noch eine Weile, in der mein Freund ins Leere starrte.

»Fuck. Ich weiß nicht, wie das passieren konnte.«

»Geht es um Sandy?«, wagte ich den Vorstoß. Ich erinnerte mich an seine Geschichte von den Armbändern gegen Seekrankheit, mit der er sie rumgekriegt hatte. Wenn ich Sandy in seiner Nähe beobachtete, war jedoch klar, dass mehr im Busch war. Sie hatte sich verliebt. Dabei waren die beiden zu keiner Zeit ein Paar. Zumindest wenn es nach Emilio ging.

»Geht es um Sandy?«, wiederholte ich. Daraufhin nickte er apathisch. Er hörte gar nicht mehr damit auf.

»Schwanger!«

Mir blieb die Luft weg. »Fuck!«, entfuhr es mir. Sicher nicht die Reaktion, die jetzt weiterhalf.

»Schwanger«, wiederholte er noch einmal in einem ungläubigen, hohen Ton.

»Bist du sicher?«

»Sie hat mir vor Neuseeland gesagt, dass es sein könnte. Heute Morgen hat sie mir den Test gezeigt.« Er presste die Lippen zusammen und schüttelte die Hand, als hielte er einen Schwangerschaftstest darin.

»Sie ist schwanger. Ich hab's total vergeigt.«

Ich hätte sicher direkt an Sandy denken sollen. Sie war schließlich unmittelbar betroffen. Sie war es, die jetzt ein Baby in sich trug. Aber in dem Moment dachte ich keine Sekunde an Sandy. Ich dachte an meinen Freund aus Nicaragua und fühlte mich hundselend. Was sagt man in so einer Situation? Emilio war gerade einmal einundzwanzig. Solch eine Botschaft kann das ganze Leben verändern. Wenn man wenigstens verliebt ist, freundet man sich vielleicht mit der Situation an ...

»Liebst du sie denn?« Ich kam mir mit einem Mal wieder vor wie ein naives Schulkind. Das hier war eine Nummer zu groß für mich.

Er schüttelte den Kopf. »Nein. Sie ist süß. Es macht Spaß, mit ihr Zeit zu verbringen. Aber du kennst mich. Ich bin nicht für eine einzige Frau gemacht. Meinst du, wir müssen jetzt heiraten?«

Ich schwieg. Das klang nach keiner annehmbaren Wahl. Weder für Emilio noch für ein Kind, das in so einer Beziehung aufwachsen sollte.

»Will sie denn das Kind?«

»Sie weiß es noch nicht. Sandy ist auch total verstört.«

Und mehr gab es in dem Moment nicht zu sagen. Keiner von uns wagte es, die Alternative auszusprechen. So saßen wir in dem schwach erleuchteten Labor und spürten, wie der Druck hier unten stärker schien als im Rest des Bootes. Unter uns vibrierte der Boden.

SAY IT RIGHT

Auf dem iPod lief *Stan* von Eminem. Ich hatte ihn mir von Emilio geliehen, um ein bisschen Abwechslung von meiner Sammlung zu bekommen. Langsam schlurfte ich über das Deck. Es war schon die dritte Runde an diesem Abend. Die See war schwarz und kabbelig. Kaum ein Stern am Himmel. Dido sang schwermütig den Refrain. Der Song war schon ein paar Jahre zuvor rausgekommen, aber immer noch gut. Doch jetzt gerade bedrückte er mich zu sehr. Ich drehte am Kontrollrädchen. In meinen Kopfhörern klackerte es, während ich durch die Albumcover scrollte. Als ich wieder aufblickte, sah ich am Ende des Decks Emilio und Sandy sitzen. Sie saßen auf den Holzplanken und ließen ihre Beine unter der Reling hindurch hoch über dem schäumenden Wasser hängen. Während sie redeten legte Emilio seinen Kopf immer wieder in den Nacken und blickte hilflos gen Himmel. Ich konnte mir denken, worum es ging und drehte um, bevor sie mich bemerkten. Das Auswahlmenü blieb auf Nelly Furtados *Say it Right* hängen. Die Außengeräusche verschwanden hinter ätherischen Synthies, zu denen Nellys Stimme aus einem unwirklichen Raum aus Hall sang »No, you don't mean nothing at all to me«.

Ich passierte das Frühstücksdeck, wo noch immer ein paar der Chinesinnen über ihren Lehrbüchern brüteten.

Da ich sonst niemanden entdeckte, auf den ich gerade Lust hatte, ging ich unter Deck und wanderte zu Rodrigos Kabine. Er lag auf dem Bett und sah sich am Laptop Bilder von seinem Ecuador-Trip an.

»Kannst du die überhaupt ansehen, ohne dass sich dein Magen umdreht?«

Er sah auf. »Hi Mark. Todo bien?«

»Dachte, ich schau mal vorbei. Nicht viel los heute Nacht.«

»Klingst wie ein Bulle auf Streife.«

»Wie liefen die Prüfungen?«

»Hat ganz gut geklappt. Für die Abschlussprüfungen muss ich aber noch einen drauflegen.«

»Wer ist das auf dem Bild?«

Auf seinem Screen sah ich eine blonde Frau mit Sommersprossen. Die Ärmel ihres weißen T-Shirts waren hochgerollt. Auf der Brust das blaue Logo einer Hilfsorganisation. Sie lächelte keck in die Kamera.

Rodrigo schloss das Bild schnell, öffnete es dann aber nach kurzem Zögern doch wieder.

»Das ist Emma.«

Ich sah ihn fragend an.

»Sie hat uns in dem Camp in Ecuador besucht, wo wir die Schule gebaut haben. Oder zumindest dabei geholfen haben ... Wahrscheinlich waren wir sogar total nutzlos.« Er lachte. »Das Team vor Ort hatte die Sache eigentlich schon ziemlich gut im Griff, als wir kamen. Uns mussten sie dann ständig Anweisungen geben. Von uns hatte ja noch keiner in seinem Leben irgendwas gebaut. Außer Joints vielleicht.«

»Und wer ist Emma?«

»Sie kommt aus Gibraltar und ist Anwältin für Menschenrechte.«

»Geht da was?«

»Sag's nicht so abwertend.«

Ich merkte, wie lange wir nicht richtig geredet hatten.

»Emma hat mich im Krankenhaus besucht, als ich dachte, ich pack's vielleicht nicht.«

»Lieb von ihr.«

Wir schwiegen.

»Ich glaub, die könnte es sein«, brach Rodrigo das Schweigen.

Ich war baff. Ich freute mich für ihn und zugleich war ich gekränkt, dass ich bisher nichts davon gewusst hatte.

»Seid ihr richtig zusammen?«

»Nein, ich glaub nicht. Aber wir haben uns super verstanden und ... Jedenfalls überlege ich, ob ich nach der Reise wieder zu ihr fliege. Vorausgesetzt, es gibt kein Sushi zu essen.«

»Vielleicht kommt sie auch nach Hongkong. Wir könnten zusammen reisen.«

»Du machst mich fertig.«

Ich warf mich auf das leere Bett seines Mitbewohners, dem dicken Pepe. Ich freute mich für ihn. Rodrigo machte einen Song von Maná an, eine mexikanische Band, die er viel hörte. So lagen wir auf den Pritschen und ließen die Musik einwirken, bis Pepe irgendwann reinkam und mich rauswarf.

KINDERKRAM

Ich streunte mit Rodrigo durch die leeren Schiffsflure mit ihren niedrigen Decken und dumpfen Teppichböden. Wir hatten beim Mittagessen ordentlich zugelangt. Nach drei Schinken-Käse-Sandwiches mussten wir uns die Beine vertreten.

»Armer Emilio. Dass Sandy schwanger ist, hat ihn völlig von den Füßen geholt.«

»Was wird er wohl tun?«

»Keine Ahnung. Was würdest du tun?«, fragte Rodrigo.

»Abtreibung kommt mir brutal vor, wenn ich drüber nachdenke.«

»Du würdest es annehmen?«

»Ich wär gerade erst 40, wenn das Kind außer Haus ist. Hat sicher was für sich, ein junger Vater zu sein. Ich würde mich nicht drum reißen, aber ich wäre zu gespannt, das Kind kennenzulernen ...«

»Es ist erst mal ihre Entscheidung.«

»Klar. Auf keinen Fall zu etwas drängen. Aber wenn sie es will, dann müsste man es annehmen, finde ich.«

»Mir macht der Gedanke Angst, jetzt schon ein Kind zu haben. Dabei bin ich sogar älter als ihr.«

»Pff. Dreißig. Mach dich nicht so alt.«

»Wäre schon das passende Alter für Kinder. Nur ich seh's einfach nicht.«

»Die Frage ist, wie es dann in der Realität aussieht. Kann man dem Kind Eltern zumuten, die sich selbst kaum kennen?«

»Müssen ja nicht gleich heiraten. Da gibt's ja noch andere Modelle.«

»Vielleicht. Oder man zieht es freundschaftlich auf ... Ach, ist das alles eine Scheiße.«

Wir traten raus auf das Achterdeck. Im Schatten des überhängenden Tiber-Decks stand Jordan und rauchte. Wir gesellten uns dazu.

»Macht's dir was aus?«

»Gar nicht. Was geht ab Männer?«

»Hast du schon mal an Kinder gedacht?«

Er verschluckte sich fast am Rauch.

»Woher kommt das denn jetzt?«

»Hast du schon mal dran gedacht oder nicht?«

»Joa, wenn ich groß bin natürlich. Dreißig wär ein gutes Alter. Da ist man angekommen.«

»Schau dir Rodrigo an. Meinst du, der ist angekommen?«

Jordan musterte ihn fachkundig.

»Macht mir einen soliden Eindruck. Gutes Elternhaus?«

»Das Beste.«

»Meinen Segen hast du. Wer ist denn die Glückliche?«

»Keine. Alles nur hypothetisch.«

»Hypothesen. Gut, gut. Schön, dass ihr hier doch noch den wissenschaftlichen Anspruch wahrt.«

»In diesem Sinne«, verabschiedeten wir uns und zogen keinen Deut schlauer davon.

KARATE KID

Egal wie ich es drehte und wendete, wenn ich die nächsten Klausuren nicht mit Bestnoten bestand, war ich mein Stipendium los. Wir hatten soeben die Ergebnisse unserer Midterm Exams erhalten. International Finance und International Trade hatten mich arg reingerissen. Die weicheren Fächer International Marketing und International Business Strategy waren mir zwar leicht von der Hand gegangen. Aber sobald es um Zahlen ging, hatte ich das Nachsehen.

»Ich muss dringend besser werden.« Ich blies die Backen auf.

Rodrigo beobachtete mich vom gegenüberliegenden Bett. »Du schaffst das schon. Weißt du, warum ich da so sicher bin?«

Ich starrte ihn zweifelnd an.

»Weil wir zusammen lernen werden. Ich habe zwar kein Stipendium zu verlieren, aber ich kann keine halben Sachen ab. Außerdem bin ich eh schon im Lernfluss. Die Woche Neuseeland war wie ein Trainingslager. Ich kam mir vor wie bei Karate Kid. Jeden Tag ein bisschen besser.«

»Na das freut mich für dich«, sagte ich und bereute sofort den Anflug von Sarkasmus.

»Bis zu den Prüfungen Mitte Dezember sind es noch fast vier Wochen. Pass auf: Ich werd meine Sachen lernen und du lernst deine. Und dabei lassen wir uns von nichts mehr ablenken. Emilio ist eh beschäftigt. Ich halte ein Auge auf dich. Cansu muss sich bis abends gedulden. Entweder richtigmachen oder gar nicht. So seh ich das.«

Seine Motivationsversuche waren schwache Funken auf feuchtem Feuerholz.

»Echt Rodrigo, ich kann das nicht. Ich denk, ich bin zu blöd dafür.«

»Glaub nicht alles, was du denkst! Zeig mal, was musst du dir denn noch draufschaffen?«

»Den ganzen Theoriekrempel in International Finance. Das will mir einfach nicht in den Kopf. Ich lese es und es macht Sinn, aber wenn ich es wiedergeben soll, bring ich alles durcheinander.«

»Ach komm, das kriegen wir hin! Du hast hier schließlich einen alten Investment Banker als Trainer. Wenn ich dran denke, wer da so alles rumlief ... Das kannst du allemal.«

Ich ließ mich mit einem dumpfen Wumms gegen die holzvertäfelte Wand fallen. »Alter, wenn ich das nicht schaff, dann war's das. Kein Australien. Kein Masterabschluss.«

»Das ist fatalistisches Denken. Hör auf damit! Du schaffst das. Verstehst du? Wir lernen. Ich frag dich ab. Dann lernen wir weiter. Und dann schaffst du das – auch wenn du kein Zahlen-Genie bist. Fleiß schlägt Talent.«

Hatte ich eine Wahl?

So ließ ich mich von seinem Enthusiasmus anstecken und schon am selben Nachmittag saßen wir in einer stillen Ecke der Bordbibliothek und studierten im harten Neonröhrenlicht. Samantha reservierte uns den Tisch gleich für die nächsten Tage.

KÄNGURULAND

Wir erreichten Sydney zwei Tage später am frühen Nachmittag. Ich erinnerte mich an unsere Einfahrt nach Lissabon. Die Brücke über dem Tejo, die aussah wie die Golden Gate Bridge. Die rot-gold brütende Altstadt. Panama City hatte uns bei Nacht mit tropischem Regen begrüßt. Guayaquil war mit seiner zerfransten Silhouette und den wild wuchernden Hütten vor silbrig-grauem Himmel nicht zu greifen. In Auckland hatte sich das Student Ship beim Andocken in den Glasfassaden des Business Districts gespiegelt. So viele Eindrücke. Doch Sydney steckte sie alle mit links in die Tasche. Zwischen zwei zerklüfteten Küstenflanken tat sich eine lange, breite Bucht auf. Von den Klippen blickten große Villen und verstreute Siedlungen auf uns herab. Das Wasser glitzerte in der Frühlingssonne. Möwen kreischten und schwirrten um unseren Schlot mit dem handgemalten Student-Ship-Logo darauf. Segler und Fährboote zogen weiße Furchen in das frische Blau. Und dann sahen wir die berühmte Oper und die Harbour Bridge. Es gab Landgänge, bei denen einige von uns erst aus der Kabine kamen, als wir bereits fertig vertäut und verankert waren. Dieses Mal standen restlos alle an Deck.

Australien war unser letzter Halt südlich des Äquators. In China kehrten sich die Jahreszeiten wieder um. Bei unserer Ankunft Ende November sollte uns dort bereits der Winter erwarten.

Rodrigo reiste in Australien mit dem Academic Field Program ins Landesinnere zu den Aborigines. »Hör bloß nicht auf, zu lernen, nur weil ich dir ein paar Tage nicht auf die Finger schauen kann!«, ermahnte er mich.

Emilio würde die Woche nicht von Sandys Seite weichen. Ich stellte mich auf Wirtschaftstourismus bei Unternehmen, Edelsteinhändlern und Casinobetreibern ein. Immerhin endeten die meisten Ausflüge schon mittags, sodass ich die Hälfte der Zeit damit verbringen konnte, zu lernen und Sydney zu erkunden. Außerdem wollte ich mir schon mal die Uni und mögliche Unterkünfte für die nächsten beiden Semester ansehen.

Am ersten Abend hatte sich wieder die alte Student-Ship-Dynamik verselbstständigt. Ohne nähere Absprache landeten wir in der World Bar, einem ehemaligen Bordell im Stadtteil Kings Cross. Im Erdgeschoss spielte die Philadelphia Grand Jury, eine lokale Indie-Rock-Band. Sie gaben ordentlich Gas. Der Bassist trug einen dichten Schnauzer, Hawaiihemd und Skinny Jeans. Allein seine Art, sich wie eine Boje zur Musik zu wiegen und mit zuckendem Schnauzer in den Lead-Gesang einzufallen, machte die Band für mich schon sehenswert.

Frauen liefen mit Cocktails in Teekannen herum. Emilio stand bei Sandy. Die meiste Zeit zogen sie ernste Mienen. Ich bemerkte, dass beide nicht tranken. Doch egal wie groß die Sorgen, es gab immer kleine Lichtblicke. So erwischte ich sie manchmal dabei, wie sie selbstvergessen lachten oder Sandy aufmerksam lauschte, wenn Emilio ihr etwas erzählte. Dabei wirkte er auf eine Art vernünftig und klug, die er vor Rodrigo und mir die meiste Zeit verborgen hielt. Für uns war er der sympathische, schürzenjagende Beach Bum. Doch wenn ich auf der Reise eines gelernt hatte, dann, dass die Dinge selten so eindimensional waren, wie man sie sich gerne machte.

Ich hatte mich mit meinen Freunden Jordan, Tom, Rodrigo und Cansu auf einen schmalen Balkon mit römischer Balustrade zurückgezogen und genoss unser seltsames Weltenbummlerleben. Cansu beugte sich dicht zu mir rüber.

»Mir fällt gerade eine kleine Geschichte aus meiner Kindheit ein. Willst du sie hören?«

Natürlich wollte ich.

»Als ich zehn Jahre alt war, fragte mich mein Opa, was ich einmal werden will. Er ist sein Leben lang viel gereist. Er war Kunstschmied und hat in vielen Ländern gewohnt. Das tolle am Schmieden ist, dass überall auf der Welt die gleichen Werkzeuge benutzt werden. So kannst du überall arbeiten. Und reden musst du ja auch nicht viel, wenn du die Sprache nicht beherrschst. Dafür macht man einfach Zeichnungen, von dem, was man schmieden will.

Wir saßen im Wohnzimmer meiner Großeltern inmitten der Bilder, Schnitzereien und kleinen Schmiedewerke, die sie in aller Herren Länder zusammengetragen hatten.

›Ich will Reisende werden‹, gab ich bekannt.

Meine Oma lachte. ›Cansu, das ist doch kein Beruf‹, meinte sie. Aber mein Opa schaute mich stolz an und nickte nur.«

Sie blickte verlegen zu Boden. »Das war's schon. Nur eine kleine Geschichte. Ich musste gerade daran denken.«

»Eine schöne Geschichte. Dein Opa hat dich früh durchschaut.«

»Anscheinend. Ich vermiss ihn.«

»Meinst du, man kann das machen? Einfach nur reisen und davon leben?«

»Er hat's ja auch gemacht. Eben als Kunstschmied.«

»Stimmt. Ich denke da immer gleich an Reisejournalist oder so etwas.«

Sie überlegte einen Moment.

»Ist das etwas, das du dir vorstellen könntest?«

»Reisejournalist?«

»Ja. Du schreibst doch gerne. Du hast mir zwar noch nichts gezeigt. Aber ich bin sicher, du bist gut. Du beobachtest viel und ich seh dich ständig mit Stift und Papier.«

Ich überlegte. Ihre Pupillen waren weit von dem gedimmten Licht. Ihr Make-up war mit einer Raffinesse eingesetzt, die mich angenehm verunsicherte. Im Alltag war sie meist ungeschminkt.

»Aber ich studiere doch nicht mal Journalismus«, hörte ich mich sagen.

»Du musst doch nicht alles studiert haben. Wenn du gut bist, bist du gut. Du musst es nur regelmäßig tun. Einige der besten Unternehmer haben nie ein Business-Studium absolviert.«

»Du sagst das so einfach«, murmelte ich. Doch die Idee nahm in meinem Innern Gestalt an.

KUNSTSCHULE

Der Himmel leuchtete vanillefarben über Sydneys Stadtteil The Rocks. Hier gab es einen tollen Rundweg. Er führte vom Fährhafen am Circular Quay in einem weit geschwungenen Bogen mit Ausblick auf das Opernhaus bis unter die Harbour Bridge und darüber hinaus.

Die großen Kreuzfahrtschiffe, wie die Queen Mary oder etwa die Legend of the Seas, legten für gewöhnlich gegenüber dem Opernhaus an und waren so Show-Effekt für die Städter und zugleich einmaliger Liegeplatz für die Passagiere. An diesem Tag jedoch war kein Passagierdampfer vertäut. Der Blick auf den Hafen war unverstellt. Ich lehnte über ein Geländer und sog das Postkartenmotiv ein.

In dem Moment tippte mir jemand auf die Schulter. Es war Cansu. Sie lächelte.

»Die Oper ist noch schöner als auf den Fotos, die man so kennt. Findest du nicht auch?«

»Warst du schon da? Von Nahem ist sie etwas hässlich.«

»Sie ist halt schon etwas älter. Ich finde, sie hat Charme.«

»Ich finde, du hast Charme«, rutschte es mir raus.

Sie grinste. »Danke.«

»Gehen wir ein paar Meter?«

Sie funkelte mich an und nickte.

Wir schlenderten am Wasser entlang Richtung Harbour Bridge, diskutierten an einem Münzprägeautomaten, warum solche Dinger überhaupt noch existierten und was für ein albernes Souvenir das sei, nur, um uns am Ende jeder eine Münze mit dem Opernhaus darauf zu prägen.

»Ich habe über deine Idee nachgedacht.«

»Ich hatte eine Idee?«

»Na ja, dass ich schreiben könnte. Als Beruf.«

»Ja. Du könntest das.«

»Ein schöner Gedanke.«

»Sag ich doch!«

Ich bemerkte, wie sie mich von der Seite musterte.

»Du denkst viel nach. Anfangs hatte ich den Eindruck, du wärst schüchtern.«

»Und jetzt?«

»Jetzt glaube ich, du bist einfach so gern in deinem Kopf.«

Ich musste lachen. »Na ja, so gern bin ich da eigentlich gar nicht. Aber ich denke, du hast mich ganz gut durchschaut.«

»Das denkst du, ja?«

»Da war es schon wieder, oder?«

»Mhm.«

Während wir weiter plauderten, waren wir bei einer Art Lagerhalle angelangt. Die Pfeiler der Harbour Bridge waren bereits in Reichweite. In der Nähe ankerte das Student Ship. Noch einige hundert Meter und wir wären dort. Wir gingen im Schatten. Ich wollte nicht, dass unsere gemeinsame Zeit schon endete. Da entdeckte ich einen Durchgang in der Lagerhalle und schlug vor, nachzusehen, wohin er führte. Im Durchgang hingen Glaskästen mit Programmankündigungen für Kinovorführungen und Konzerte. Auf der anderen Seite strahlte uns die Sonne entgegen. Ein Holzsteg zog sich an der Wasserlinie entlang. Auf der Rückseite der Lagerhalle befanden sich elegante Bars und Restaurants. Um diese Zeit wirkten sie wie Elemente einer verlassenen Filmkulisse. Zur Rechten des Stegs streckten sich moderne Apartmentbauten mit Fassaden aus Holz und Chrom drei Stockwerke hoch, mit Bootsanlegeplatz und Balkonwohnungen darüber. Davor lagen teure Sportboote. Kein Lüftchen regte sich. Kein Mensch weit und breit außer der Kellner, die sich in den leeren Bars langweilten. Wir gingen schweigend den Steg entlang. Ich spürte meine Sneakers weich auf dem Holz aufsetzen. Da erklang Musik. Aus dem Nichts füllte eine Klavierballade die heiße Mittagsluft. Kurz darauf setzte eine durchdringende Männerstimme ein und sang, dass es mir ein Ziehen auf der Kopfhaut bescherte. Ich ging der Musik nach auf ein Gebäude mit kupferbeschlagener Fassade zu. Wo war der Sänger? Durch halb geschlossene Sonnenpaneelen konnte ich in ein weiträumiges Tanzstudio blicken. Im einfallenden Licht bewegte sich ein Dutzend Ballettschülerinnen zur Musik. Ihre Tütüs wippten schwerelos in der Luft. Zwischen ihnen lief die Ballettlehrerin hin und her und verteilte Lob oder korrigierte die Haltung. Klavier und Gesang kamen aus Lautsprechern an der Wand.

Ich war so eingenommen von der Szenerie, dass mir erst bewusst wurde, dass Cansu neben mir gestanden und meine Hand ergriffen hatte, als sie sie schon wieder losließ.

Das Lied ging zu Ende. Klavier und Gesang verstummten. Die Tänzerinnen ließen die Spannung aus ihren Körpern weichen wie Schmetterlinge, die ihren Flügelschlag verlangsamen. Die Lehrerin machte Ansagen. Ihre Stimme war schneidend. Sie tadelte und ermahnte.

Als ich aufsah, befand ich mich mitten in Cansus Saphiraugen.

»Encore une fois!«, rief die Ballettlehrerin mit scharfem Ton. Das Klavier setzte wieder ein und ergriff jede Faser meines Körpers.

Dieses Mal bekam ich alles mit. Cansu. Mich selbst. Die Welt, in der wir standen. Die warme Kupferwand, an der wir lehnten.

Die Tänzerinnen probten den ganzen Nachmittag, das ganze Jahr über, und wir lehnten daneben und küssten uns jenseits von Zeit und Raum.

BUMERANG

Die Klimaanlage rauschte leise und gleichmäßig. Ich spürte die Federn meiner Matratze im Rücken. Ein blauer Mond fiel durch unser Bullauge und ich spielte den Tag durch, ohne ihn wirklich zu begreifen.

Casey war noch wach. Nach Monaten in einer Kabine erkannte ich es am Klang seines Atems oder der Art, wie er vor dem Einschlafen regungslos im Bett lag.

»Casey?«

»Ja«, kam es aus der Dunkelheit zurück.

»Erinnerst du dich an unser Gespräch vor einigen Wochen?«

»Welches?«

»Als du gefragt hast, wie ich dazu stehe, sich in eine unglückliche Beziehung zu drängen.«

»Ja.«

»Ich habe meine Antwort gefunden.«

»Gut.«

»Ging es damals schon um Ben, als du gefragt hast?«

»Ja.«

»Und wie ist es so mit euch?«

»So gut wie für euch, nehme ich an.«

Ich nickte.

»Danke, Casey.«

Manchmal musste man den kleinen Kerl einfach gern haben, dachte ich und schlief zufrieden ein.

CHET BAKER

Als der Regen einsetzte, flüchteten Cansu und ich in ein Café auf der Glebe Point Road. Von Innen sah es aus wie in einer Studentenwohnung. An einer Wand waren drei einfache Bücherregale befestigt, auf denen abgegriffene Romane und Reiseführer standen. Hinter der Theke versprach ein Plakat mit Regenwaldbildern echten Fair-Trade-Kaffee. Am Mittag hatten wir uns die Sydney University angesehen. Ein paar von uns wollten nach dem Schiff hier ihr Studium fortsetzen. Die Uni befand sich in einem altehrwürdigen Gebäudekomplex, der mich an Bilder von Oxford erinnerte. Auf einem Hügel am Victoria Park gelegen, bot sich von der Unibibliothek aus ein hübscher Blick über die Stadt, der nur von den ergrauten Fenstern getrübt wurde. Cansu und ich waren beide noch unschlüssig, wie wir nach dem Schiff weitermachen würden. Ob ich für den Masterabschluss nach Sydney zurückkäme, hing von meinen Noten ab. Ohne Stipendium hätte ich keine Chance, die horrenden Studiengebühren zu zahlen. Sowohl die Sydney University als auch die Ned Kelly Uni aus unserem Konsortium rechneten das Studium auf See als vollwertiges Semester an. Ein Jahr Australien war natürlich verlockend. Aber noch ein ganzes Jahr BWL war die Kehrseite. Ich wollte meinem Leben eine andere Richtung geben. Je früher, desto besser. Cansu war dagegen erst im vierten Semester ihres Bachelors und mochte ihr Studium. Sie musste erst die letzten beiden Semester in Istanbul beenden, bevor sie den Ort wechseln konnte. Kaum waren wir zusammen, drohte schon die Aussicht auf eine lange Fernbeziehung. Noch verdrängten wir das Thema, so gut es ging. Es machte mir Angst. Doch so wollte ich nicht mehr denken. Wir würden eine Lösung finden. Und wenn nicht, würden wir auch die Entfernung meistern. Das redete ich mir zumindest jeden Tag aufs Neue ein.

Ich roch den frischen Kaffeegeruch. Der Kellner machte sich an einer Siebträgermaschine aus blitzendem Chrom zu schaffen. Es zischte und klackte, wenn das heiße Wasser unter Hochdruck durch die gemahlenen Bohnen schoss. Cansu und ich versanken in tiefen Ledersesseln. Sie hatte die Zungenspitze zwischen die Vorderzähne geklemmt, während sie konzentriert an ihren Postkarten schrieb.

Ich bestaunte sie über die Seiten meines International-Trade-Buches hinweg – ungläubig über die neue Situation.

Die Vertrautheit, mit der wir jetzt hier saßen, kam mir unwirklich vor. Ich blätterte in meinem Buch, ohne etwas vom Inhalt zu erfassen. Sie schaute einen Augenblick auf, grinste mich an. Um ihre Augen bildeten sich Lachfältchen. Im Hintergrund spielte Chet Baker melancholisch seine Trompete.

In dem Moment sah ich Emilio draußen durch den Regen laufen. Ich rappelte mich rasch auf und lief hinaus, um ihn zu uns zu rufen.

»Emilio!«

Er schien so tief in Gedanken versunken, dass er mich nicht hörte.

»Emilio!«

Jetzt drehte er sich um. »Mark. Sorry, war gerade ganz woanders.«

»Komm rein! Ich sitz hier mit Cansu und schreibe Postkarten.«

Er zögerte, kam aber immerhin unter die Markise, um dem Regen zu entgehen.

»Läuft gerade bei dir, oder?«

Ich grinste. »Kann's selbst nicht fassen.«

»Mann, freu mich für dich. Du hast es auf jeden Fall verdient. Was war das für eine Zitterpartie die letzten Monate.«

Wir schwiegen. Ich spürte die kühle Regenluft an meinen nackten Unterarmen.

»Habt ihr euch schon entschieden?«

Er vergrub die Hände in den Taschen, zuckte mit den Schultern. »Wenn das mal so einfach wäre. Es zieht mir gerade die ganze Energie. Könnte mir echt in den Arsch beißen.«

Ein Auto fuhr vorbei und spritzte Wasser aus einer Pfütze bis vor unsere Füße. Wir stellten uns dichter an die Hauswand. Ich sah mich nach Cansu um. Sie schaute mich von drinnen fragend an. Ich bedeutete ihr, dass alles okay war.

»Geh ruhig zu ihr. Wir werden das jetzt eh nicht lösen.«

»Kann ich irgendwas für dich tun?«

»Ja, nimm's mir nicht übel, aber ich wär am liebsten eine Weile allein.«

Ich nickte. Er nickte. Und dann ging er davon. Seine Flip-Flops schleuderten bei jedem Schritt dreckiges Wasser gegen seine bunten Boardshorts.

LICHT UND SCHATTEN

In den nächsten Tagen spitzte sich die Situation zwischen Sandy und Emilio zu. Sie wollten die Entscheidung auf keinen Fall bis China herauszögern. Falls es eine Abtreibung geben sollte, wollten sie es in Sydney hinter sich bringen. Die Krankenhäuser schienen ihnen vertrauenserweckender. Sie wollten sich nicht noch Wochen auf See quälen. Und dann war da noch die Frage, bis wann man überhaupt abtreiben durfte. Sie müssten erst mal einen Arzt finden, der sich dazu bereit erklärte. In China dürfte das allein wegen der sprachlichen Barriere ein Hindernis werden. »Nachher pflanzen die ihr da noch ein zweites Kind ein«, witzelte Emilio mit mattem Galgenhumor.

Ich hatte bereits alles Mögliche zu dem Thema für ihn recherchiert, doch in der Entscheidung selbst konnte ich ihn nicht beraten. Ich versuchte, für ihn da zu sein, wenn er reden oder falls er sich einfach nur betrinken wollte. Doch seitdem er von der Schwangerschaft erfahren hatte, trank er selbst gar nichts mehr, als könnte er sonst dem Kind schaden.

Unsere Zeit in Sydney verging für mich wie im Flug. Morgens durchlief ich das Feldprogramm, schüttelte Hände von Managern und versuchte, mich für ihre Unternehmen zu begeistern. Mittags nahmen wir einen Business Lunch. Mal gab es Meeresfrüchte oder asiatische Fusion-Küche und mal britische Wirtshausklassiker: Shepherd's Pie, Bangers and Mash, Pommes mit Bratensoße. Leichte Sachen eben.

An den Nachmittagen holte mich Cansu ab und wir verbrachten die warmen Frühlingsstunden gemeinsam. Wir liehen uns am Bondi Beach Surfbretter und versuchten uns an den kleineren Wellen. Wir nahmen die Fähre nach Manley Beach und spazierten die Strandpromenade entlang. Rollerblader sausten an uns vorbei. Ein Surfer kratzte altes Wachs von seinem Brett. Ein anderer cremte sich fingerdick das Gesicht für die bevorstehende Session ein. In einem kleinen Eckimbiss gab es fangfrische Fish and Chips. Die Portion kam mit handgeschnitzten Pommes in eine Zeitung gewickelt. Wir setzten uns nebeneinander auf eine Picknickbank am Wasser, kippten Essig über die Pommes und pressten Zitrone über dem Fisch aus. Wie aus dem Nichts sagte Cansu »Weißt du, was ich gerade bemerke?«

»Nein, was?«

»Ich habe zum ersten Mal kein Heimweh mehr.« Während sie das sagte, schmiegte sie sich an mich. »Schätze, daran bist du nicht ganz unschuldig.«

Ich zog sie noch fester an mich heran.

»Das freut mich riesig«, murmelte ich stolz und verlegen zugleich. Sie gab mir einen Kuss. »Darauf sollten wir anstoßen.« Feierlich hob ich meine Dose Cola.

In dem Moment rauschte eine dicke Möwe heran und riss das fettige Zeitungspaket mit sich. Die Zeitung löste sich. Fisch und Pommes regneten vom Himmel. Es war so absurd, dass wir lachten, bis wir Seitenstiche bekamen.

An den Abenden goss ich die brühwarmen Eindrücke in Blog-Beiträge für den *Travel Observer*, die ich stets mit kleinen Beobachtungen zum Zusammenleben in unserem schwimmenden Melting Pot versah. Thomas hatte nur zwischendurch einmal ein kurzes »Danke. Weiter so!« geschickt. Wenn ich auf die Website schaute, sah ich immerhin, dass die neuen Beiträge inzwischen als Opener auf der Startseite verwendet wurden. Sogar Reggaes Bilder kamen restlos zum Einsatz. Mir ging es ebenso wie ihr. Ich war dankbar, dass jemand das Material abnahm und es nicht einfach ungesehen im Notizbuch oder auf meiner Festplatte vor sich hinschlummerte.

Nachts zogen wir mit unseren Freunden um die Häuser. Sean der Australier, mit dem wir in Guayaquil im Taxi gestrandet waren, hatte uns zudem die E-Mail-Adressen von ein paar seiner Kollegen in Sydney aufgeschrieben. Die Jungs waren vom gleichen Schlag wie Sean und zögerten nicht, uns durch sämtliche Spelunken und Clubs der Stadt zu führen. Wir entdeckten schäbig schöne Läden wie die Chinese Laundry oder das Favelas, in denen harter House gespielt wurde.

In einer Nacht versuchten wir so viele Bars wie möglich abzuklappern. Wir starteten in der Cargo Bar, deren Glasfront einen freien Blick auf den glitzernden Darling Harbour gab. Dann ging es weiter ins Argyle. Wir verloren beim Pubquiz im Lands Down und endeten nach zahllosen Zwischenstopps an der Sports Bar des großen Casinos, dessen CEO wir bereits am Morgen zuvor kennengelernt hatten.

In den Nächten schliefen Cansu und ich leidenschaftlich miteinander. Ich fühlte mich wie neugeboren.

Während ich die Tage auf Wolke Sieben verbrachte, kämpften Emilio und Sandy mit der schwersten Entscheidung ihres Lebens.

QUARTERLIFE CRISIS

Am letzten Tag unseres Aufenthalts in Sydney machten sich gemischte Gefühle in mir breit. Die Stadt hatte mich restlos begeistert. Ich wollte unbedingt das nächste Semester nach Australien. Das musste ich jedoch erst einmal schaffen. Denn wenn ich von meinem Höhenflug nach unten sah, stellte ich fest, wie wieder eine Woche verstrichen war, in der ich die Uni verdrängt hatte.

Rodrigo war inzwischen von seiner Exkursion zurück. Wir saßen mit einem Dosenbier vor dem Sydney Fish Market und tauschten unsere Erlebnisse aus. Rodrigos Trip ins Outback war ein scharfes Kontrastprogramm zu meiner beschwingten Liebeswoche in der Stadt.

»Die Aborigines sind ganz schön arme Hunde.«

»Wie die Indigenen in Panama?«

»Anders. Die Emberá sind von außen bedroht, aber leben in gut funktionierenden Communities im Darién. Die machten mir einen sehr zufriedenen Eindruck. In Alice Springs streunen die Aborigines wie Gespenster durch den Ort. Wir sind zu Siedlungen im Outback gefahren, in denen sie leben wie im Getto. Nimmt einen echt mit.«

Hinter unseren Rücken fuhren Gabelstapler mit Boxen voll riesiger Thunfische auf Eis. Männer in gelbem Ölzeug verfrachteten Ladungen in Lieferwagen.

»Ich glaube, ich möchte etwas tun.«

»Klar. Was schwebt dir vor? Ich könnte inzwischen einen Pub-Guide für Sydney rausbringen.«

Er lachte. »Nein, Amigo. Ich meine echt was tun. Für die Menschheit oder so. Wie Emma es macht.«

»Meine Unterstützung hast du. Ich mach in der Zwischenzeit einen Job in einem grauen Büro und hau mich nachts mit Koks und Whisky zu.«

»Das ist deine Ambition?«

Ich zuckte mit den Achseln. »Es liegen gerade viele Veränderungen in der Luft.«

Er tippte nachdenklich mit dem Finger gegen seine Bierdose.

»Je mehr ich drüber nachdenke, desto klarer wird mir, dass ich wirklich etwas tun will. Schätze, darum habe ich überhaupt den Studiengang gewählt. Hab's vor lauter Spaß nur vergessen.«

»Aber den Spaß wirst du nicht vergessen.«

Er grinste. »Nein, bestimmt nicht. Mann, Mark. Weißt du noch, wie wir uns in Lissabon verlaufen haben?«

»Japp.«

»Vielleicht meine Lieblingserinnerung des ganzen Trips. Dabei war's gar nicht besonders außergewöhnlich. Aber das Gefühl, unterwegs zu sein, war so neu und Europa so spannend.«

»Prost drauf.«

»Salud. Aber ganz ehrlich. Das ist doch auch ein Ausnahmezustand. Merkst du das nicht auch? Je länger wir unterwegs sind, desto mehr habe ich das Bedürfnis, was zu machen. Nützlich zu sein. Das ist doch sonst alles nur zur eigenen Bespaßung.«

»Da sprechen dreißig Jahre Lebenserfahrung. Lass mich da raus. Ich hab noch ein paar Jahre, bis ich meine erste Quarterlife Crisis kriegen darf.«

Er haute mir auf den Kopf. »Und das von dir, Malaka. Du stehst doch unter ›Quarterlife Crisis‹ im Lexikon.«

»Selber Malaka.«

»Alles leichter als Emilios Situation.«

Jetzt wurden wir wieder ernst. Rodrigo blies hörbar die Luft aus.

»Weißt du schon was Neues?«

»Sie wollten heute in die Klinik.«

»Sie machen es?«

»Wer kann es ihnen verübeln?«

»Das wird nicht leicht, damit klar zu kommen.«

ENTSCHEIDUNGEN

Beim Boarding erwartete uns eine Überraschung. Emilio und Sandy winkten uns übertrieben von der Reling herab zu. Wir drängten uns an den anderen vorbei, passierten die Sicherheitskontrolle und rannten an Deck.

»Was ist los? Hat alles geklappt? Sandy, du machst einen völlig gesunden Eindruck.«

Die beiden strahlten uns an, als hätten sie gerade gemeinsam ein Reihenhaus gekauft.

»Wir nehmen es an!«

»Ihr nehmt was ...? Moment mal ...«

»Ihr nehmt das Kind an?«

»Heute auf dem Weg zur Klinik ... Wir haben's einfach nicht fertiggebracht. Hätten uns immer gefragt, wie es wohl wäre ...«, erklärte Emilio.

»Oh wow!«

»Heißt das, ihr werdet auch heiraten?«

»Wir sind nicht mal zusammen«, antwortete Sandy rasch. Dabei meinte ich, für einen Bruchteil einer Sekunde einen Schatten auf ihrer fröhlichen Miene wahrzunehmen.

»Aber wir ziehen das Kind zusammen groß.«

»Als Freunde«, ergänzte Emilio.

Rodrigo und ich sahen uns ungläubig an. »Oh wow. Glückwunsch. Aber ...«

»Aber wir wohnen in unterschiedlichen Teilen der Welt?«

»Genau.«

»Wir wissen noch nicht genau, wie wir das lösen. Vielleicht ziehe ich zu Sandy nach Kalifornien. Da gibt es noch viel zu klären.«

Wir waren sprachlos. Ich fühlte mich zugleich betroffen und erleichtert. Die Entscheidung stellte die Leben der beiden völlig auf den Kopf. Alle Hoffnungen und Wünsche für die Zukunft standen in Frage. Doch sie setzten ein stoisches Lächeln auf und ich bewunderte sie für den Mut, den sie damit bewiesen.

Es war inzwischen früher Abend. Das Dinner würde bald serviert.

»Dürfen wir euch zur Feier des Tages zum Essen ausführen?«, fragte Rodrigo mit einer kleinen Verbeugung.

»Ihr dürft«, lachte Sandy. Und dann gab es für alle Penne mit Tomatensoße.

RISIKEN UND NEBENWIRKUNGEN

Während das Student Ship China entgegen steuerte, erlebte ich Emilio zerrissen zwischen Hochgefühlen und blanker Angst. Es brauchte einige Tage, bis die impulshaft getroffene Entscheidung sich in seinem Innern setzte und er sich der vollen Tragweite bewusst wurde. Die großen Entscheidungen im Leben werden vermutlich immer aus einem Bauchgefühl heraus getroffen. Pro-und-Kontra-Listen helfen nicht weiter, wenn so viel auf dem Spiel steht. Wer wusste schon, wie es in ein paar Jahren aussehen würde. Vielleicht wäre das Kind das Beste, das ihnen je passiert ist. Vielleicht würden sie sich ewig Vorwürfe wegen einer Abtreibung machen. Vielleicht wäre es aber auch die große Erleichterung gewesen und jeder wäre zufrieden seines Weges gegangen.

Zwischenzeitlich verfiel Emilio wieder in den apathischen Zustand, in dem er vor der Entscheidung über das Schiff gewandelt war. Mit wächserner Miene saß er bei Rodrigo und mir, wippte abwesend vor und zurück und machte sich fertig, weil er Sandy nicht liebte und sein Leben so eine dramatische Wendung genommen hatte. Sie musste sich ähnlich zerrissen fühlen. Ich hatte immer den Eindruck gehabt, dass bei ihr mehr Gefühle für Emilio im Spiel waren. Doch sie blieben dabei. Sie würden es versuchen.

Die ganze Geschichte hatte auf mich eine interessante Nebenwirkung: Ich war dankbar, mich ins Studium stürzen zu können und keine größeren Probleme zu haben. Sandy und Emilio machten mir auf gewisse Weise Mut, dass es immer weiterging. Und irgendwann kam der Punkt, an dem Emilio auch die Phase überwunden hatte, in der er das ganze Thema ignorierte und so tat, als ob es gar nicht existierte. Sein Zustand besserte sich zusehends. Sein Appetit kehrte zurück. Zwischen ihm und Sandy kehrte Leichtigkeit ein und dann und wann hörten wir so etwas wie Vorfreude heraus.

BOOTCAMP

Rodrigo fragte mich Formeln ab. Wir saßen schon seit Stunden in der Bibliothek. Mein Schädel dröhnte.

»Genug für heute. Das klappt doch ganz gut«, beschloss Rodrigo.

Draußen war es schon stockdunkel. Ich schlüpfte in einen Pullover. Rodrigo zog sich die Kapuze seines Hoodies über den Kopf.

»Das wird wirklich eng.«

»Du musst nur die Nerven behalten. Du machst die Finance-Klausuren viel größer, als sie sind. Es ist längst alles hier drin.« Er tippte mir an die glühende Stirn.

Nach dem Essen spielte Cansu am Flügel. Ich saß daneben und ging noch einmal die Übungen des Tages durch. Aktien-Swaps und Futures zirkulierten vor meinen Augen. Cansu spielte eine Melodie, die häufiger in ihren Improvisationen auftauchte. Ich versuchte, mir die Formeln mit der Melodie zu merken. So hatte es früher im Kindergarten geklappt, wenn ich mir eine Packliste für einen Ausflug merken sollte oder meinen Eltern Termine ausrichten musste.

Am nächsten Morgen sang ich Rodrigo die Formeln vor. Er prustete vor Lachen. »Leider falsch, Amigo.«

Ich ließ den Kopf auf die Tischplatte sinken.

»Komm, noch mal von vorn.«

Er war mit seinem eigenen Stoff längst durch. »Die Fächer interessieren mich eben. Da bleiben die Inhalte viel leichter hängen.

Wenn du dich nicht so gegen die Inhalte sträuben würdest, müsstest du nicht so hart lernen.«

»Ich sehe einfach keine Perspektive für die Anwendung. Ich will am liebsten nie wieder etwas damit zu tun haben.«

»Du siehst das alles zu schwarz-weiß. Selbst wenn du etwas ganz Anderes machst, gibt dir das Wissen mehr Kontext. Und du willst dich doch später auch nicht über den Tisch ziehen lassen. Ohne Zahlen geht's nicht.«

Ich verdrehte die Augen. Er hatte natürlich recht. Also versuchte ich, mich ernsthaft für den Stoff zu begeistern. Die Prüfungen waren noch zwei Tage entfernt. Ich kam mir vor wie ein Preisboxer. Verlieren war keine Option.

Zur Entspannung schrieb ich am Abend einen Blogeintrag. Cansu schaute mir dabei zu. Solange die Reise noch nicht vorbei war, wollten wir so viel Zeit wie möglich zusammen verbringen. Die Emotionen waren roh und ungefiltert. So gelangen die Texte immer am besten. Meist nahm ich sie mir dann am nächsten Tag noch einmal vor, prüfte, redigierte und stutzte unnötige Ausschmückungen zurecht. Sobald wir wieder Internet hätten, würde ich den neuen Beitrag abschicken.

SHOWDOWN

Am Morgen der Abschlussprüfungen aß ich kaum etwas. Meine Hände zitterten, wenn man näher hinsah. Ich hatte früher selten Prüfungsangst gehabt. Aber früher war es auch nicht um so viel gegangen.

Ich ließ mein halb gegessenes Frühstück stehen und lief noch eine Runde ums Deck. Dabei sagte ich mir die Formeln auf.

»Entspann dich!«, befahl Rodrigo. »Du kannst das. Wir sind es tausendmal durchgegangen.«

»Zweitausendmal wäre besser gewesen.«

Vor Cansu versuchte ich, mir die Aufregung nicht allzu sehr anmerken zu lassen. Doch sie kannte mich schon zu gut. Sie hielt meine Hände in ihren und drückte sie sanft. Ich war völlig übermüdet. Die Nacht über hatte ich mich rumgewälzt und Löcher in die trübe Finsternis der Kabine gestarrt.

Schließlich riss ich mich zusammen. Ich konnte es so oder so durchstehen. Ich konnte den Prüfungsraum betreten wie ein Kalb auf dem Weg zur Schlachtbank oder ich stellte mich der Aufgabe und kämpfte bis zur letzten Sekunde.

»Rumjammern hat keinen Zweck«, beschloss ich und zog mit aufrechtem Gang los.

Finance. Die Klausurbögen sahen auf den ersten Blick absolut machbar aus. Erst bei eingehender Auseinandersetzung bemerkte ich den Teufel im Detail. Die Multiple-Choice-Antworten waren so formuliert, dass keine Lösung genau den Formulierungen aus dem Textbuch entsprach. »Im Zweifel gilt die Lösung, die am meisten dem entspricht, was wir gelernt haben«, hatte uns Tim Kent darauf vorbereitet. Ich setzte meine ersten Kreuzchen. Das brachte mich auf Touren. Ich zauderte nicht und zerdachte nicht. Ich entschied. Hoffentlich richtig.

Ich hatte mich die letzten Wochen intensiv auf diesen Moment vorbereitet. Sicher zu spät. Ich hätte eher anfangen müssen, zu lernen. Aber als der Schalter in meinem Kopf endlich umgelegt war, hatte ich mich selbst mit meiner Disziplin überrascht. Einmal war sogar Francesco zu mir gekommen und hatte mich um Hilfe gebeten. Und ich half ihm, so gut ich konnte.

Jetzt saß er schräg vor mir und raufte sich die Haare. Ich hatte an seinen Fragen gemerkt, dass er noch ganz am Anfang stand.

Ich hatte mich durch drei Viertel des Prüfungsbogens gekämpft. Ein Blick auf die Uhr zeigte noch zehn Minuten. Die letzten Aufgaben hatte ich unterschätzt. Hier war freies Rechnen gefragt. Die Uhr tickte in meinen Ohren. Ich war auf die letzten Meter dabei, die Nerven zu verlieren.

Es war klar, dass ich nicht alle vier Aufgaben schaffen konnte. Ich beschloss, zwei der Aufgaben in Ruhe und so gut wie möglich zu machen. Wenn dann noch Zeit blieb, würde ich mich an der dritten versuchen.

Die letzten zwei Minuten zählten runter.

Und dann war es vorbei.

Ich schüttelte den Kopf.

LOTTO

Ich begegnete Ana auf dem Tiber-Deck. Ringsum standen Studenten und diskutierten über die Klausuren. Wir hatten es geschafft. Die letzten Prüfungen lagen hinter uns. Ana kam gerade aus ihrer Klausur.

»Wie ist es bei dir gelaufen, Markito?«

»So la la. Bin auf jeden Fall durch. Aber das reicht nicht für Australien.«

»Es wird sicher gut genug sein.«

»Gut genug reicht leider nicht.«

Sie grinste mich schief an. »Mal hast du Glück. Mal hast du Pech. Am Ende ist es immer für was gut.«

»Ja, ich schätze, das sagt man so.«

»Gehen wir zur Bar?«

In der Bar wummerte bereits die Musik. Casey und Ben legten mit ihren iPods auf und hatten sichtlich Spaß dabei. Alle hatten sich vorgenommen, es heute krachen zu lassen. Doch nach den ersten Drinks war bei mir bereits die Luft raus.

Über dem Wasser hingen inzwischen immer häufiger kühle Nebelschwaden. Die Zeit für T-Shirts und Badeshorts war vorbei. Peter Peng erzählte uns von seiner Heimat. Viele der chinesischen Kommilitonen waren sichtlich froh, zurückzukehren.

Cansu und ich standen eng umschlungen an Deck, während wir in den Yangtse einfuhren. Zu beiden Uferseiten des gewaltigen Stroms türmte sich die Mega-City Shanghai auf. Die futuristische Skyline glomm neonfarben durch den nächtlichen Smog und ließ unser Schiff mitsamt seiner ganzen Mäusebesatzung winzig klein erscheinen.

NUMMER 31

Wie wollte man bloß einem Land von der Größe Chinas in zehn Tagen gerecht werden? Ich beschloss, mir die Zeit zwischen Shanghai und Peking aufzuteilen. Die ersten zwei Tage würde ich in Shanghai verbringen und dann mit einigen Freunden vom Schiff einen Abstecher in die Hauptstadt machen.

Am ersten Morgen suchten Cansu und ich den Fabric Market auf, eine berühmte Anlaufstelle für maßgeschneiderte Kleidung zu Spottpreisen.

Im Innern des schmucklosen Marktgebäudes drängten sich die Shops der Schneidereien. Cansu ließ sich bahnenweise

Stoffe zeigen. Ich stöberte durch Kataloge von Boss, Dolce & Gabbana und anderen Marken, aus denen ich mir zwei feine Kaschmirmäntel sowie einen Nadelstreifenanzug aussuchte. Natürlich für einen Bruchteil des offiziellen Preises. Auf die Frage hin, ob ich selbst etwas designen wolle, zeichnete ich ein paar zusätzliche Taschen auf den Burberry-Mantel. Das würde ein Hit. Ich hatte offensichtlich das Zeug zum Designer. Der Schneider lobte meine kühnen Einfälle. Vielleicht eine neue Laufbahn?

Nach dem erfolgreichen Einkauf zogen wir aufs Geratewohl durch den Shanghaier Moloch. Aus dem Meer raketenförmiger Wolkenkratzer, goldener Schriftzeichen und rauchender Garküchen stachen riesige Werbeplakate heraus, auf denen Brad Pitt und Asiatinnen mit westlichen Gesichtszügen für Schweizer Uhren posierten. In dem Mahlstrom aus Menschen, der mir in den Straßen entgegenkam, entsprach niemand diesem Idealbild.

»Achtung!«, erschreckte sich Cansu und stieß mich zur Seite.

CHhhhhhhrrr, FLATSCH!

Fast hätte es mich erwischt. Rings um uns holten Passanten ständig den Schleim aus den Tiefen ihrer Lungenflügel hoch und spuckten ihn auf den Asphalt. Eine Marotte, die uns während des ganzen Aufenthalts in China begleitete. Wer wollte es den Menschen schon verübeln? Der Smog musste raus. Tagein tagaus legte er sich auf die Atemwege der Stadtbewohner. Peter Peng setzte seine Hoffnungen auf Staatspräsident Hu Jintao, der angekündigt hatte, endlich mehr für den Umweltschutz zu tun und damit auch den Smog zu bekämpfen.

Als wir vom Umherstromern ganz hungrig waren, suchten wir ein unscheinbares Restaurant im ersten Stock über einem Elektrogeschäft auf. Es war eine Empfehlung von Jordan, der Shanghai schon von früheren Besuchen kannte. »Ihr müsst unbedingt die Nummer 31 probieren«, hatte er uns geraten.

Auf der Karte standen Schweinefüße und Fischköpfe, Peking-Ente und Hühnerkrallen. Wir blätterten bis zur Nummer 31. Was sich hinter Gericht verbarg, war nicht zu auszumachen. Die englische Übersetzung in der Karte versprach ›Duck will generate income with sauce‹. (Ente wird Einkommen mit Soße generieren). Cansu sah mich in gespielter Verzweiflung an. »Ich fürchte, wenn ich wirklich mal Diplomatin werde, muss ich auch essen, was in der chinesischen Botschaft serviert wird.«

»Stimmt. Da müssen wir jetzt durch.«

Also bestellten wir auf gut Glück die 31. Das Gericht, das schließlich dampfend vor uns stand, war für die Augen nicht verständlicher als die kryptische Beschreibung. Irgendwo in der gelblich glänzenden Soße meinte ich Pak Choi zu erkennen. Der Rest war eine weiche rosafarbene Pampe. Wir stachen vorsichtig mit den Essstäbchen in die Masse und schauderten, als sie nachgab.

»Du zuerst!«

»Nein du!«

»Okay, wir probieren gleichzeitig. Auf drei!«

»Okay, okay, okay. Wir schaffen das.«

»1 ..., 2 ...«

Und dann schoben wir uns beide zwei Stäbchen voll in den Mund.

»Bäh!«

»Urgh! Das fühlt sich im Mund ganz komisch an. Ich brauch ganz dringend ein Tsingtao, um das runterzuspülen!«

»Gute Idee. Und dann bestellen wir uns einfach Reis dazu.«

»Genau. Und den Rest von dem Zeug hier packen wir für Jordan ein. Das muss er vor unseren Augen essen.«

SHANGHAI NIGHTS

Wir befanden uns im Taxi auf dem Weg zu einer mexikanischen Cocktail-Bar. Emilio hatte inzwischen zu seiner alten Lebensfreude zurückgefunden. Er berichtete in verschwörerischem Ton, wie die Schneiderin ihm beim Maßnehmen angeschaut hatte. »Die hat richtig mit mir geflirtet. Ich sag's euch. Habe jetzt einen Daddy Swagger.«

Wir lachten bei der Vorstellung. Die Scheiben des Taxis beschlugen. Der Fahrer rieb sich die Hände und drehte an der Heizung. Der Winter hielt Einzug.

Als wir in die Bar kamen, war die Party bereits in vollem Gange. Eine Kellnerin mit einem Tablett voller Tequila-Shots drängte sich an mir vorbei. Weiße Büroangestellte lehnten in ihren Business Outfits an der Theke, rissen Possen und freuten sich über den Feierabend. Überhaupt waren auffällig wenige Asiaten da. Diese Bar war offensichtlich fest in der Hand von Expats und Backpackern. Aus den Boxen schepperten ACDC vom Highway to Hell.

Ich war in Höchststimmung, kramte in meiner Hosentasche zwischen Kleingeld aus aller Herrenländer nach ein paar Yen und orderte Coronas für meine Freunde und mich. Wir tranken auf den Trip. Auf das Student Ship. Auf die Freundschaft, die Liebe, das Leben. Wir wussten, dass dies unser letzter richtiger Landgang war, bevor wir in Hongkong anlegen und uns in alle Himmelsrichtungen zerstreuen würden. Tom würde mit Jordan, Catherine, Angie, Ian und Ana weiterreisen nach Thailand, Vietnam und Myanmar. Rodrigo war schon seit Tagen aufgeregt. Emma hatte sich tatsächlich einen Flug nach Hongkong gebucht und würde ihn dort treffen. Zusammen wollten sie weiter auf die Philippinen oder nach Bali oder einfach in einem Hotelzimmer in Hongkong bleiben. »Es kommt gar nicht drauf an, was wir machen«, stellte Rodrigo fest. »Ich kann's einfach kaum erwarten, sie zu sehen.«

Denise wollte nach dem Studium einen PhD machen. Ihre Forschungsfrage für die Doktorarbeit: die Auswirkungen internationaler Hochschulen auf das Weltbild chinesischer Studenten. Die Amis wollten uns alle auf einer Plattform namens »Facebook« verknüpfen. Aber von uns anderen Nationen hatte dort kaum jemand einen Account. Ein paar von uns würden über Weihnachten und Neujahr nach Hause reisen, um anschließend für das zweite Semester nach Sydney zu fliegen. Ich hatte mich inzwischen für die Ned Kelly University entschieden. Doch ob es dazu kommen würde, hing noch von den Prüfungsergebnissen ab. Wenn die nicht für eine Verlängerung des Stipendiums reichten, musste ich mir dringend einen Plan B ausdenken.

»Eines ist klar«, schrie Ana gegen den Lärm an. »Das hier wird nie wiederkommen. Das ganze Schiff und diese unglaubliche Community. Wir werden uns hier und da wiedersehen. Aber es wird nie wieder so sein, wie es war. Ich meine ... wir waren Monate aus der Welt gegriffen.« Sie nahm einen kräftigen Schluck gegen die Emotionen, die kurz davor waren, durchzubrechen »Wie auf einem eigenen Planeten.« Ich mochte Ana immer noch sehr.

Wir alle umarmten uns in dieser Nacht unzählige Male. Rodrigo, Emilio und ich packten uns im Kreis an den Schultern und sprangen zur Musik auf und ab. Wir soffen. Wir johlten. Und je später die Stunde, desto mehr von uns fanden sich in der Bar ein. Irgendwann hatte ich den Eindruck, wir hatten den Laden übernommen. Auf der Theke tanzten Shannon und ihre Kalifornierinnen einen lasziven Tanz, der alle Blicke auf sich zog. Der Barkeeper reichte ihnen Tequila-Flaschen, aus denen sie Shots direkt in die durstigen Mäuler kippten. Wir sangen aus einer Kehle zu *World Hold On*, den unbestrittenen Sommerhit des Jahres.

Die Nacht schloss sich um uns. Shanghai hüllte sich in dichten Nebel und die Musik verschwamm mit den Erlebnissen, die sich schon wie Erinnerungen anfühlten, während wir sie schufen.

PEKING

Als unser Nachtzug in Peking einfuhr, erkannten wir kaum die Konturen der Hauptstadt. Eine lückenlose Schneedecke hatte sich über jede Pagode, jeden Tempel, jeden Bordstein, jedes Gewächs gelegt.

Die Zugtüren öffneten sich und ich durchquerte die wabernde Schranke, in der sich die warme, muffige Luft des Wageninnern mit der stechenden Kälte der Außenwelt mischte.

Im Hotel viel Marmor und silberne Uhren in einer Reihe über der Rezeption, die die Zeit in Sydney, New York, Rom und Berlin anzeigten.

Wir liefen dick eingepackt in Winterjacken und Wollmützen durch die Stadt. Von dem berüchtigten Verkehr, der hier immer die Stadt lahmlegen sollte, war nichts zu sehen. Die weiten, kommunistischen Straßen fühlten sich leer an.

Wir stapften über den verschneiten Tian'anmen-Square, wo Ende der Achtzigerjahre Studenten in den Hungerstreik getreten waren, um für die Demokratie zu demonstrieren. Die Bewegung wuchs über sich hinaus. Millionen Menschen gingen auf die Straße, bis die chinesische Regierung mit aller Gewalt dagegen vorging. Tausende Menschen wurden verletzt oder getötet. Später durfte darüber nicht offen geredet werden. Von einem »Zwischenfall« und »Konterrevolutionären« war die Rede. Wo die Behörden schwiegen, drängten jetzt die Straßenverkäufer mit Mao-Ikonen, ausklappbaren Postkartenserien und allerlei Plunder auf die Besucher ein. Einer zerrte an meinem Arm. Ein anderer zupfte von hinten an meiner Jacke, während mir ein dritter mit zwei langen Barthaaren am Kinn und hoher Stimme ins Gesicht brüllte, ich solle etwas von ihm kaufen.

Im Innenhof der Verbotenen Stadt machte ich ein Foto von Denise vor bunten Verzierungen auf einer rot gestrichenen Holzsäule. In einem leeren Park mit Tierskulpturen an den Rändern des breiten Fußgängerpfads formten wir Pulverschnee zu frostigen Geschossen. Wir lieferten uns eine stille Schlacht. Ich sah Rodrigo über ein knöchelhohes Geländer stolpern, im Flug einen Schneeball werfen und weißen Staub aufwirbelnd niedergehen. Ich sah Lachen und Grölen. Aber der allgegenwärtige Nebel schluckte jedes Geräusch.

Auf der Chinesischen Mauer warfen wir uns bäuchlings in den Schnee und schlidderten so weit wir konnten. Ringsum ragten die trüben Silhouetten von Nadelbäumen aus dem weißen Nichts.

Taxis setzen uns vor einer Mall ab, in der alle erdenklichen Fake-Produkte verkauft wurden. Jede Etage war auf bestimmte Warengruppen spezialisiert. Im Untergeschoss gab es an jedem Stand rote und blaue Outdoor-Jacken von North Face und Rucksäcke von Burton. Am Nachmittag liefen mir dutzende Kommilitonen vom Schiff in den gleichen roten Jacken über den Weg. Eine Etage höher schaute ich nach Handtaschen als Mitbringsel für zu Hause. Ich roch an dem Material. Verkäufer hielten Feuerzeuge an die Taschen und zündelten. »Echtes Leder, siehst du?«

Ich kaufte zwei. Denise trug später ihre Einkäufe in einer Dior-Tasche nach Hause.

Nach Hause. Das war mal ein Hotel. Mal das Boot. Mal ein Jucy Van in Neuseeland.

Zum Abendessen war ein Restaurant reserviert. Hohe Decken. Weiße Leuchtröhren. Große Rundtisch für zwölf Personen. Auf einer Drehscheibe in der Mitte wurden allerlei Schalen aufgetragen mit schleimig glänzenden Dingen, die nicht immer erkennbar waren, aber gut schmeckten. Ab und an fischte ich einen Knochensplitter aus dem Mund und legte ihn an den Rand meines Untertellers. Dazu gab es Cola.

Später lagen Emilio und ich auf einer Massageliege in einem Nebengebäude des Hotels. Zwei Chinesinnen drückten unter Einsatz ihrer Ellenbogen auf Knoten im Muskelgewebe. Mal tat es weh, dann war es wieder angenehm. Wir sagten beide kein Wort. Die beiden Frauen redeten über unsere Rücken hinweg miteinander. Sie machten Scherze. Es gab keine Musik. Durch mein Loch am Kopfende der Liege blickte ich auf spiegelnden Marmor.

Ein Teil der Gruppe wollte zu einer Kung-Fu-Show. Cansu ging auch mit. Ich gab ihr einen Kuss und blieb für ein paar Stunden allein auf dem Zimmer. Ohne sie was es plötzlich sehr still.

Der Raum war in blaues Licht getaucht. Durch das bodentiefe Fenster sah ich auf eine menschenleere Kreuzung. Der frische Schnee hatte das wirre Muster der Reifenspuren weitestgehend überdeckt. Straßenlaternen warfen Lichtkegel auf das Weiß. Auf einmal lag ich mitten im Schneetreiben von Peking auf dem kühlen Hotelbett. Mir fiel der Refrain aus unserem Jucy Van wieder ein, »You've got to love yourself before you love someone else«. Es kreiste in meinen Ohren, bis ich leise mitsummte. »You've got to love yourself, before you love someone else.« Ich fühlte mich königlich. Ich spürte eine Veränderung. Das Gefühl machte mich ganz unruhig. Ich konnte nicht mehr liegen. Ich stand auf und begann, allein auf dem Bett zu hüpfen. Ich war ekstatisch und versuchte zu verstehen, was es war, das mich so aus der Fassung brachte. Ich strahlte wie ein Kind über die unerwartete Stimmung. Und dann begriff ich, was es war: Zuversicht!

Ich hatte keine Eingebung, die mir sagte, was ich mit meinem Leben machen sollte. Vielmehr war es eine tiefe Sicherheit, dass alles gut werden würde und ich auf dem richtigen Weg war. Das Gefühl überwältigte mich.

Ich war Edison und das Hotelzimmer brannte vor Millionen Glühbirnen. Das Schneetreiben nahm zu. Große, weiche Flocken wirbelten umher.

Ich ließ mich noch lange so treiben. Ich hatte so viel gestaunt in den letzten Monaten, dass mich das dringende Bedürfnis überkam, jemandem dafür zu danken. Und so faltete ich zum ersten Mal seit Jahren die Hände und schickte ein kurzes Gebet in die verschneite Nacht. Es war mehr eine SMS als ein Ave Maria, aber die Botschaft war klar. »Danke lieber Gott, dass ich das erleben darf.«

Langsam verklang der Gesang. Die Glühbirnen erloschen. Doch die Melodie summte weiter in mir fort und ich schlief tief und fest bis weit in den nächsten Morgen. In dieser Nacht hatte ich keine Träume.

E-MAIL FÜR MICH

Am nächsten Morgen erhielt ich eine E-Mail, die mein Leben verändern sollte. Cansu war gerade dabei, ihren Koffer zu packen.

Mein Rucksack lehnte bereits zugeschnürt an der Zimmertür. Ich saß auf dem Bett, den Laptop aufgeklappt und das *Grand Voyage* mit den neuesten Einträgen von letzter Nacht neben mir. Der Laptop verband sich mit dem Hotel-WLAN. Ich steuerte GMX an, überflog die zahllosen Werbebanner und den reißerischen Promi-Tratsch. Mein Postfach zeigte eine neue E-Mail an. Sie war vom *Travel Observer*.

Lieber Mark,

erst mal ein großes Sorry, dass ich mich so lange nicht gemeldet habe. Die letzten Monate waren insane. Wir haben einen Investor gefunden, der uns ermöglicht, unseren Blog massiv auszubauen. Deine Storys vom Student Ship haben tierisch dabei geholfen. Sie haben sich unfassbar entwickelt. Die letzten Einträge wurden von über Hunderttausend Usern gelesen! Wir wollen mit dem Blog als Nächstes auch ins Ausland und würden deine Texte gerne ins Englische übersetzen lassen. Würdest du einmal drüber nachdenken, mehr Themen zu übernehmen und fester Redakteur für uns zu werden?

Es gibt viel zu bereden. Call me! Und noch mal sorry, dass es so lang gebraucht hat. ;-)

Thomas von Brest
Founder and CEO,
travel-observer.com

Ich nahm meine Umgebung erst wieder wahr, als Cansu mir den Nacken küsste.

»Alles in Ordnung?«

Ich nahm ihre Hand und drehte mich zu ihr um.

»Ich habe gerade eine Mail erhalten ...«

Und dann liebten wir uns, bis das Telefon das erste Mal zum Aufbruch klingelte, wieder klingelte, wieder klingelte und schließlich jemand an unserer Tür klopfte. »Hallo, Mister. Hören Sie! Ihre Reisegruppe wartet unten in der Lobby auf Sie! Sie müssen sich beeilen!«

NEBEL

Zurück in Shanghai holten wir unsere maßgeschneiderten Anzüge und Mäntel ab. Mein selbstkonstruiertes Anzugmodell mit Extrataschen war außergewöhnlich. So außergewöhnlich, dass ich es kein einziges Mal wieder anzog. Doch der Mantel saß perfekt. Er sah aus wie im Katalog. Das lag natürlich daran, dass er aus einem Katalog geklaut war. Auf dem Weg zum Schiff begegnete ich diversen Kommilitonen. Einer nach dem anderen schlenderte mit maßgeschneiderter Garderobe durch den Hafen. Bei näherem Hinsehen stellte ich fest, dass noch einige andere individuelle Ergänzungen vorgenommen hatten. Rodrigo kam mir mit einem Mantel wie aus dem Film *Pakt der Wölfe* entgegen und sah zum Schießen aus. Wir grinsten uns beide aus unseren Designerstücken an. Lachend klopfte er mir auf die Schulter. Wir waren schon eine schräge Truppe.

Als wir schließlich aus Shanghai ablegten, wurde es still auf dem Schiff. Die Lichter der Stadt zogen sich zurück ins Zwielicht aus Smog und Nebel. Die Geräusche des Metropolverkehrs, des geschäftigen Hafens und der kreisenden Möwen verstummten, bis nur noch die Dieselmotoren und das weiße

Rauschen unseres Kielwassers zu hören waren. Jeder wusste, wir liefen jetzt den letzten Hafen an. Beim Dinner nahm ich überlaut das Klimpern des Geschirrs wahr. Die Decke schien mir niedriger als sonst. Am Buffet gab es Penne mit Tomatensugo und Chop Suey, Pommes und Gemüsemischung, gebratenen Reis und Hühnchen süß-sauer. Ich hatte keinen Appetit und schob das Essen auf meinem Teller beiseite. Ich wollte noch mehr Zeit mit allen verbringen. Unsere eingeschworene Community würde auseinandergehen. Irgendwann wäre sie nur noch eine Erinnerung. Die Gespräche an Bord wurden länger und leiser. Ab und an lief man jemandem mit verheulten Augen über den Weg.

Cansu und ich saßen abends in Winterjacken auf einer Truhe auf dem Achterdeck. Ich hatte einen Kloß im Hals. Wir hielten unsere ausgebreiteten Handflächen gegeneinander. Sie flog in zwei Tagen zurück nach Istanbul. Mein Flug ging einige Stunden später für die Feiertage nach Deutschland. Es gab viel zu klären. Der Deal, den mir der *Travel Observer* angeboten hatte, reichte aus, um meinen Master in Sydney fortzusetzen, selbst wenn die Noten nicht ausreichten. Vielleicht müsste ich zusätzlich kellnern oder Burritos rollen. Das wäre okay. Aber wollte ich das überhaupt noch? Wie ginge es mit uns weiter? Cansu musste wieder in Istanbul zur Uni. Sie fehlte mir jetzt schon.

Ich wollte etwas sagen. Mir fiel nichts ein. Wir fröstelten im Nachtwind und dann merkte ich, wie mir eine heiße Träne über das Gesicht lief. Alles war im Fluss. Der Zeitstrom riss alles mit sich. Ich hoffte inständig auf einen wohlgesonnen Tahitianer, der uns herauszog und uns im warmen Sand absetzte.

Mir zogen Szenen der letzten Monate durch den Kopf. Der Schnee Pekings wirbelte rückwärts. Balletttänzerinnen drehten sich darin zur Musik eines Flügels. Ein Wasserfall krachte herab und sprühte Funken in den Nachthimmel. Die endlosen Straßen Neuseelands rauschten unter meinen Füßen vorbei. Die Wolken zogen im Zeitraffer über den Pazifik. Cansu lag im Innern des Langbootes und atmete schwer. In meinem Film spielte ein Taxifahrer *All Along the Watchtower* auf einer alten Mundharmonika. Rodrigo und Emilio zogen mit mir durch Guayaquil und wir rannten vor wütenden Latinos bis nach Panama. Der Rauch von Denises Zigarette stieg mir in die Nase und ich spürte ihre warme Hand über meinen Kopf streichen. Sie sagte etwas in den Fahrtwind. Cansu und ich saßen auf einem Mauervorsprung über Lissabon. Unter uns tanzte das Bairro Alto in der aufgehenden Morgensonne. Und dann sah ich mich wieder in Athen auf dem Hotelbett liegen.

Konnte ich jetzt die Veränderung an mir erkennen? Wieder in meiner Kabine besah ich mich im Spiegel. Meine Haare, die ich vor Panama abrasiert und danach wieder wachsen lassen hatte, waren beinahe wieder auf ihrer ursprünglichen Länge. Meine Haut war nach einem großflächigen Sonnenbrand in Australien erneuert und fast so weiß wie vor der Reise. Trotz all der Gleichheit fand ich etwas Neues in meinen Augen. Etwas, das vorher nicht dagewesen war. Es gefiel mir. Wie ein Hund, der mit schräg gelegtem Kopf versucht, herauszufinden, was passiert, beäugte ich mich mit wachsender Verwunderung. Ich wirkte auf mich erwachsener als vorher. Ich blieb lange so stehen und betrachtete mein Gesicht. Es leuchtete. Mein altes Ich war weiterhin präsent, doch es schimmerte nur noch leise durch, wie der Schatten von Farbe.

DANKSAGUNG

Ich danke meiner Familie, die immer für mich da ist – in diesem Fall besonders für die Liebe zum Reisen und die Neugier auf die Welt, die ihr mir schon früh mit auf den Weg gegeben habt. Danke an meinen Bruder, den besten Freund und Motivator, den man sich wünschen kann. Miri für die Geduld, mit mir durch alle Höhen und Tiefen des Schreibprozesses zu gehen. Nici für die inspirierenden Gespräche unter Debütautoren und den Spaß dabei. Sarah, ohne deine Hilfe, Begeisterung und Korrekturen wäre das Buch nicht das geworden, was es ist. Chriso für die erinnerungswürdigen Busfahrten durch Chile und Bolivien, auf denen ein wichtiger Teil dieses Buches entstanden ist, und das mehrfache Probelesen der ersten wirren Fassungen. Klaus für deine Energie und den Support in allen Lebenslagen. Thanks to all my boat buddies. You rock and I'm forever glad to have you in my life.

Markus, Michi, Christoph und Sergej, danke für eure Unterstützung und die tägliche Dosis Inspiration.

Mein besonderer Dank gilt dem Conbook-Team, Matthias, Artur, Svenja und Kanut für euren Glauben an das Projekt und die tolle Zusammenarbeit.

Andi ist zurück! Das neue Buch des »Boarderlines«-Kultautors

Nach über 20 Jahren kreuz und quer über den Planeten begibt sich Andi auf den festen Boden des indischen Subkontinents, um in völlig neuen Sphären zu schweben. Er besucht ein Tantrafestival, experimentiert mit Atemtechniken, raucht mit den Sadhus Chillum, während in Varanasi auf dem Scheiterhaufen die Leichen brennen, und taucht ein in die Götterwelt des Hinduismus.

Und schon bald fahren seine Gefühle Achterbahn: Andi verliebt sich in eine Schamanin, erfährt Zurückweisung und Traurigkeit und endet beim vielleicht größten Guru unserer Zeit. Umgeben von Heiligen, die keine sind, und einfachen Menschen, die heilig sind, blickt Andi voller Erstaunen unter den Tellerrand des Lebens.

Andreas Brendt

Ganesha macht die Türe zu

Indien, Sex mit Socken und immer wieder sterben

ISBN 978-3-95889-244-6

ISBN 978-3-95889-292-7

CON BOOK.

Anzeige
Semikolon
www.semikolon.com
Jetzt
versandkostenfrei
bestellen:
Entdecken Sie das Grand Voyage und
weitere Papeterieprodukte - handmade.
Gutscheincode: DieWellenbrecher
Gültig bis 31.12.2019